U0148469

晚明改過思想之研究

—— 以《菜根譚》、《呻吟語》、《了凡四訓》、《人譜》、《七克》為例

鄭 基 良 著

文 史 哲 學 集 成

文史哲出版社印行

國家圖書館出版品預行編目資料

晚明改過思想之研究：以《菜根譚》、《呻
吟語》、《了凡四訓》、《人譜》、《七克》
為例/ 鄭基良著. -- 初版 --臺北市：
文史哲，民 101.08
頁；公分（文史哲學集成；623）
參考書目：頁
ISBN 978-986-314-052-8（平裝）

1.明代哲學

126   101015209

文史哲學集成   623

晚明改過思想之研究
── 以《菜根譚》、《呻吟語》、《了凡四訓》、《人譜》、《七克》為例

著　　者：鄭　　　　基　　　　良
出 版 者：文　史　哲　出　版　社
http://www.lapen.com.tw
e-mail：lapen@ms74.hinet.net
登記證字號：行政院新聞局版臺業字五三三七號
發 行 人：彭　　　　正　　　　雄
發 行 所：文　史　哲　出　版　社
印 刷 者：文　史　哲　出　版　社
臺北市羅斯福路一段七十二巷四號
郵政劃撥帳號：一六一八〇一七五
電話886-2-23511028・傳真886-2-23965656

實價新臺幣四二〇元

中華民國一〇一年（2012）八月初版

ISBN 978-986-314-052-8   00623

序

　　本書論述晚明時期的改過思想，共分六章，第一章改過的思想淵源，計有四節，第一節《近思錄》的改過思想，《近思錄》是宋元明清時期，影響深遠廣大的儒學著作，對劉宗周也有極大的影響。該書收錄周敦頤、張載、程顥、程頤的語錄，有不少改過遷善的思想，也是儒者的修養工夫、成聖之道。周敦頤的改過思想，主要有：一、誠，二、慎動，三、無欲，四、改過遷善。張載的改過思想，就是為學之道，即自求變化氣質的工夫。程顥以識仁和定性為重要的改過工夫。程頤以「涵養須用敬，進學則在致知」為重要的改過工夫。

　　第二節《菜根譚》的改過思想，《菜根譚》雖然雜揉儒釋道三教思想，主要內容仍以儒家立場，兼納佛、道二家的晚明勸善書，改過之道是反己、責己、觀心，自新、知足、不貪，不昧己心，降服心中賊，不可恕己之過，心無染著，心志澹泊，主人翁（本心）惺惺不昧，慈悲為懷，多存一點素心（真誠純樸之心）等方法。第三節《呻吟語》的改過思想，改過之道有：自反、自責、檢點、省察、敬慎、克己、慎獨、率真、守禮敬身、謹言慎行、窮理盡性、變化氣質、執中、恕心等工夫。第四節　呂柟以甘貧改過為聖賢之學。

　　第二章《了凡四訓》求福改過之方，計有前言及五節，前言說明《了凡四訓》是晚明迄今，流傳最廣的勸善書，屬於民間信

仰善書的範疇，融合儒、釋、道的思想，卻有儒家學者劉宗周等五人的責難。第一節立命之學，說明袁黃的生平與思想，袁黃深信雲谷的開示，力行功過格，懺悔、行善、改過。第二節改過之法，先發恥心、發畏心、發勇心。再從事情實務上改過，從道理上改過，從心理上改過。第三節積善之方，行善的類別約有十項：一是與人為善；二是愛敬存心；三是成人之美；四是勸人為善；五是救人危急；六是興建大利；七是捨財作福；八是護持正法；九是敬重尊長；十是愛惜物命。第四節謙德之效，袁黃相信只要行善積陰德，謙虛為懷，有志於功名者，必得功名；有志於富貴者，必得富貴；有志於生男者，必得生男；有志於長壽者，必得長壽，立命造福，全在自己的善惡。

　　第五節雲谷《功過格》，雲谷傳給袁黃的《功過格》，見於《訓子言》，隨著《了凡四訓》的盛行，在晚明、清代流傳甚廣，迄今仍然可見。

　　第三章《人譜》改過成聖之學，計有前言及四節，前言說明宗周的核心思想是慎獨誠意之學，其工夫是訟過、改過，具體實踐方法俱在《人譜》（原名《證人小譜》）。《人譜》是他精思力踐儒學的生命學問，三易其稿，一再修訂，直到臨終前一個月止，可謂晚年定論。

　　第一節人譜正篇，宗周強調儒家成德之教的依據，在於道德本心的自覺，這是道德的根本意義，行善只是應然的本務，成德並非依託宗教功利信仰的善惡報應。說明〈人極圖說〉源自周敦頤的〈太極圖說〉，宗周另有新解，創建自己的思想體系。第二節證人要旨，「證人要旨」與「證人社」的〈證人會約〉有密切的思想淵源，包括：凜閒居以體獨，卜動念以知幾，謹威儀以定命，敦大倫以凝道，備百行以考旋，遷善改過以作聖。

　　第三節人譜續篇三，包括紀過格與訟過法，〈紀過格〉列舉論說各種過失，包括：微過、隱過、顯過、大過、叢過、成過等，其中以微過最難名狀，人以為無傷，卻不知從微過而生各種過錯，過而不改，必成眾惡，宗周說：「過而不已，卒導於惡。」（〈學言中〉）。訟過法即靜坐法，靜坐是宋明儒的修養工夫之一，儒家的靜坐，不是要人禪定，只是藉以補小學求放心的工夫。第四節改過說，宗周認為顏回知過改過，知行合一，是本心之知，稱為真知，即知即行。常人之知，是習心之知，先知後行，或知而不行，所以常人說知過不難，改過唯難。唯有知過之知即改過之行，即知即行，方是遷善改過之學。

　　第四章《人譜雜記》，計有前言及六節，前言說明《人譜雜記》雖然沒有顯著的哲學內涵，卻與《人譜》密不可分，兩者合為一體，足以證成宗周所說並非虛玄空言，而是以身殉道的生命學問。第一節體獨篇，體獨篇相應「凜閒居以體獨」，體獨即慎獨、謹獨。第二節知幾篇，知幾篇相應「卜動念以知幾」。第三節定命篇，定命篇相應「謹威儀以定命」，定命篇的主要內涵是九容和九思。第四節凝道篇，凝道篇相應「敦大倫以凝道」，大倫即五倫。第五節考旋篇，考旋篇相應「備百行以考旋」。第六節作聖篇，作聖篇相應「遷善改過以作聖」。《人譜雜記》提出古聖先賢的改過事蹟，樹立道德人格的典範，證成人之所以為人的本質。

　　第五章《七克》信主改過之法，計有前言及七節，前言說明龐迪我的生平、著作、士人的序、士人的責難、耶穌會的傳教策略、七罪宗、自序，龐迪我在《七克‧自序》中指出人犯罪過的源由是「私欲」，一有私欲，遂蒙蔽內心的清明，私欲是心之邪情，也是性之邪情。沒有天主恩寵的助佑，人絕對不能改過遷善，克己自新。第一節　伏傲，驕傲是七罪宗之首，《七克》列為第一卷，

基督宗教相呼應的魔鬼是「路西法」（Lucifer）。驕傲猶如猛獅，所謂驕傲是貪求過分的尊榮，有四個源由，要以謙德克制驕傲。

　　第二節平妒，嫉妒如海濤浪起，嫉妒是七罪宗之一，基督宗教相呼應的魔鬼是「利維坦」（Leviathan）。嫉妒由驕傲而生，是喜歡別人有災難，擔憂別人有喜慶，願天主只照顧他一個人。誹謗別人的是非，記念別人的過錯，不肯原諒別人，與人斤斤計較。嫉妒的人內心時常憂悶痛苦，精神毫無安樂，以仁愛克治嫉妒。

第三節解貪，貪吝（Greed）是七罪宗之一，相呼應的魔鬼是瑪門（Mammon），瑪門在《新約‧聖經》中用來描述物質財富或貪婪，財富被當成崇拜的對象和貪婪的追求。瑪門喜歡用財富引誘人類互相爭執，瑪門象徵對財富的貪婪，以施捨克治貪吝。

　　第四節熄忿，忿怒（Wrath）是七罪宗之一，相呼應的魔鬼是撒旦（Satan）撒旦又有地獄王的別稱。所謂忿怒，是報仇洩恨的願望，惡言惡語，咒罵指責，互相戰鬥，殺人犯刑等，都因忿怒而引起的罪惡，以愛仇人和忍德克治忿怒。

　　第五節塞饕，貪饕（Gluttony）是七罪宗之一，相呼應的魔鬼是別西卜（Beelzebub），所謂貪饕，就是飲食沒有節制的嗜好，以節制克治貪饕。此外，批判佛教的輪迴報應思想，提出耶教的生死觀和報應思想。

　　第六節坊淫，淫欲是七罪宗之一，相呼應的魔鬼是阿斯莫德（Asmodeus）祂是色慾魔神的始祖，情欲的惡魔。淫欲是喜愛感官肉體的快樂，樂此不疲，情不自禁。以貞德克治淫欲。第七節策怠，懶惰是七罪宗之一，相呼應的魔鬼是貝爾芬格（Belphegor），祂會使用「怠惰」的方法誘惑人，使人不能全心信奉天主，不能全心敬愛天主。懶惰的人，無心於克己修德，隨意散漫，遊手好閒，整天昏沉，邪淫多慾，貪吃懶作，偷盜、嫉

妒，戲言，毀謗，貪睡等罪過，都是懶惰所生的惡果。以恆德和勤德克治懶惰。

第六章結論，計有四節，第一節，說明何謂過？以道德哲學而言，「過」是一種違反倫理規範或道德之惡，而非「自然之惡」。過是欲而縱，有身口意之過，飲酒之過等。第二節，說明過的由來，人為什麼會犯過？為何有過失？舉《孟子》、《荀子》、《禮記》、佛家、基督宗教等思想，論述過的由來。第三節改過的意義，改過是不斷地自省、自反、自知、知過、自訟、悔過、省過、不貳過、自新、遷善、進德、修身、日新、日日新的道德修養工夫。第四節改過的典範，改過是一種經由自我學習與克己而改變不良習性（習染）的修德行為，內涵道德實踐（practice）的特質。改過的實踐意義，如惡惡臭，改之必快；改過而遷善，如好好色，遷之必力。改過若不能如惡惡臭，必是不知過或是苟且自以為無過；遷善若不能如好好色，必是不知悔過或是文過飾非。因此，改過具有道德實踐的意義，成就人格特質（traits of characters）典範，並舉五則改過的典範為例，說明其大義。

應予說明的是，本書與另一拙作《先秦兩漢改過思想之研究》相互貫通，兩書建構由先秦至晚明的改過之學，內容包含儒釋道耶。

以上所言或有謬誤，惟祈賢達君子，多予賜教。

中華民國 101 年 7 月 1 日

鄭基良謹誌於台北克軒

晚明改過思想之研究
—— 以《菜根譚》、《呻吟語》、《了凡四訓》、《人譜》、《七克》為例

目　　次

第一章　改過的思想淵源

第一節　《近思錄》的改過思想

宋明儒者非常重視改過之道，尤其到了晚明清初時期，更以改過遷善為學問之道，誠如陳確說：「學問之道無他，惟時時知過改過。無不知，無不改，以幾于無可改，非聖而何！」（《陳確集・別集卷二》）又說：「知過之謂智，改過之謂勇，無過之謂仁。」改過為成聖工夫，知過、改過而無過，臻於智仁勇三達德的聖人氣象。茲以《近思錄》為例，擇要簡述其大義。

《近思錄》是朱熹為振興儒學而與呂祖謙共同編輯的名著[1]，是宋元明清時期，影響深遠廣大的儒學著作，對劉宗周也有極大的影響。該書收錄周敦頤、張載、程顥、程頤的語錄，共六百二十二條，十四卷，其中，改過遷善的主要內容在卷五及卷十二，據《朱子語類》卷 105，第五卷標題原為「改過遷善克己復禮」；第 12 卷原為「改過及人心疵病」。

僅就相關內容，論述其義。

---

1 有關宋明儒學的復興，程頤認為始於程顥，他作〈明道先生墓表〉說：「周公沒……孟軻死，聖人之學不傳……先生生於千四百年之後……以興起斯文為己任……使聖人之道煥然復明於世。」朱熹認為始於周敦頤，他以為二程源於周敦頤，朱熹的見解，之後成為定論。

一、周敦頤

　　周敦頤生於宋真宗天禧元年，卒於宋神宗熙寧六年（西元1017～1073年），享年57歲。原名敦實，後避英宗舊諱，改名敦頤，學者稱濂溪先生。主要著作有《太極圖》、《太極圖說》及《通書》，影響深遠。其改過思想，主要見於《通書》。

　　（一）濂溪先生曰：君子乾乾不息於誠，然必懲忿窒欲[2]、遷善改過而後至。〈乾〉之用，其善是。〈損〉、〈益〉之大，莫是過。聖人之旨深哉！吉凶悔吝生乎動，噫，吉一而已，動可不慎乎！（《近思錄》卷五，源自《通書第三十一·乾損益動》）

　　濂溪以《通書》的「誠」貫通《周易》、《中庸》與《大學》，誠是修德成聖之道，「聖，誠而已。」（《通書》第二）。「君子乾乾不息」源自《周易·乾卦》，〈象曰〉：「天行健，君子以自強不息。」及〈文言〉：「君子終日乾乾，夕惕若，厲無咎。」君子能夠自強不息於誠，必須戒除自己的忿怒，消除自己的私欲，改過遷善。「懲忿窒欲，遷善改過」源自《周易》的〈損卦〉和〈益卦〉，〈損卦〉象曰：「君子以懲忿窒欲」及〈益卦〉象曰：「君子以見善則遷，有過則改。」

　　〈損卦〉具有減損的意義，君子效法其精神，時常懲戒自己的忿怒，減少自己的欲望，這是君子的修養工夫。「吉凶悔吝生乎動」源自《周易·繫辭下傳第一章》：「吉凶悔吝者，生乎動者也。」〈繫辭上傳〉第三章說：「吉凶者，言乎其失得也；悔吝者，言乎

---

2 明末儒者黃淳耀《吾師錄·窒欲》強調：「一念自持，強制人欲，忍過事堪喜。反之，蘇子卿（蘇武）牧羊，猶與胡婦生子，蓋不能一念自持。」蘇武出使匈奴，被留置，在北海牧羊十九年，與胡婦生子，黃淳耀認為不自持、不窒欲使然。

其小疵也；無咎者，善補過也。」「吉凶」是成功或失敗的現象，「悔吝」是說有小弊端和過失，表示有憂慮的情形。人生的吉凶禍福，都是由於言行作為的結果。因此，一言一行，都要謹慎端正，真誠不欺，不欺人，不自欺，持守中正之道，改過遷善，寡欲戒怒，能夠修身有德，成聖成賢。

　　（二）濂溪先生曰：仲由喜聞過，令名無窮焉。今人有過，不喜人規，如諱疾而忌醫，寧滅其身而無悟也，噫。（《近思錄》卷十二，源自《通書第二十六・過》）

　　仲由（字子路，孔子弟子。）喜歡聽到別人說他的過失，他的美名因此流傳不朽。當今的人有了過失，不接受別人的勸告，猶如自己有病而諱疾忌醫，不願及時就醫，寧可壞了身體，都沒有覺悟，唉！

　　「子路聞過則喜」出自《孟子・公孫丑上》，子路勇於改過，因為他勇於力行，《論語・公冶長》：「子路有聞，未之能行，唯恐有聞。」程顥稱他為「亦百世之師」。一般稱孔子為「百世之師」，或稱素王。明道稱子路也是百世之師。

　　因此，《通書第八・幸》說：「人之生，不幸不聞過，大不幸無恥。必有恥則可教，聞過則可賢。」濂溪認為人生不幸的事，是自己有過，不僅不知，而且得不到別人的規勸。更大的不幸是無恥，沒有廉恥則無所不為。有了廉恥（羞恥心）則可教化，必能聞過而知過、改過，則可成賢成聖。

　　至於改過可以成賢成聖嗎？濂溪認為可以，關鍵在於沒有私欲，沒有一毫私欲，稱之為「無欲」，他說：「無欲則靜虛動直。靜虛則明，明則通。動直則公，公則溥。明通公溥庶幾乎！」（《通書・聖學》）無欲則誠，誠則聖矣。

　　從上而知，周敦頤的改過思想，亦是他的修養工夫、成聖之

道，主要有：一、誠[3]，二、慎動，三、無欲，四、改過遷善。

二、張　載

張載生於宋真宗天禧四年，卒於宋神宗熙寧十年（西元 1020
～1077 年），享年 58 歲，字子厚，世稱橫渠先生。主要著作有《正
蒙》、〈西銘〉、〈東銘〉、《易說》等。

**（一）將修己，必先厚重以自持。厚重知學，德乃進而不固
矣。忠信進德，惟尚友而急賢[4]。欲勝己者親，無如改過之不吝。**
（《近思錄》卷二，出自《正蒙・乾稱》）

橫渠認為要修養自己，一定要先莊重自持，不可輕浮，又要
不斷的學習，德業就可以進步而不會停頓。要想修養忠信之德業，
只有重視賢能的朋友。要想讓比自己賢能的朋友親近自己，只有
不吝惜改過，可以得到賢能朋友的輔助。所以，曾子論交友之道
說：「君子以文會友，以友輔仁。」（《論語・顏淵》）

對於交友之道，孔子有三句重要的話：「孔子曰：益者三友……
友直、友諒、友多聞，益矣。」（〈季氏〉），橫渠所謂「勝己者」，
意指孔子所說「無友不如己者」（〈學而〉），孔子又說：「三人行，
必有我師焉。擇其善者而從之，其不善者而改之。」（〈述而〉）

「無友不如己者」有二解，一是不要結交不如自己的人；一
是不要自以為你的朋友都不如你，因為孔子說：「三人行，必有我
師焉。」不要看不起人，因為任何人都有優缺點，朋友有善有惡，
要學其善而改其惡，朋友都有可取之處，皆是我的學習對象。

---

3 《通書・誠上第一》說：「誠者，聖人之本。」〈誠下第二〉說：「聖，誠
　而已矣。誠，五常之本，百行之源也。」
4 以求賢為當務之急，求賢若渴。

（二）矯輕警惰（《近思錄》卷五，出自橫渠《經學理窟‧氣質》）

橫渠強調要修養自己，先要莊重自持，不可輕浮、輕佻、急躁，輕佻者不能踏實力行，久之必惰。因此，要自我矯正輕佻，自我警惕懶惰。因為有輕浮習氣的人，會有戲言、戲謔之事，張載說：「戲謔不惟害事，志亦為氣所流。不戲謔亦是持氣之一端。」（《近思錄》卷四，出自《經學理窟‧學大原上》）調笑戲謔不僅妨害正經做事，心志也會被輕佻習氣所蔽而流散；不戲謔也是養氣、養德的一種修養工夫。

值得注意的是，橫渠年輕時，仍以戲謔為無傷，經歷了修持與力學，遂強調不戲謔，朱熹說明其轉變，說：「橫渠，學力絕人，尤勇於改過，獨以戲謔為無傷。一日，忽曰『凡人之過，猶有出於不知而為之者，至戲謔則皆有心為之，其危害尤甚。』遂作〈東銘〉。」（《近思錄》卷四）

〈東銘〉原名〈砭愚〉，與〈西銘〉齊名，〈西銘〉原名〈訂頑〉。後來，程頤將〈訂頑〉改為〈西銘〉，〈砭愚〉改為〈東銘〉。〈東銘〉曰：

（三）戲言出於思也，戲動作於謀也……過言非心也，過動非誠也……謂己當然，自誣也；欲他人己從，誣人也。或謂出於心者，歸咎為己戲。失於思者，自誣為己誠。不知戒其出汝者，歸咎其不出汝者。長傲且遂非，不知孰甚焉。（《近思錄》卷二）

橫渠把戲謔分為說話的戲謔和行動的戲謔。戲謔的話原是出於內心的思考，戲謔的行動原是出於內心的謀慮。戲謔的一言一行，不應該是誠心的表現，所有的戲謔都是發於不敬心、不誠心，即是自辯為誠敬或隨意無心，也是自誣、誣他、自欺、欺他，這是不知道自我儆戒、尊敬他人的結果，驕傲任性的習氣將日益增

多，而言行上的過失將不斷增長，這是非常不明智的過錯，必須及時改過，言行莊重，以誠敬自持，以誠敬待人，避免過惡一再發生。

（四）有潛心於道，忽忽為他慮引去者，此氣也。舊習纏繞，未能脫灑，畢竟無益，但樂於舊習耳。古人欲得朋友，與琴瑟簡編，常使心在於此。惟聖人知朋友之取益為多，故樂得朋友之來。（《近思錄》卷五，出自橫渠《性理拾遺》）

橫渠分人性為天地之性和氣質之性，《正蒙·誠明》說：「形而後有氣質之性，善反之，則天地之性存焉。故氣質之性，君子有弗性者焉。」人有形體就有氣質之性，因氣的清濁不定而有所偏，人若能糾正氣質之偏，回歸天地之性，則為善；否則，天地之性為氣質之性所蒙蔽，則為惡矣。因此，橫渠強調改變氣質的重要性，有兩種方法：一是求學，一是遵守禮義。他說：

（五）為學大益，在自求變化氣質，不爾，皆為人之弊，卒無所發明，不得見聖人之奧。（《近思錄》卷二，出自《張子語錄》）

為學之道，就是改過之道，可以變化氣質。如何求學？主要是讀經、讀詩、讀禮，得到的學問是德性之知，非見聞之知。德性之知是成德之知，是盡性之學，並非耳目經驗的見聞之知。常人往往以見聞之知，蒙蔽德性之知，且樂於習染而不知，因此，要有益友的輔佐，惟有孔子深切體會益友的助益，所以，樂於志同道合的益友來切磋琢磨學問，他說：「有朋自遠方來，不亦樂乎！」（《論語·學而》）

（六）纖惡必除，善斯成性矣。察惡未盡，雖善必粗矣。（《近思錄》卷五，出自《正蒙·誠明》）

橫渠強調細微的過失一定要去除，始能成為完善的天地之性。消除過失不徹底，即使善多惡少，也必定是不完善的天地之

性，不能臻於聖人的境界。

值得注意的是，橫渠的「成性」，即是《中庸》的「盡性」，《中庸》第二十二章說：「唯天下至誠，為能盡其性……可以贊天地之化育，則可以與天地參矣。」惟有至誠的聖人，能夠完全發揮天命之善性。《正蒙‧大易》說：「成性，聖矣。」又說：「成性，則躋聖而位天德。」（同上）仍有纖惡，當然不能成性，不能成聖。另一方面，「纖惡」近似《周易》的「小惡」。

《周易‧繫辭下傳第五章》說：「善不積不足以成名，惡不積不足以滅身；小人以小善為無益而弗為也，以小惡為無傷而弗去也，故惡積而不可掩，罪大而不可解。」小人以為小惡（小過失）對自己無傷而不改過。因此，累積小過失而成大惡，惡貫滿盈而不可解救。所以，劉備臨終前，深切叮囑劉禪：「勿以善小而不為，勿以惡小而為之。」

（七）責己者當知無天下國家皆非之理。故學至於不尤人，學之至也。（《近思錄》卷五，出自《正蒙‧中正》）

以下天為己任而自責的人，應當知道天下大事沒有都不對的道理，不要以主觀的一己之見而責備他人。所以，學問若能做到不責備人的地步，就是涵養寬深的境界。

所謂「不尤人」，源自《論語‧憲問》：「不怨天，不尤人。」因為會責備自己的人，往往也會責備他人，尤其會批評時政，苛責執政者，造成不少政爭，影響人民生活。因此，孔子主張：躬自厚而薄責於人（〈衛靈公〉）、攻其惡，無攻人之惡。（〈顏淵〉）、君子求諸己（〈衛靈公〉）、內自省（〈里仁〉）、內自訟（〈公冶長〉）、不尤人（〈憲問〉），學者當力學之。

（八）仁之難成久矣，人人失其所好。蓋人心有利欲之心，與學正相背馳。故學者要寡欲。（《近思錄》卷五，出自《經學理

窟‧學大原上》)

　　一般人難以成就仁道，這是由來已久的事，因為常人失去了喜好仁道的本性。這是由於常人都有利欲之心，與求仁之學正相違背，所以，學者要減少欲望。

　　「仁之難成久矣，人人失其所好。」，出自《禮記‧表記》：「仁之難成久矣，人人失其所好，故仁者之過易辭也。」橫渠詮釋為何常人不能力行仁道？因為有利欲之心。如果要在日常生活中實踐仁道，必須寡欲。寡欲源自孟子，《孟子‧盡心下》說：「養心莫善於寡欲。」因為人有各種無窮的欲望和嗜好，容易向外逐物，如果能夠減少欲望，不僅可以減少犯過，也易於力踐仁道。易言之，寡欲則寡過，寡過則易於成就仁道。

三、程　顥

　　程顥，字伯淳，生於宋仁宗明道元年，卒於宋神宗元豐八年（西元 1032～1085 年），享年 54 歲，世稱明道先生，是程頤之兄，兩人並稱二程，著有〈識仁篇〉、〈定性書〉等，後人合編為《二程全書》、《程氏遺書》、《二程集》等。

　　（一）明道先生曰：天地生物，各無不足之理。常思天下、君臣、父子、兄弟、夫婦，有多少不盡分處。（《近思錄‧道體》卷一，出自《程氏遺書》）

　　明道認為天地生長萬物，萬物各盡其生生之理。反觀五倫關係，有多少人沒有盡責、盡己，沒有盡人倫之義。

　　何謂人倫之義？《孟子‧滕文公》說：「父子有親，君臣有義，夫婦有別，長幼有序，朋友有信。」，《禮記‧禮運》說：「父慈、子孝、兄良、弟弟、夫義、婦聽、長惠、幼順、君仁、臣忠，十

者謂之人義。」。

　　以《孟子》和《禮記》的人倫道德而言，確實有許多人犯了不盡分的過失。為何有此過失？主因是受了人情私欲所蒙蔽，明道說：「人心莫不有知，惟蔽於人欲，則忘天理。」（《明道語錄》）人心其實知道人倫如何盡分，盡人倫之天理，只因私欲所蔽，而犯了人倫之過失，即不盡人倫之過。

　　（二）制怒為難，制懼亦難。克己可以制怒，明理可以制懼。（《近思錄》卷五，出自《程氏遺書》）

　　明道〈定性書〉說：「所謂定者，動亦定，靜亦定，無將迎，無內外……聖人之常，以其情順萬事而無情。故君子之學，莫若廓然而大公，物來而順應……人之情各有所蔽，故不能適道，大率患在於自私而用智……人之情易發而難制者，惟怒為甚。第能於怒時遽忘其怒，而觀理之是非，亦可見外誘之不足惡，而於道亦思過半矣。」

　　〈定性書〉認為人的七情容易發作而又難於抑制[5]，其中以怒最難平息，只要在忿怒時克己忍住，觀察事物的道理，就可以明白外物的引誘是不需要厭惡的，而且對於天道天理也有所理解。因此，明道認為涵養克己工夫可以平息怒氣，明白天道之理可以消除恐懼的心理。[6]

───────────────

5　有關人的情緒反映，各家說法不一。《中庸》第一章說：「喜怒哀樂之未發，謂之中。」《禮記‧禮運》說：「何謂人情？喜、怒、哀、懼、愛、惡、欲七者，弗學而能。」《荀子‧正名》說：「性之好、惡、喜、怒、哀、樂，謂之情。」《左傳‧昭公二十五年》說：「民有好、惡、喜、怒、哀、樂，生於六氣。」佛家以喜、怒、憂、懼、愛、憎、欲為七情，宋代名醫陳無擇以喜、怒、憂、思、悲、恐、驚為七情。

6　由於先民的科學知識非常有限，對一些自然現象例如：打雷、閃電、颱風、地震、日蝕、月蝕、洪水、乾旱等原因一無所知，產生很大的恐懼，例如漢文帝在位第二年，發生日蝕，文帝立即下詔罪己，又要求天下推舉「賢良方

（三）明道先生曰：責上責下，而中自恕己，豈可任職分？（《近思錄》卷五，出自《程氏遺書》）

明道認為會批評長官、又會責罵部屬卻寬恕自己的人，這種人怎麼可以擔任官職呢？

明道以孔子的恕詮釋克己工夫，或許有感而發，有人認為他暗批王安石。《論語‧衛靈公》：子貢問曰：「有一言而可以終身行之者乎？」子曰：「其恕乎！己所不欲，勿施於人。」孔子以恕為可以終身奉行的道德律，恕有消極和積極兩種意義，消極而言是己所不欲，勿施於人；積極而言是推己及人之心。孔子的恕是對別人而言，並非對自己言；是寬恕別人，不是寬恕自己；是寬以待人，嚴以律己（躬自厚而薄責於人）；不是嚴以待人，寬恕自己。所以，孔子說：「君子求諸己，小人求諸人。」（《論語‧衛靈公》）原諒他人的過失，不是寬恕自己的過錯。

（四）明道先生曰：子路亦百世之師。（《近思錄》卷五，出自《程氏遺書》）

明道認為子路也是百世之師。子路是孔子弟子，有勇氣和才藝，以政事著稱，《論語‧公冶長》孔子說：「子路這個人，如果有一千輛軍車的大國，可以指派他去治理軍事。」《孟子‧公孫丑上》孟子說：「子路這個人，有人告訴他有過失，他就很高興。」這表示子路能夠知過，勇於改過，勇於力行。因此，〈公冶長〉記載：「子路有聞，未之能行，唯恐有聞。」子路勇於實行一個新的道理，唯恐又聽到另一個新的道理，無法即時力行。

（五）人之視最先，非禮而視，則所謂開目便錯了。次聽、次言、次動，有先後之序。人能克己，則心廣體胖，仰不愧，俯不怍，

正極言極諫」之士，匡正天子的過失。又如漢成帝時，因出現火星而賜死丞相翟方進。

其樂可知，有息則餒矣。（《近思錄》卷五，出自《程氏外書》）

　　《論語‧顏淵》孔子說：「非禮勿視，非禮勿聽，非禮勿言，非禮勿動。」明道認為人的感官知覺，有先後的次序，最先是眼睛的視覺，其次是耳朵的聽覺，如果不合乎禮而看，就是一睜開眼睛即有過失。因此，要戮力克己，讓人心寬體胖，俯仰不愧，那是一種無比的精神悅樂，深入之，體會更深。

　　值得注意的是，明道為人溫和，生活簡樸。自幼跟隨明道三十年的劉立之說：「明道先生德性完備，氣質純粹，滿臉溫潤，精神悅樂，多行寬恕，立之追隨三十年，未見他有忿怒嚴厲的面容。」（《近思錄》卷十四）明道以精神悅樂為人生最高境界，他說：「學至於樂，則成矣。」（《明道語錄》卷一）最足以代表的是〈秋日偶成〉

　　　　閒來無事不從容，睡覺東窗日已紅。萬物靜觀皆自得，四
　　　　時佳興與人同。道通天地有形外，思入風雲變態中。富貴
　　　　不淫貧賤樂，男兒到此是豪雄。

　　（六）聖人責己，感也處多。責人，應也處少。（《近思錄》卷五，出自《程氏外書》）

　　孔子內自省、內自訟，責己多；薄責於人，責人少，感動別人的地方也多。如果只會責備別人，責己少，別人的感動也少。明道說明責己可以感人，責人難以感人的道理。為何如此呢？明道認為責人不能感人的原因是誠意不足。《近思錄》卷十有一則記載：門人問：「我與朋友相處，看他有過失而不忠告，心裏不安。忠告他卻不接受，怎麼辦？」

　　明道回答說：「與朋友相處卻不告訴他的過失，是不忠誠。平時要以真心誠意，與朋友相處，讓朋友感受自己的忠誠，適當時機說出朋友的過失，他會感動而接受。」明道又說：「朋友相責以

善，要使自己的誠信有餘而責備較少，責人少對朋友有益，自己也可免於自取其辱。」

（七）見賢便思齊，有為者亦若是。見不賢而內自省，蓋莫不在己。（《近思錄》卷五，出自《程氏外書》）

孟子詮釋孔子「見賢思齊焉，見不賢而內自省也。」（《論語‧里仁》）說：「舜何人也？予何人也？有為者亦若是。」（《孟子‧滕文公上》）孟子強調人人可以為堯舜，人人可以為聖賢。效法賢良的人，努力為善；看到不賢良的人，反觀自省，是否有像他不善的言行，有則改過，無則自勉，自我警惕。

四、程　頤

程頤，字正叔，程顥之弟，世稱伊川先生。生於宋仁宗明道二年，卒於宋徽宗大觀元年（西元 1033～1107 年），享年 75 歲。著有〈顏子所好何學論〉、《程氏易傳》等，後人合編為《程氏遺書》、《二程全書》、《二程集》等。

（一）〈復〉之初九曰：「不復遠無祇悔，元吉」……故復為反善之義……顏子無形顯之過，夫之謂其庶幾，乃無祇悔也。過既未形而改，何悔之有？既未能不勉而中，所欲不踰矩，是有過也……故一有不善，未嘗不知；既知，未嘗不遽改，故不至於悔……學問之道無他也，惟其知不善，則速改以從善而已。（《近思錄》卷五，出自《程氏易傳》）

《周易‧復卦》的初九爻辭說：「走不遠就返回來，沒有後悔，大吉。」所以，復卦具有改過遷善的意義，猶如顏回沒有明顯的過失，孔子稱讚他幾乎接近道。因為過失尚未明顯時就改過了，沒有什麼後悔。只是不能做到不勉強就合乎中道，就是有過失。

但是，如果做到有一不善，從未不知道；既已知道，從未不毅然改過，所以不後悔。修身之道無他，只是知道有不善（有過失）時，迅速改過遷善而已。

（二）「人之過也，各於其類。」君子常失於厚，小人常失於薄；君子過於愛，小人傷於忍。（《近思錄》卷十二，出自《程氏經說》）

程頤詮釋《論語・里仁》：「子曰：人之過也，各於其黨。觀過，斯知仁矣。」認為君子的過失是過於寬厚，小人的過失是過於苛薄；君子的過失是過於仁愛，小人的過失是過於殘忍。

值得注意的是，《朱子語類》卷二十六有一段詮釋「人之過也，各於其黨。」的話：君子過於公，小人過於私；君子過於廉，小人過於貪；君子過於嚴，小人過於縱。

此外，伊川詮釋《周易・復卦》的六三爻，說：〈復〉之六三，以陰躁處動之極，復之頻數，而不能固者也……聖人開遷善之道，與其復而危其屢失，故云「厲無咎」。不可以頻失而戒其復也，頻失則為危，屢復何咎？過在失而不在復也。（《近思錄》卷十二，出自《程頤易傳》）

伊川認為〈復卦〉六三爻為陰爻，而位於陽位，又位於〈震卦〉之上，震有動之意，所以說「以陰躁處動之極」。但是，反復之動太頻繁，就會不穩固而有危險。聖人教化百姓改過遷善之道，雖然贊同反復之道，卻憂慮反復頻繁的危險。易言之，改過遷善沒有錯，過錯在於頻繁犯過而有危險。

（三）伊川先生曰：學以至聖人之道也……形既生矣，外物觸其形而動其中矣，其中動而七情出焉，曰喜怒哀樂愛惡欲……故顏子所事，則曰：「非禮勿視，非禮勿聽，非禮勿言，非禮勿動。」仲尼稱之，則曰：「得一善則拳拳服膺而弗失之矣。」又

曰：「不遷怒，不貳過。」、「有不善未嘗不知，知之未嘗復行也。」此其好之篤，學之道也。（《近思錄》卷二，出自《伊川文集》）

　　這篇著名的文章，是伊川年輕時遊太學所作〈顏子所好何學論〉。伊川認為不斷學習可以臻於聖人之境。為什麼要終生學習呢？因為人的本性原是純真而善良，然而，人有七情（喜怒哀樂愛惡欲）的擾動。情欲過於放逸，本性之善就被蒙蔽了。所以，有所警覺的君子會制約他的情感欲望，涵養他的善性；沒有覺悟的人不知道約束他的情感欲望，放縱情欲而失去人性之善端，屢犯過錯而至於邪僻，不知改過遷善。

　　因此，孔子弟子三千，唯獨稱讚顏回好學，顏回學做聖人，不合於禮的不看、不聽、不說、不做，勤於求善，知過、改過、不二過，安貧樂學，不改其樂。[7]

　　（四）君子之遇難阻，必自省於身，有失而致之乎？有所未善則改之，無歉於心則加勉，乃自修其德也。（《近思錄》卷二，出自《程氏易傳》）

　　伊川詮釋《周易・蹇卦・象辭》：「君子以自反修德。」說：君子遇到困難險阻時，一定要自我反省，是自己的過失所造成的嗎？有則改之，無則自勉，要勤於修德，不要中止。

　　（五）〈損者〉，損過而就中，損浮末而就本質也。天下之害，無不由末之勝也……酒池肉林，本於飲食……凡人欲之過者，皆本於奉養。其流之遠，則為害矣。先王制其本者，天理也；後人流於末者，人欲也。〈損〉之義，損人欲以復天理而已。（《近思錄》卷五，出自《程氏易傳》）

　　伊川詮釋〈損卦〉大義，是減少超過而歸於中道，減少浮華

7　《論語・雍也》子曰：「賢哉回也！一簞食，一瓢飲，在陋巷，人不堪其憂，回也不改其樂。賢哉回也！」顏回甘貧樂道，三月不違仁。

的末節，而歸於樸素的根本，不要捨本逐末。天下的災禍，都是捨本逐末所造成的惡果。例如：商紂的酒池肉林太超過了[8]，超出常人對飲食的需求，這是人欲的氾濫，捨本逐末，造成亡國的禍害。聖王基於常人基本的需求而建立各種制度，這是天理；後人追求過度的享樂，這是人欲。〈損卦〉的大義，就是要減損人欲而復於天理。

（六）事有時而當過，所以從宜。然豈可甚過也？如過恭過哀過儉，大過則不可。所以，小過為順乎宜也，能順乎宜，所以大吉。（《近思錄》卷十，出自《程氏易傳》）

《周易》有〈小過〉和〈大過〉兩卦，小過是小有超過，有所超過；大過是太超過，大有所過，以至於顛倒。有過者必濟，例如：比別人更努力，比別人更有德行的人，必定能夠成功。《周易・小過・象辭》說：「君子以行過乎恭，喪過乎哀，用過乎儉。」意指君子以禮克己，使言行更恭敬，喪事比別人更哀傷，生活更節儉，所以大吉。

值得注意的是，孔子已有「小過」的思想，《論語・述而》孔子說：「生活奢侈就顯得不謙遜，生活更節儉就顯得簡陋。與其不謙遜，寧可簡陋一些。」孔子又說：「前輩所制定的禮樂，質勝於文，崇尚樸實；後來所制定的禮樂，崇尚文飾，文勝於質。如果在朝廷、宗廟使用，我選擇質勝於文的禮樂。」（〈先進〉）

伊川認為有時候為了順應時勢，應該加強準備，有所因應，但是，不要太超過，例如為了解決突發事變，而有權宜措施，處置得當，所以大吉。

（七）〈節〉之九二，不正之節也。以剛中正為節，如懲忿

---

8 《淮南子・本經訓》云：「紂為肉圃酒池，燎焚天下之財，罷苦萬民之力，刳諫者，剔孕婦，攘天下，虐百姓。」周武王滅之。

窒欲損過抑有餘是也。不正之節，如嗇節於用，懦節於行是也。
（《近思錄》卷五，出自《程氏易傳》）

　　《周易‧節卦，九二爻》陽居第二爻，失位；應該有所作為而不為，失時。伊川詮釋其義，認為節制有合理的節制和不正當的節制，例如：懲治忿怒、減損欲望、減少過失、抑制超過，是合理的節制。反之，在財物上過於吝嗇，在言行上過於懦弱，就是不正當的節制。易言之，適當節制是中庸，不當節制是過失。[9]

　　（八）伊川先生曰：大抵人有身，便有自私之理，宜其與道難一。（《近思錄》卷五，出自《程氏遺書》）

　　伊川認為常人只要有血肉之軀，就會有氣質之蔽，而有自私的心理，所以，人心難與天道合一。因此，伊川主張「涵養須用敬，進學則在致知。」（《程氏遺書》第十八）

　　（九）罪己責躬不可無，然亦不當長留在心胸為悔。（《近思錄》卷五，出自《程氏遺書》）

　　自責己過是不可少的修養工夫，但也不要總是留在心裏，時常後悔不已，應該及時改過遷善。[10]

　　另據《傳習錄》上的記載：陽明的弟子薛侃「多悔」，時常後悔不已。陽明勸勉他：「悔悟是去病之藥，然以改之為貴。若留滯于中，則又因藥發病。」後悔是知過的覺悟，必須勇於改過，免於多悔，因此，王陽明說：「改過為聖賢之學。」（《王文成全書卷十二‧答徐成之》）

9　孔子強調中庸之道，無過與不及，西哲亞里斯多德也重視中庸之德，例如魯莽（rash）是過，懦弱是不及，勇敢是中庸。奢侈浪費是過，吝嗇是不及，慷慨大方是中庸。

10　值得注意的是，從臨床心理學的觀點而言，時常後悔、自責內疚、有罪惡感的人，是憂鬱症常見的負向情緒，應該及時正向思考，積極、樂觀、勇於面對，勇於改過遷善。

（十）**謝子與伊川別一年，往見之。伊川曰：「相別一年，做得甚工夫？」謝曰：「也只去個矜字。」曰：「何故？」曰：「子細檢點得來，病痛盡在這裏。若按伏得這個罪過，方有向進處。」**（《近思錄》卷五，出自《程氏外書》）

據《宋元學案・上蔡學案》：謝良佐，字顯道，世稱上蔡先生，宋神宗元豐八年，登進士第，歷任州縣，之後廢為民。他與伊川分別一年後拜訪他，伊川問：「這一年有何修養工夫？」上蔡說：「只是去除『自誇、自尊、自以為賢能、自大、自以為是的心理。』仔細反省自己，都是自矜所造成的過錯，只要消除自以為賢能的心理，可以進德。」伊川表示贊許，對在座的朱光庭說：「顯道為學，切身自省，反思改過。」

上蔡認為天理與人欲相對，多一分人欲，就少一分天理；有一分天理，就勝人欲一分。人欲放肆，天理就被蒙蔽了。因此，他主張聖學大要，以克己為本，去矜去私，去人欲，多存天理。

（十一）**思叔詬詈僕夫，伊川曰：「何不動心忍性？」思叔慚謝。**（《近思錄》卷五，出自《程氏外書》）

張繹時常責罵僕人，伊川對他說：「為什麼不能動心忍性[11]，薄責於人呢？」張繹羞愧地感謝。

此外，伊川說：「聖人之責人也常緩，便見只欲事正，無顯人過惡之意。」（《近思錄》卷十，出自《程氏外書》）伊川認為孔子責備別人總是很委婉，不會嚴厲罵人，他只是就事論事，改正做事的方法，沒有要彰顯別人的過失和惡名的意思。

（十二）**問：「不遷怒，不貳過。」何也？《語錄》有怒甲**

---

11 《孟子・告子下》說：「天將降大任於是人也，必先苦其心志……行拂亂其所為，所以動心忍性，增益其所不能。」這是孟子「生於憂患，死於安樂」的憂患、危機意識。

不遷乙之說，是否？伊川說：「是……如舜之誅四凶，怒在四凶[12]，舜何與焉？……聖人之心本無怒也，譬如明鏡……鏡何嘗有好惡也？……君子役物，小人役於物。今見可喜可怒之事，自家著一分陪奉他，此亦勞矣，聖人之心如止水。」（《近思錄》卷五，出自《程氏外書》）

　　伊川詮釋顏回「不遷怒，不貳過。」不是容易做到的修養，對甲生氣不轉移到乙，例如虞舜誅「四凶」[13]，是針對「四凶」發怒。聖人的內心原是沒有忿怒的，猶如明鏡，明鏡顯示美醜，明鏡本身沒有美醜。聖人依循事理而不隨意喜怒，不像常人任意喜怒，聖人之心如平靜的水，心平氣和，清明如鏡，常人豈能如此涵養。

第二節　《菜根譚》的改過思想

　　《菜根譚》的作者是洪應明，字自誠，號還初道人，生平事蹟不詳，只知他早年熱中仕途，晚年歸隱山林，專心著作，與袁了凡等人有所往來。

　　自明太祖肯定三教之教化以來，三教合一成為思潮，萬曆年間的三一教主林兆恩，是典型的例子。《菜根譚》雖然雜揉儒釋道三教思想，主要內容仍是以儒家立場，兼納佛、道二家的晚明勸

12　「舜誅四凶」源自《左傳・文公十八年》：「舜臣堯，賓於四門，流四凶族：渾敦、窮奇、檮杌、饕餮，投諸四裔，以禦螭魅。是以堯崩而天下如一，同心戴舜以為天子。」所以，蘇東坡說：「舜誅四凶而天下服。」（《蘇軾集》卷四十七）

13　「四凶」後人引喻為邪惡貪婪之官吏。

善書[14]，因為作者自稱「吾儒」[15]，這應該是當時一般文人的心態。

　　值得注意的是，自宋以來，民間出現大量勸善書，勸善書的本質是通俗化的社會道德規範，勸人改過遷善，得福免禍[16]、轉禍為福[17]，求得善報。

　　有人認為《菜根譚》是比較消極的明哲保身的人生哲理[18]，或稱為比較鄉愿的處世態度。但是，在晚明政治腐敗，黨爭紛起，閹黨橫行的黑暗時代，如何自保[19]？如何免禍？如何趨吉避凶？如何改過？又如何修養德性？兼顧當時環境與思潮的《菜根譚》，卻也流傳迄今矣[20]。《菜根譚》分前、後集，前集有 225 則，後集有 135 則，共 360 則，簡述其改過思想。

一、論　過

（一）處世不必邀功，無過便是功；與人不求感應，無怨便

14　例如〈前集〉第 21 則：「家庭有個真佛，日用有種真道。」儒家以家庭為主，真佛是佛家，真道是道家。

15　例如〈後集〉第 125 則：「亦吾儒之口耳」，〈後集〉第 135 則：「吾儒素位」。

16　例如〈前集〉第 17 則：「待人寬一分是福」，〈前集〉第 70 則：「福不可徼，養喜神以為召福之本而已；禍不可避，去殺機以為遠禍之方而已。」

17　例如〈前集〉第 86 則：「一起便覺，一覺便轉，此是轉禍為福、起死回生的關頭。」

18　例如〈前集〉第 105 則：「不責人小過，不發人陰私，不念人舊惡。三者可以養德，亦可以遠禍。」有趣的是，孔子也有明哲保身的話，《論語・憲問》子曰：「邦友道，危言危行；邦無道，危行言孫。」孔子教人明哲保身的處世之道是：國家平治時，說話和行為要正直；國家紛亂時，行為要正直，說話要謙遜。

19　例如：〈前集〉第 68 則：「君子只是逆來順受，居安思危，天亦無所用其伎倆矣。」

20　當前坊間流傳的《菜根譚》，分前、後集，前集有 225 則，後集有 135 則，共 360 則。

是德。（〈前集〉第 28 則）

處世不必汲汲於求取有功之名，只要沒有過錯就是功；幫助別人，不求感恩回報，對方沒有怨恨，就算是恩德。

值得注意的是，功過對舉是《功過格》的形式，明、清時期，頗為流傳《功過格》，《功過格》也是勸善書的一種類型。《太微仙君功過格》是第一本《功過格》，雲谷禪師傳給袁黃的《功過格》影響最深遠。

（二）不責人小過，不發人陰私，不念人舊惡。三者可以養德，亦可以遠害。（〈前集〉第 105 則）

不責備別人的小過失，不揭發別人不願彰揚的隱私，不記恨和別人的前嫌。能夠做到這三點，可以修養德性，也可以遠離災禍，趨吉避凶。這是孔子薄責於人（修慝）的詮釋。

（三）白砂云：「為人多病未足羞，一生無病是吾憂。」（〈前集〉第 77 則）

陳白沙先生（即陳獻章，字公甫，號白沙。）認為「一個人經常犯過並不羞恥，一生自認為沒有過錯，才是令人擔憂。」真是正確的觀點。這是孔子「過則勿憚改」（《論語・學而》）勉人勇於改過的意思。

（四）聲妓晚景從良，一世之胭花無礙；貞婦白頭失守，半生之清苦俱非。語云：「看人只看後半截」真名言也。（〈前集〉第 92 則）

歌伎舞女後半輩子從良，成為良家之婦，過去的胭花經歷，無損她的品德；反之，貞節的婦女，後半輩子失去貞節操守，上半輩子的清苦令人婉惜。俗話說：「論人只看後半輩子」的確有道理。這也是孔子勉人痛改前非、勇於改過的意思。

（五）家人有過，不宜暴怒，不宜輕棄。此事難言，借他事

隱諷之；今日不悟，俟來日再警之。如春風解凍，如和氣消冰，才是家庭的型範。（〈前集〉第 96 則）

家人有了過失，不可暴怒對待，要委婉勸導，也不要不聞不問，放棄不管。如果有難言之處，借用其他事情婉言忠告，第一次如果不能悔悟，以後適當時機再來機會教育，如沐春風，一團和氣，才是家庭和諧的典範。

這是闡揚孔子：「事父母幾諫，見志不從，又敬不違，勞而不怨。」（《論語・里仁》）的孝道精神。孔子認為子女孝順父母，如果父母有過失，要委婉地勸導，雖然父母不聽從，子女依然要恭敬，不可違抗父母的心意，也不可有怨恨的心理。引申而言，任何家人有過，都要委婉勸導，或適當機會勸導，不可暴怒責罵，以免破壞家庭和樂及親子關係。

（六）君子而改節，不及小人之自新。（《前集》第 95 則）

「君子而改節」近似「貞婦白頭失守」；「小人之自新」近似「聲妓晚景從良」，都是鼓勵改過自新，人要知過、改過，修養品德，不可偽善，更不應改變操守、志節。所謂君子與小人的對比，孔子以君子代表道德人格的典範，小人代表道德人格的過失。誰能無過，改之為貴。

（七）處父兄骨肉之變，宜從容不宜激烈；遇朋友交遊之失，宜剴切不宜優游。（〈前集〉第 113 則）

「處父兄骨肉之變，宜從容不宜激烈」近似「家人有過，不宜暴怒，不宜輕棄。」父兄、骨肉的大過，應當委婉的勸導，不可暴怒；朋友有過失時，應當懇切規過，不可放任不理，或是同流合污。值得注意的是，明末清初盛行的「省過會」，定期省過，朋友之間互換日記，懇切指責對方道德上的過失，就是責善規過的改過之道。

（八）功過不容少混，混則人懷惰墮之心。（〈前集〉第 137 則）

功與過不能混淆，不應當以功抵過，功過相抵，一旦混淆，會使人懶散怠惰，不能真正改過遷善。

值得注意的是，一般流傳的勸善書或功過格，則主張功過可以相抵，可以以功抵過。劉宗周非常反對袁了凡的功過格，他認為以功抵過，過惡依舊不改，是害道之說。因此，他的《人譜》只言過，不言功，行善何功之有？人應以行善為本務（duty），不以行善為有功。

（九）當與人同過，不當與人同功，同功則相忌。（〈前集〉第 141 則）

勇於與別人共同承當過失、責任，不要與別人爭享功勞，爭享功勞會引生相互嫉妒。可與共患難，難與共享樂，共享樂會引起彼此仇視。

常人總是爭功委過，不願承當過失，卻引來殺身之禍。據《晉書‧王裒傳》：「王裒之父王儀，為文帝司馬，東關之役失利，文帝問於眾臣：『近日之事，誰該負責其過？』王儀說：『罪過在元帥。』文帝大怒：『司馬欲委過於孤邪？』遂引出斬之。」韓信佐劉邦，滅項羽，定天下，亦遭呂后殺害。君臣之間，「狡兔死，走狗烹」的悲劇，屢見不鮮。

（十）人之過誤宜恕，而在己則不可恕；己之困辱當忍，而在人則不可忍。（〈前集〉第 168 則）

寬以待人，嚴以律己，是儒家克己自律的處世之道，自律內省，可以使人少犯過錯；寬以待人，可以使自己免遭災禍。自己的困頓和屈辱，儘量忍耐，動心忍性；別人的困苦設法解除。

（十一）儉，美德也，過則為慳吝，為鄙嗇，反傷雅道；讓，懿行也，過則為足恭，為曲謹，多出機心。（〈前集〉第 201 則）

　　節儉是美德，過於節儉，成了吝嗇，反傷正道；謙讓也是美德，過於謙讓，卑躬屈膝，多半出於巧詐。[21]

　　過與不及，都是德行的過失，中庸之道是不卑不亢，無過與不及。例如王莽謙恭下士，一時得人望，卻暗藏奸詐，弒殺漢平帝，廢孺子嬰為定安公，篡漢自立，是德行的大過失，必定敗亡。

　　（十二）責人者，原無過於有過之中，則情平；責己者，求有過於無過之內，則德進。（〈前集〉第 221 則）

　　常人總是以自己的是非標準，責備別人的不是，別人可能自認為沒有過失。因此，待人以寬，多寬恕別人的過失，猶如沒有過失一樣，如此寬待，別人才能心平氣和的認錯，願意改過。嚴以律己，時常內省內訟，找出自己未顯明的過失，可以增進品德。

　　（十三）攻人之惡毋太嚴，要思其堪受；教人以善毋過高，當使其可從。（〈前集〉第 23 則）

　　責備別人的過失時，要抱持同理心，動之以情，說之以理，不可太嚴厲，要考慮對方是否認同和接受能力，不要期望太高，嚴詞峻語，所謂「愛之深，責之切。」會適得其反。因此，孔子說：「攻其惡，無攻人之惡。」（《論語·顏淵》）不要任意責罵別人的過失，要時常批判自己的過失，這也是儒家寬恕待人的思想。教人行善時也不可以要求太高，應該使對方容易做到即可。

　　（十四）吾身一小天地也，使喜怒不愆，好惡有則，便是燮理的功夫。（〈前集〉第 128 則）

　　「天人合一」是儒家哲學的一貫精神，儒者對此體認深切，例如：《周易》的法天思想、孔子的仁道哲學、孟子的盡心養氣、《中庸》的誠道、張載的〈西銘〉、程明道的〈識仁篇〉、王陽明

---

21 孔子說：「巧言、令色、足恭，左丘明恥之，丘亦恥之。」（《論語·公冶長》）

的〈大學問〉等。[22]

　　我們的身體是一個小宇宙，與天地的大宇宙息息相通，人要效法天地的自然法則，使喜、怒、好、惡等七情反映，都不會有過失，無過與不及，這是法天的修養工夫。

**　　（十五）人生減省一分，便超脫一分。如交遊減，便免紛擾；言語減，便寡愆尤……彼不求日減而求日增者，真桎梏此生哉！**
（〈後集〉第 132 則）

　　所謂「人生減省一分」就是老莊的少私寡欲、為道日損。（《道德經》第四十八章）及孟子「養心莫善於寡欲」（《孟子‧盡心下》）。人有各種無窮的欲望和嗜好，減少一分嗜欲，就多一分不為外物所誘的養心之樂。例如減少一些交際應酬，就能減免糾紛干擾；少說一些話，就能少犯一些過失，因為多言惹禍，一言可以喪邦。那些日益增加欲望的人，真是束縛自己的寶貴生命。

二、人為何有過？

**　　（一）世人只緣認得我字太真，故多種種嗜好、種種煩惱。**
（〈後集〉第 56 則）

　　佛家認為世俗凡夫的各種煩惱[23]和過失，主要原因是固執一

22　《周易》六十四卦的〈象辭〉，皆勉人法天，如〈乾卦‧象辭〉：「天行健，君子以自強不息。」張載〈西銘〉云：「乾稱父，坤稱母，予茲藐焉，乃混然中處，故天地之塞，吾其體；天地之帥，吾其性。民吾同胞，物吾與也。……」王陽明〈大學問〉云：「大人者，以天地萬物為一體者也，其視天下猶一人焉……故夫為大人之學者，亦惟去其私欲之蔽以自明其明德，復其天地萬物一體之本然而已耳……」

23　佛家認為人有根本煩惱和隨煩惱。貪、瞋、痴、慢、疑、惡見等六大煩惱，是一切煩惱的根本，稱為根本煩惱；忿、恨、詆、諂、慳、不信、嫉、無愧、懈怠、惱、覆、憍、害、無慚、失念、不正知、放逸、惛沈、掉舉（浮躁）、散亂等二十種煩惱，名為隨煩惱。

個我，把自己看得太大、太認真了，稱為「我執」，有人我執和法我執二種。凡夫不了解人的身體為五蘊之假合，固執肉體的我，稱為人我執；又不了解一切諸法從因緣生、因緣滅，固執有恆常不變的我，名為法我執。一切煩惱和過失，皆由此生，因此，主張觀法無我[24]。

（二）利欲未盡害心，意見乃害心之蟊賊。（〈前集〉第 34 則）

《荀子・解蔽》說：「凡人之患，蔽於一曲，而闇於大理。」荀子認為一般人的過失，是自以為是，偏執所愛，蒙蔽於少數人的意見，而不明白天下的大道理。「意見」是指自以為是的偏見，不明白真相與真理，這是造成過失和傷害心智的源頭。因為個人的主觀偏見和習染，會蒙蔽人的良知和理性真知，不知不覺而犯過。

（三）人人有個大慈悲……只是欲蔽情封，當面錯過，使咫尺千里矣。（〈前集〉第 45 則）

慈悲是佛家德行的根本，也是佛法的根本，源於佛陀體會「眾生皆苦」的同情，「同情」意指相同的情感，相同的心理，對眾生皆苦感同身受。慈悲原是小乘佛教「五停心觀」之一[25]，修持慈悲觀，對治瞋恚的過失。慈悲是菩薩的核心思想，菩薩以慈心善待眾生，希望眾生普遍得到樂利；以悲心善待眾生，冀望眾生免除苦難。因此，佛家常說大慈大悲。

慈悲心人人皆有，只是被個人的私欲嗜好所蒙蔽，因為嗜欲如猛火；被自己的情感（七情）所禁錮，而有憤怒怨恨的過失，修持慈悲心，消除瞋恚的過失。[26]

24　《金鋼經》云：「通達無我法者，如來說名真是菩薩。」
25　不淨觀對治貪欲之過，慈悲觀對治瞋恚之過，因緣觀（觀十二因緣）對治愚痴之過，界分別觀對治執著我見之過，數息觀對治散亂之過。
26　《佛遺教經》說：「瞋心甚於猛火」，佛家把私欲比作大海，稱為「欲海」。

（四）耳目見聞為外賊，情欲意識為內賊。只是主人翁惺惺不昧，獨坐中堂，賊便化為家人矣。（〈前集〉第 79 則）

張載有聞見之知和德性之知的區別[27]，德性之知非由耳目見聞的經驗知識生出。只要本心自覺，清明不昧，持守中正之道，即可不受耳目見聞和情欲意識所蒙蔽，成就德性之知的成德之學。易言之，情欲意識和耳目見聞是造成過失的內外之賊。

（五）魚網之設，鴻則罹其中；螳螂之貪，雀又乘其後。機裏藏機，變外生變，智巧何足恃哉！（〈前集〉第 149 則）

「螳螂捕蟬，黃雀在後」的成語典故，出自《說苑‧正諫》，比喻貪求眼前利益而不顧後患，貪是妄求財富，不知足，將有嚴重的災禍，這是人生的大過。誠如清代小說《官場維新記》第 13 回說：「人為財死，鳥為食亡。」，智謀巧詐何足恃！

三、改過之道

從上可知，人犯過的主因，不外乎是：我執、主觀偏見、自以為是、欲蔽情封、耳目見聞、情欲意識、貪求無厭、不知足等原因。如何改過及少犯過呢？簡述四點：

（一）反己者，觸事皆成藥石；尤人者，動念即為戈矛。一以闢眾善之路，一以濬諸惡之源，相去霄壤矣。（〈前集〉第 147 則）

「反己」就是反躬自省，孔子說：「見賢思齊焉，見不賢而內自省也。」（《論語‧里仁》）反省是改過的第一步，也是通往眾善的方法。反之，怨天尤人，不僅不知反省改過，更是開啟罪過的

---

27 《正蒙‧大心》云：「世人之心，止於聞見之狹；聖人盡性，不以見聞梏其心……見聞之知，乃物交而知，非德性所知。德性所知，不萌於見聞。」

源頭，兩者有著天壤之別。

　　因此，〈前集〉第146則認為趁著清晨初醒時，清明地反身內省，就會明白耳目口鼻都是束縛本心的枷鎖，情欲嗜好都是造成人性沉淪的內賊。

　　（二）夜深人靜，獨坐觀心，始覺妄窮而真獨露，每於此中得大機趣；既覺真現而妄難逃，又於此中得大慚忸。（〈前集〉第九則）

　　佛家認為「萬法唯心」，主張「觀心」，天台宗有「一心三觀」的觀心法門，就是要觀萬法於一心，也就是在「一心」中同時觀照空、假、中三者的統一。[28]

　　能夠在深夜人靜，一人獨坐時，反觀內心，最初會感覺到妄心消失，真心顯露[29]；之後卻覺得妄心不能夠完全消失，心中深感漸愧。值得注意的是，能夠深感羞愧，必然知過、改過、遷善、進德矣。

　　（三）降魔者先降自心，心伏則群魔退聽；馭橫者先馭此氣，氣平則外橫不侵。（〈前集〉第38則）

　　王陽明說：「破山中賊易，破心中賊難。」（《王陽明全集‧與楊仕德（楊驥）薛尚謙（薛侃）書》）「心中賊」近似佛家所說的魔，魔以破壞佛法為能事，使人常有貪欲、憂愁、瞋怒、貪睡等煩惱。天台宗智顗《修習止觀坐禪法要》認為魔的種類有四：（一）是煩惱魔。（二）是五蘊魔[30]。（三）是死魔。（四）是鬼神魔。前

28　天台智顗將「一心三觀」轉成「三諦圓融」，空、假、中三諦互相融合，每一諦都同時兼具其他二諦，智顗《摩訶止觀》卷一下說：「即空、即假、即中者，雖三而一，雖一而三，不相妨礙。」

29　佛家認為人有真、妄二心，《楞伽經》將真心比喻為海水，妄心比喻為波浪。劉宗周《人譜‧改過說二》說：「學在去蔽，不必除妄。」

30　眾生由五蘊聚集而成身。五蘊是色、受、想、行、識。

三種魔，是隨著個人自心所生的魔，稱為心魔。智顗強調勤修止觀禪定，一心不亂，無魔不破。

所以說，要想消除邪惡罪過，必先降伏自己的心。自己的心清明了，罪過邪惡無不消退，何魔之有？何妄之有？

（四）人只一念貪私，便銷剛為柔，塞智為昏，變恩為慘，染潔為汙，壞了一生人品。故人以不貪為寶，所以度越一世。（〈前集〉第 78 則）

佛家以貪、瞋、痴為三毒，代表人生的三大過。據《左傳‧襄公十五年》記載：宋國有人得到一塊寶玉，獻給司城子罕，子罕不接受。獻玉的人說：「我請高明的玉匠鑑定，玉匠說是珍寶。」子罕說：「我以不貪為珍寶，你以寶玉為珍寶，如果你把寶玉送我，我們都失去珍寶，最好是個人保有自己的珍寶。」易言之，以不貪為寶，即可無大過及災禍，安然度此一生。

以上簡述《菜根譚》論過，人為何有過？改過之道。人因為有「我執」和「法執」的執著，有無窮的物欲、貪欲、利欲、情欲等欲望，而有無窮的過失。改過之道是反己、責己、自新、知足、不貪，不昧己心，慎獨不欺，不可恕己之過，心無染著，心志澹泊，主人翁（本心）惺惺不昧，慈悲為懷，多存一點素心（真誠純樸之心），降服自心等方法，臻於寡過之境界。

第三節　《呻吟語》的改過思想

呂坤，字叔簡，號新吾，又號抱獨居士，生於明世宗嘉靖十五年（西元 1536 年），卒於明神宗萬曆四十六年（西元 1618 年），著有《去偽齋集》、《呻吟語》、《實政錄》等。為人剛正不阿，為

政清廉，與沈鯉、郭正域被譽為萬曆年間三大賢。進士出身，曾任山西襄垣知縣，山西巡撫，刑部左、右侍郎，1621 年追贈為刑部尚書。

《去偽齋集》卷八論斥風水之說，他認為世人深信風水，往往為了尋找龍穴寶地，而使父母屍骨終年不葬，何其不孝。其實，葬俗因地而異，基於不同時空環境和宗教信仰，而有土葬、火葬、水葬、天葬、樹葬、懸棺葬等，如何論其吉凶？即使同一個祖先，同一個風水，後代子孫也大不相同。因此，呂坤說：「君子以天理為地理，以心田為墓田。」

值得注意的是，呂坤作〈省心記〉（《去偽齋集》卷三〈省心紀序〉），日夜自我檢點身心於生活日用之間。呂坤強調過惡生於不存心，不用心，不省心，不檢點，不省察，不能使心常惺惺（主敬不昏昧）；又有氣質之偏，物欲之蔽，習俗之染，遂生過惡而不知不覺矣。

〈省心記〉有八點說明：一、睡前依照〈過名紀〉所列心過、身過、口過三類，檢點當天所犯過錯，誠心記錄，按月統計，逐一克治。二、累積小過為大惡，防治小過，則無大惡。三、自十五歲開始，日日省心。四、心為嚴師，絕不寬假。五、治心之學，一人獨知，時常內自訟；愈檢點，愈覺有過。六、過有三類：心過、身過、口過。心過類有 37 過；身過類有 53 過；口過類有 30 過。至於習染各有所偏，僅列 121 個細目，不能廣包諸過，善學之士，舉一反三，自我省察。七、氣質之偏，物欲之蔽，習俗之染，不易克治，唯大勇者，毅然能克。八、初學者，先教以主靜，一靜可以降伏百欲。

一、心　過

　　心過類：心不光明，心不平恕（嚴以責人），心不坦蕩，心不慈祥，事不精心（不詳審，不精準），神不精爽，理不咀玩（沒有潛心識察聞見之知），意不沉定，規度不宏（心不寬宏），嫌微不慎（不謹慎，必有大悔），不耐冗遲（不堅忍，煩燥不耐），不察辭色，（神志昏昧，細微不覺），有所嗜好，（如嗜吃、嗜睡、好色），有所倚著，（成心偏見，不中不正），有所怨尤，（怨天尤人，不知反己），恥所當屈，見識庸凡，意念紛雜，耽心幽僻，耳目龐雜，迎來留往，（糾纏往事），猜無認似（猜無為有，認似為真）；為人所術（遭人所陷而不知），玩世自賢（自滿，自以為賢），浮沉觀望，心志放曠（任情肆志，不知檢點），爾我太分（私意作祟），求效太速，（愈速則不達），事變易搖（威迫利誘，動搖心志），志向無定，用情無節，喜人諛己（喜聽阿諛之言），惡人愈己（妒嫉其能力、德行或富貴），安養禍機，（明知而不早除，敗由自取），無奈人情（枉己從人），煦煦憐愛，忡忡畏忌（憂心忡忡）。

　　呂坤強調「率真者，無心過。」（《呻吟語》卷二），能夠真誠不欺，謹言不假，則無心過。

二、身　過

　　身過類：動不莊慎，（苟且不莊重），態不安詳（祥），美不相讓，交情寥落（不能休戚與共），禮節簡質（少文采，不雅觀），色不溫潤（不親切，令人難近。），為善不終（半途而廢），周旋人事，見小忘大（近利之類），違勢昧時，過求厚望（盡情至極），

薄施嗇與（不推恩），執礙求通，不悉人情，不思退反，損人自益，好干非己，事涉猥陋，事無矩度（不按規矩），事惟便己（只求利己），事不分曉，事不爽潔（人情事理，不能脫然無指摘。）緩急失序（倒行逆施），欲速無漸（當緩而急），動常後事（因循怠忽），強人以難（逆其所欲），陷人於過，棄人於惡（與人相處，不可坐視其惡而不規勸。），獨行忤物（見識乖偏），妄自尊大，柔脆嬌憐（沒有大丈夫氣慨），得意求足（如貪食無厭），無端多事，凡事不豫（僥倖者，十之八九失敗。），凡事聊且（苟且不盡心），辭受不審，見義不為，交遊不慎（交友不慎，同歸於惡。），因人成事，虛度時日（不務正業），崇尚奢麗，訑訑愕愕（幼稚可笑），不敦倫理，忿疾頑惡（凶惡太嚴者，自取禍敗。），希情非分（非分之想），視聽不端（心志放蕩），庸心無益，贅情疣禮（不必要之情、禮），失之卑屈（有心媚世），過於避嫌，舉動儇佻（言行輕佻，不莊重。），小廉曲謹（耿介自守，然舉一廢百。），輕開事始（始作俑者，後有流毒。）

　　如何克治身過？呂坤主張以禮敬身[31]，敬是不苟且[32]，苟且是不守禮法，投機取巧。易言之，不苟且就是遵守禮法，並以禮義廉恥為言行的道德法則[33]，無過與不及，大中至正，不偏不倚，中道可以治身過。

三、口　過

　　口過類：言不文雅，語不涵蓄，辭不安定，語太激切，不喜

31　《呻吟語》卷二云：夫禮非徒親人，乃君子之所以自愛也；非徒尊人，乃君子之所以敬身也。
32　《呻吟語》卷二云：敬者，不苟之謂也，故反苟為敬。又說：進德莫如不苟。
33　《呻吟語》卷四云：禮義廉恥，此四者君子之律令也。

善言（自以為是），輕信好傳，輕諾弗踐，薄積易發（心浮氣躁），虛情面譽（明知無善而讚揚之），當言無語，截言爭論（搶話又爭論），諉怨嫁禍（利己害人），廣坐獨言（獨自發言，不許他人說話），當密不密（當保密不說而說），侈辨不根（無稽之談），好談詭誕（怪力亂神，虛無之事），好動聲色（說話表情誇張），好露知能（恃才而驕，人必忌之），好攻詰人（當面斥責，自取仇恨），滑稽巧令（詼諧取悅人），無知妄對（強不知以為知），無事居功（無功而詐功），掩飾過差（掩飾過錯而愈蓋彌彰），煩聒無當（聒噪多言），誤觸諱忌（違背禮俗禁忌），沒人之善（對人苛求完美），稱人之惡（揭人隱私之惡），怨語互傳（與對方互說怨言），突起議論（無端批評，惑人視聽），喜怒過言（喜怒之言，過度誇張）。

如何克治口過？呂坤主張「慎密者，無口過。」（《呻吟語》卷二）說話謹慎，守口如瓶，不說謊話，不文過飾非，不聒噪，不語怪力亂神，可以克治口過。

四、論　過

除了〈省心紀〉列有心過、身過、口過外，以下簡述《呻吟語》論過及其改過之道。

（一）人一生大罪過，只在自是自私四字。（《呻吟語》卷二）

人一生最大的罪過，只在自以為是和自私自利，而不顧群體、社會、國家、天下、地球環境的傷害，終將害人害己。我有自我保存生命的本能，同理，人人、萬物皆有自我保存生命的本能。所謂「人不為己，天誅地滅」沒有同理心，似是而非。人類再肆無忌憚地傷害地球的自然環境，我們終將自毀在自是自利四字。

（二）毀我之言可聞，毀我之人不必問也。使我有此事也，

彼雖不言，必有言之者。我聞而改之，是又得一受業之師也。使我無此事耶，我雖不辨，必有辨之者。若聞而怒之，是以多一不受言之過也。（《呻吟語》卷二）

　　一般人不會當面指責別人的過錯，背後有人指責我的話可以聽聞，不必追問誰指責我，也許他不瞭解真相，有所誤解，或有其他目的。我們自己有則改之，無則嘉勉，不須辯白。若是聽到別人的指責，就大發雷霆，不僅不能自省改過，又多了一項不接受別人觀點的過失。因此，呂坤說：「有過是一過，不肯認過又是一過，一認則兩過都無，一不認則兩過不免。」

　　（三）**君子有過不辭過，無過不反謗，共過不推謗。謗無損於君子也。**（《呻吟語》卷二）

　　人難免有過失，要勇於承當，不推卸責任，顏回的「不貳過」和子路的「聞過則喜」，是改過的典範。有德的君子，有了過失勇於認錯和接受別人的誹謗；沒有過錯，也不必反駁別人的誹謗；與人共同犯下的過錯，不推卸責任，因為誹謗詆毀不會帶給有德者任何的損傷。

　　與人相處，難免有誤會，遭人誤解或以訛傳訛的誹謗，只要是無辜的，總會真相大白，還我清白。

　　（四）**處身不妨於薄，待人不妨於厚；責己不妨於厚，責人不妨於薄。**（《呻吟語》卷二）

　　此說近似孔子「躬自厚而薄責於人。」（《論語‧衛靈公》）君子修德，嚴以律己，寬以待人，輕微指責別人的過失；不可嚴以待人，寬以待己。

　　（五）**學者事事要自責，慎無責人。人不可我意，自是我無量；我不可人意，自是我無能。時時自反，才德無不進之理。**（《呻吟語》卷二）

人人都要自我檢討，自我責備，不要任意責備他人。別人讓我不滿意，表示自己心胸狹小，心胸再大一些，容人所不能容[34]，所謂宰相肚裏能撐船。我不能讓人滿意，如工作表現上級長官不滿意，表示我的能力不夠，必須再增強能力。時常反省，檢討改進，自我精進，自己的能力和道德會不斷進步。所以，呂坤說：「各自責，則天清地寧；各相責，則天翻地覆。」

（六）讀書能使人寡過，不獨明理。此心日與道俱，邪念自不得乘之。（《呻吟語》卷二）

讀書使人明理，明白人倫之理，天下物理，知道歷史興衰，是非善惡。不僅增加知識，明白做人的道理，能夠使人少犯過錯。使心靈與大道相契合，自然沒有邪念。

（七）論理要精詳，論事要剴切，論人須帶二三分渾厚。若切中人情，人必難堪。故君子不盡人之情，不盡人之過。非直遠禍，亦以留人掩飾之路，觸人悔悟之機，養人體面之餘，亦天地涵養之氣也。（《呻吟語》卷二）

古人常言道：一言可以喪邦、禍從口出、言多必失。尤其議論（批評）別人時，必須厚道，保留對方情面，不要使人難堪。因此，君子決不傷害別人的情感，不責盡他人的過錯，這不只使自己遠離災禍，也是留給他人悔改的機會，使人真正改過遷善，培養羞恥心和自尊心，不再犯下相同的過錯。

（八）世之人，聞人過失，便喜談而樂道之；見人規己之過，既掩護之，又痛疾之；聞人稱譽，便欣喜而誇張之；見人稱人之善，既蓋藏之，又搜索之。試思這個念頭是君子乎？是小人乎？

---

34 據載希哲蘇格拉底說：「我能寬容我太太，就可以寬容天下人。」據說其妻兇悍，有一天，他被太太責罵，又被潑了一盆冷水，他不敢反抗，自言自語說：「我知道打雷後，必會降下大雨。」

（《呻吟語》卷二）

　　一般人喜歡別人說自己好話，卻不願意說別人好話；都喜歡說別人壞話，卻不願意聽別人說自己壞話。所以，一旦聽到別人的過失，就喜歡到處傳說；聽到別人規勸自己的過失，就掩蓋遮護，極力否認，文過飾非。聽到別人的讚美，就欣然高興，到處傳揚；聽到有人稱讚別人，就掩蓋隱藏，所謂好事不出門，壞事傳千里。試想：有此念頭，是君子還是小人呢？

　　（九）世人糊塗，只是抵死沒自家不是，卻不自想我是堯舜乎？（《呻吟語》卷二）

　　一般人自以為是，總認為自己沒有過錯，猶如宋儒楊庭顯（楊慈湖先生之父）也曾經自視無過，視人有過，一日有悟，遂知己過。因此，呂坤說：「舉世囂囂競競[35]，不得相安，只是抵死沒自家不是耳。」（《呻吟語》卷二）舉世紛爭、抗議，不得安寧，只是自認有理，沒有過失，試想自己是聖人嗎？孔子認為自己有過失，何況是世俗之人，豈能無過？如果大家承認自己有錯，別人未必有錯，自己認錯改過，不僅使道德長進[36]，更能成就安寧世界。

　　（十）愈進修愈覺不長，愈檢點愈覺有非……只日日留意向上，看得自家都是病痛……初頭只見得人欲中過失，久久又見得天理中過失；到無天理過失，則中行矣……故學者以有一善自多，以寡一過自幸，皆無志者也。（《呻吟語》卷二）

　　劉蕺山《人譜續篇二・證人要旨》強調人有無窮的過失，通

35　《孟子・盡心上》云：「人知之亦囂囂，人不知亦囂囂。」「囂囂」意指自是、自得之貌。

36　《呻吟語》卷二云：「常看得自家未必是，他人未必非，便有長進；再看得他人皆有可取，吾身只是過多，更有長進。」人人皆有優缺點，尺有所短，寸有所長。我們要欣賞別人的優點，吸取他人的長處，隱惡揚善，改進自己的缺點，改過遷善，更能增長自己的道德與能力。

身都是罪過。因此，改過是無窮的道德實踐，雖然，改之又改，通身仍是罪過。蕺山並非無病呻吟，而是對人欲與天理，有深切的體悟。

值得注意的是，呂坤也有相同的道德自覺[37]，自認「余日日有過」（《呻吟語》卷二），這是不斷反省，檢點存心體察、精思力踐的憂患意識。呂坤強調只要用心的存養心性[38]，一動一靜，一言一行，待人處世，仔細內省，即可驚覺渾身都是過失，有心過、身過、口過等諸多過失，有人欲的過失，又有天理的過失。因此，必須日日去人欲，日日存天理，使言行動靜，都合乎道德法則。

可知，生活日用之間，一分一秒疏忽不得。因此，呂坤說：「喜來時一檢點，怒來時一檢點，怠惰時一檢點，放肆時一檢點，此事省察大條款。人到此多想不起，顧不得，一錯了便悔不及。」（《呻吟語》卷二）時時檢點，尤其是喜、怒、怠惰、放肆時，更不可一念疏忽，後悔不及。

五、改過之道

（一）除了中字，再沒道理；除了敬字，再沒學問。（《呻吟語》卷二）

人有各種欲望，有物質欲望和非物質欲望。有口腹之欲、聲

37　《呻吟語》卷四云：「人說己善則喜，人說己過則怒，自家善惡，自家真知……自家病痛，自家獨覺；到死亡時，欺人不得。」良知自知，良知自覺，不能自欺。

38　《呻吟語》卷一云：「不存心看不出自家不是，只於靜、動、語、默、接物、應事時，件件想一想，便見渾身都是過失。須動合天地，然後為是。日用間如何疏忽得一時？學者思之。」

色之欲、鼻舌之欲、情感之欲，這是個體天生的氣質之性[39]，也就是每個人的個性，各有所好，常有所偏，不能合乎中庸之道，這是人犯過的主因。

因此，呂坤強調「中」是天下的道理，又強調「敬」是天下的學問。中道源自於《中庸》，子程子（程頤）說：「不偏之謂中，不易之謂庸。中者，天下之正道；庸者，天下之定理。」《中庸》第一章認為中是天下之大本。

此外，《尚書‧大禹謨》說：「人心惟危，道心惟微[40]；惟精惟一，允執厥中。」更受到宋明儒者的重視。伊川認為人心即人欲，道心即天理。「惟精」意指純粹、不雜，不偽，去偽、去雜、存真；「惟一」意指精誠專一的堅持、堅守。「中」有不偏不倚，無過與不及的意思，伊川認為中庸是孔門傳授道德學問的核心內涵。

敬是傳統儒家的修養工夫，更受到宋明儒者的重視。程顥主張「敬以直內，義以方外。」程頤主張「涵養須用敬，進學則在致知。」

朱熹認為敬有內外之分，外在的敬是遵守禮節，表現整齊嚴肅、恭敬、篤厚的形象；內在的敬是有所畏謹，不敢放縱，收拾自家精神，主一專注，小心謹慎。有趣的是，朱熹有死敬、活敬之分。死敬是死守禮節；活敬是敬義不二，《朱子語類》卷十二說：「敬有死敬，有活敬。若只守著主一之敬，遇事不濟之以義，辨其是非，則不活。若熟後，敬便有義，義便有敬……須敬義夾持，循環無端，則內外透徹。」

可知，改過的最好方法，就是執中和持敬。《呻吟語》卷二說：「聖學下手處是無不敬。」又說：「敬者，不苟之謂也。」不苟是

---

39 《呻吟語》卷二說：「物欲生於氣質。」
40 「人心惟危，道心惟微。」近似《荀子‧解蔽》：「人心之危，道心之微。」

不苟且，苟且是不守禮法、言行放肆的意思，呂坤認為只要心不放肆[41]，便無過差。他強調「中是千古道脈宗，敬是聖學一字訣。」[42]（《呻吟語》卷一）

（二）恕心養到極處，只看得世間人，都無罪過。（《呻吟語》卷一）

寬恕他人的心，能夠涵養到最高境界，只會看到世人都沒有罪過。「恕心」就是同理心，將心比心，亦即孔子「己所不欲，勿施於人。」（《論語・顏淵》）及「己欲立而立人，己欲達而達人。」（《論語・雍也》）孟子發揮孔子的恕道，他說：「強恕而行，求仁莫近焉。」（《孟子・盡心上》）呂坤認為「強恕是最拙底學問。」（《呻吟語》卷二）「拙」是樸實，恕心是最樸素真善的生命學問。

《呻吟語》卷四說：「恕人有六：或彼識見有不到處，或彼聽聞有未真處，或彼力量有不及處，或彼心事有所苦處，又或彼精神有所忽處，或彼微意有所在處。」寬恕是有愛心的體諒，嘉善而矜不能，或許別人的見識較為膚淺，或聽聞有誤，或能力有所不足，或有難言苦衷，或有疏忽，或有身、心疾病，或是無心之過，或是年幼無知，或是體力不濟，或是年老體弱，或是不同族群的文化差異等等，得饒人處且饒人，慈悲為懷[43]，寬恕待人。

41　《呻吟語》卷一云：「敬肆是死生關。」值得注意的是，劉蕺山〈聖學喫緊三關〉第二關是敬肆關，《人譜續篇二・證人要旨》認為證人第一義是：敬肆之分，人禽之辨。

42　《呻吟語》卷一說：「聖人執中，以立天地萬物之極。」「執中」是無過與不及，例如飲食適中，不過飢也不過飽。孔子說「喝酒無量，不及醉。」也是中；起居有常也有中；不過度勞累，不過度安逸，也是中；均衡飲食、均衡營養，也是中；不過度喜、怒、哀、樂，也是中。

43　慈悲是佛家德行的根本，源於佛陀體會「眾生皆苦」的同情。「同情」意指相同的情感，相同的心理，對眾生皆苦感同身受，以同理心對待眾生，解除眾生痛苦，使眾生得到快樂。《大乘義章》說：「愛憐名慈，惻愴曰悲。」

因此，呂坤說：「處世只一恕字，可謂以己及人，視人猶己矣。」
（《呻吟語》卷二）

不過，必須注意的是，天下之人何其多，有「己所不欲而人
欲者，有己所欲而人不欲者」，自己喜歡的糖蜜，或許是別人的毒
藥[44]；自己不要的衣物，或許正是別人需要的衣物。實踐恕道，
必須明白別人的處境和需求，始能行而無誤。易言之，人往往以
己度人，視人如己，尤其父母對其子女，更是如此，而忽略人的
差異性和特殊性。例如好色者寬恕別人的淫亂；貪財者寬恕別人
的貪得無厭；好喝酒的人，寬恕別人時常酒醉；好安逸的人，寬
恕別人懶惰怠慢。這些不當的寬恕，不僅不能勉勵他人改過遷善，
更使人造成不可挽救的罪過。[45]

**（三）只盡日檢點自家發出念頭來，果是人心？果是道心？
出言行事，果是公正？果是私曲？自家人品，自家定了幾分？何
暇非笑人？又何敢許人之譽己耶？**（《呻吟語》卷二）

「每日檢點，要見這念頭自德性上發出？自氣質上發出？自
習識上發出？自物欲上發出？如此省察，久久自識得本來面目，
初學最要如此。」（《呻吟語》卷一）「只竟夕檢點，今日說得幾句
話關係身心？行得幾件事有益世道？自慊自愧？恍然獨覺矣！若
醉酒飽肉，恣談浪笑，豈不錯過了一日？亂言妄動，昧理從欲，
豈不作孽了一日？」（《呻吟語》卷二）

菩薩以慈心善待眾生，希望眾生普遍得到樂利；以悲心善待眾生，冀望眾生
免除苦難，這是佛家常說的大慈大悲。一切佛法以慈悲為最重要，因為慈悲
正是菩薩的核心思想。

44 例如自己喜歡吃的食物，別人吃了會過敏；自己愛吃甜食，別人有血糖高的
　　問題；台北市政府拍賣再生家俱，是很好的環保政策。

45 呂坤所謂「恕心養到極處，只看得世間人都無罪過。」與六祖慧能《六祖壇
　　經・般若》云：「常自見己過……不見世間過……」有相似之處，都是修養
　　工夫的最高境界。請參閱拙作《先秦兩漢改過思想之研究》404 頁。

　　呂坤所謂「檢點」，近似宋明儒者的存養省察。王陽明《傳習錄上》說：「省察是有事時存養，存養是無事時省察。」省察是反省與查察己心，存養是涵養心性之善；存養省察不可分，省察與克己也不可分。王陽明認為省察工夫，就是反身內省，無事時將好色、好貨、好名、好利等私欲逐一追究，找到病因，拔除病根，不可姑息，一一克治，直到無私欲可克，即可識得天理，存養天地之善性。劉蕺山說：「省察只是存養中最得力處。」(《全書》卷十九〈答葉潤山第四書〉)存養、省察合而為一。

　　能夠檢點的人，時時自反(自我反省)，事事自責(自我責備)。呂坤認為一般人的德行不長進，只因為怨天尤人，沒有反省改過，以為自己沒有過錯，都是別人的錯。因此，呂坤強調「聖賢學問，只是個自責自盡。[46]」(《呻吟語》卷二)只要時時存養檢點心，把檢點心放在事前，又能時時檢點，預防犯錯，事後可以免除後悔。

**　　(四)儒戒聲、色、貨、利；釋戒聲、色、香、味；道戒酒、色、財、氣，總歸之無欲，此三氏所同也。**(《呻吟語》卷一)

　　《尚書‧仲虺之誥》云：「惟王不邇聲色，不殖貨利。」不邇是不近，聲色是靡靡(鄭、衛)之音與美色；《史記》卷129云：「耳目欲極聲色之好。」儒家要戒除淫聲、美色、貪財與好利，戒除亦有改過之意。佛教要戒除對色、聲、香、味的執著，色、聲、香、味、觸，稱為五境，是我們對外境的每一個感受。

　　《金剛經》說：「不應住色生心，不應住聲香味觸法生心，應生無所住心。」「不住」是心不執著而不動，心不動即生清淨心，菩提心，因此，《心經》說：「照見五蘊皆空。[47]」，體悟緣起性空。

46　自盡是盡其應然、當然。《呻吟語》卷二云：「君子盡其當然，聽其自然，而不惑於偶然。」例如力行仁義是人應盡的當然之德。

47　五蘊是色受想行識，色是物質世界，萬事萬物；受想行識是人的內心世界。照見五蘊皆空，應離一切相。

道教要戒除酒、色、財、氣，酒是穿腸毒藥，色是刮骨鋼刀，財是下山猛虎，氣是惹禍的根苗。改過之道是飲酒不醉，寡色欲，不暴歛，不意氣用事（不逞兇），這是人生四戒。一切都歸結到寡欲而無欲的境界，無貪欲、無好利、無厚味（大魚大肉）、無好色，這是儒釋道相同的改過思想。

（五）性分不可使虧欠，故其取數也常多，曰窮理，曰盡性，曰達天，曰入神，曰致廣大、極高明。情欲不可使贏餘，故其取數也常少，曰謹言，曰慎行，曰約己，曰清心，曰節飲食、寡嗜欲。（《呻吟語》卷一）

「性分」是人稟受於天的善性，即《中庸》第一章的「天命之謂性」，人要不斷的涵養先天之善性，工夫有窮理、盡性、達天、入神、致廣大、極高明。窮理盡性是宋明儒者的工夫論，張載認為人的精神生命，在於「窮理盡性」，《正蒙·誠明篇》說：「自明誠，由窮理而盡性；自誠明，由盡性而窮理。」窮理即《大學》的「致知在格物」，朱熹認為窮理是窮究事物的道理[48]，就我們所知的道理，更深入的探討窮究。

「盡性」源自《中庸》第 22 章：「唯天下至誠，為能盡其性；能盡其性，則能盡人之性；能盡人之性，則能盡物之性；能盡物之性，則可以贊天地之化育；可以贊天地之化育，則可以與天地參矣。」《中庸》以「誠」貫通天、地、人，惟有天下至誠的人，纔能完全發揮自己的善性，可以贊助天地、化育萬物，人與天地並立為三，可以知天而達天。「致廣大、極高明」源自《中庸》第 27 章：「君子尊德性而道問學，致廣大而盡精微，極高明而道中

---

48 《大學》第五章朱熹補文曰：「所謂致知在格物者，言欲致吾之知，在即物而窮其理也……莫不因其已知之理而益窮之，以求至乎其極。」《中庸》第 20 章提出「博學之，審問之，慎思之，明辨之，篤行之。」也是窮理工夫。

庸。」尊德性是恭敬持守天命之善性，道問學是格物致知而窮理，使德性與學問，達到最高的境界，符合中庸的道理。[49]

呂坤強調人要減少自己的情感欲望，工夫有謹言慎行[50]，約束自己，清靜內心，節制飲食，減少嗜好和欲望，溫和敬慎，克己慎獨[51]，變化氣質[52]，欲消理長，不愧屋漏，從容中道等，這些工夫，都是盡人善性之道。

以上簡述呂坤〈省心記〉與《呻吟語》論過及改過之道。呂坤認為一般人因為不內省、不檢點、不收斂、不防欲、不養心，又有氣質的偏差、物欲的蒙蔽、不良習慣的染污，遂有心過、身過、口過等過失。改過之道有：自反、自責、檢點、省察、敬慎、克己、慎獨、率真、守禮敬身、謹言慎行、窮理盡性、變化氣質、執中、持敬、恕心等工夫，使人臻於無欲（無私欲）的境界，豈會犯過？

第四節　呂柟的改過思想

呂柟，字仲木，號涇野，生於明憲宗成化十五年（西元 1479 年），卒於明世宗嘉靖二十一年（西元 1542 年），明武宗正德三年（西元 1508 年）狀元及第，曾任南京太常寺少卿、國子監祭酒，

---

49 《中庸》開宗明義程頤說：「不偏之謂中，不易之謂庸。中者，天下之正道；庸者，天下之定理。」

50 《呻吟語》卷二云：「慎言動於妻子僕隸之間，檢身心於食息起居之際，這工夫便密了。」

51 《呻吟語》卷二云：「無慎獨工夫，不是真學問。」

52 《呻吟語》卷一云：「物欲從氣質上來，只變化了氣質，更說物欲？」張載以追求學問和遵守禮義兩種工夫，教人變化氣質。

著有《涇野子內篇》、《涇野先生文集》、《四書因問》、《尚書說要》、《春秋說志》等書。

一、聖賢之學，甘貧改過

　　涇野認為聖人之教，只是一個仁，行仁是孔孟儒學的宗旨，求仁是為學目標，如何求得仁道？他強調甘貧改過是當務之急。

　　甘貧即安貧，孔子與顏回是甘貧的典範，《論語‧述而》孔子說：「飯疏食，飲水，曲肱而枕之，樂亦在其中矣。不義而富且貴，於我如浮雲。」孔子快樂學習，不恥下問，好學不倦，誨人不厭，樂於為人師表，教育英才；又喜好音樂，學韶音，三月不知肉味。在陳蔡兩國之間斷糧，到了第七天，孔子仍然彈琴唱歌不止。

　　孔子主張義利之辨，「君子喻於義，小人喻於利。」（《論語‧里仁》），強調「君子義以為上」（〈陽貨〉），「見得思義」（〈子張〉）、「義之與比」（〈里仁〉）。因此，自言不義的富貴，視之如浮雲，無動於心。孔子稱讚顏回是最好學的弟子，不遷怒，不貳過；又讚美顏回安貧樂道，孔子說：「賢哉！回也。一簞食，一瓢飲，在陋巷，人不堪其憂，回也不改其樂。」（《論語‧雍也》）可知，聖賢的學問，就在甘貧與改過。涇野說：

> 聖賢之學，雖千言萬語不能盡，切於今日急務者，惟有二焉：一曰改過，二曰甘貧。改過不惟能盡己之性，人物之性皆可盡也……甘貧不惟能足一家之用，百姓之用皆可足矣。（《文集》卷 8〈贈鄧汝獻掌教政和序〉）

　　甘貧與改過，是兩種不同的修養工夫，而以甘貧為本。涇野認為人的過失，大抵多生於不能安於貧窮，能夠甘貧，亦可以少過，外物不足為累；又能改過，可以進德於善。知識份子一生為

學，最容易受到貧賤、富貴的干擾，不能安於貧賤，而有許多的煩惱和罪過。因此，涇野強調通往聖賢的捷徑，惟有從甘貧做起。

不過，學者甘貧，不是一味地反對（拒絕）功名富貴，而是要有富貴、貧賤、得失、毀譽、利害、美色、生死當於前，而能無動於衷的「不動心」，誠如孟子所謂「富貴不能淫，貧賤不能移，威武不能屈。」的大丈夫。

二、三次不改為玩過

涇野的改過思想，根源於他的知行不二，改過是知行合一的工夫。改過的知，是存養省察的工夫，透過格物致知窮理的方法，學習孔、孟、周、張、程、朱等聖賢，以聖賢為典範，將自己不善之處，切要找出癥結所在，猶如醫生治病一般，對症下藥，根治病源所在，徹底改正，才是真正的改過。

如果只是偶而對自己的過失稍有悔意，只是檢點省察，知而不改或屢過不改，是為「玩過」，他說：「三過不改為玩過」（《涇野子》卷23）玩過的人，若非知之不夠真切，即是不切實力行，例如克己為何能復禮？主因是知過、改過的一一檢點、精思力踐，知行不二，這也是慎獨工夫，他說：

> 問慎獨工夫，曰：此只在心上做。如心有偏處，如好欲處，如好勝處，但凡念慮不在天理處，人不能知，而己所獨知，此處當要知謹自省，即便克去。若從此漸漸積累，至於極處，自能勃然上進，雖博厚高明，皆是此積。（《明儒學案‧河東學案二‧呂涇野先生語錄》）

三、良師益友的規過

孔子重視良師益友對人的影響，《論語》開宗明義孔子說：「有朋自遠方來，不亦樂乎！」孔子也說：「三人行，必有我師焉；擇其善者而從之，其不善者而改之。」（《論語‧述而》）孔子認為「友直、友諒、友多聞。」（〈季氏〉）是益者三友。涇野認為良師益友的規勸改過，有助於個人的進德向善。他說：

> 雖則二程，亦有然者矣。微當時茂叔、堯夫、君實、子厚輩為之師友，程子又安能獨明斯道，上承孟氏不傳之緒，下開尹、謝、游、楊、馬、張諸賢，以至晦庵耶？由是言之，師友之功誠大矣。（《文集》卷 8〈贈侍御方體道考績序〉）

涇野認為二程（程顥生於西元 1032 年、程頤生於西元 1033 年）能夠上承孔孟儒學，又能影響宋明儒者，除了受學於良師周茂叔（西元 1017 年生），又有邵康節（生於西元 1011 年）、司馬光（生於西元 1019 年）、張子厚（生於西元 1020 年）等益友的切磋，使得二程的道德、學問精進，成為一代大儒。

其實，良師益友對涇野的影響頗深，關西夫子薛敬之（西元 1435～1508 年，一生好學，知識淵博，天文地理，無不通曉。）是其業師，深受良師的感召，太學時期，又有馬理（西元 1479～1556 年，1514 年進士）、崔銑（西元 1478～1541 年，1505 年進士）等益友的規過勸善，使涇野成為關學集大成者，是明代中期關中著名的大儒。他立教嚴謹，躬行實踐，言教與身教並重，強調「師嚴而道尊，道尊而民敬。」一生精思力踐甘貧與改過之道。

以上簡述《近思錄》（周濂溪、張橫渠、程明道、程伊川）、《菜根譚》、〈省心記〉、《呻吟語》、呂涇野的論過及改過之道，對蕺山

有重大的影響。《人譜》的改過思想,即融會貫通先秦與宋明儒學,又有蕺山的體貼躬行和獨知創見,成為儒學不朽的改過經典。

第二章　《了凡四訓》求福改過之方

前　言

　　《了凡四訓》是晚明迄今，流傳最廣的勸善書，或稱善書，是屬於民間信仰善書的範疇，民間信仰及其善書是深入民間百姓的信仰，融合儒、釋、道三家的思想，成為社會習俗道德與宗教，或稱為俗文化。其核心思想是鬼神信仰和善惡因果報應，主要目的是勉人改過遷善、為善去惡。

　　《了凡四訓》在臺灣佛教界也頗為盛行，這是受到印光大師、李炳南居士、淨空法師的大力提倡之影響所致，迄今尚有不少佛教團體時常印行此書，吾人在各大寺廟亦可得之。當前，臺灣還有「了凡弘法學會」，推廣「由了凡入淨土」的信仰。

　　值得一提的是，民國 93 年 4 月，法務部送監所收容人人手一冊《了凡四訓》，作為教化之用[1]，部長陳定南的〈序〉云：

　　　七、八年前，在宜蘭往台北的火車上，有一位五十多歲，

---

1 以善惡報應為教化的勸善文，自古流傳迄今，例如《增廣昔時賢文》說：「善有善報，惡有惡報，不是不報，日子未到。」《千字文》說：「禍因惡積，福緣善慶。」《名賢集》說：「勸君莫作虧心事，古往今來放過誰？」記得小時候聽過一句俗諺說：「善有善報，惡有惡報，不是不報，時辰未到，時辰一到，一定要報。」所以，有一句說：「善惡到頭終有報，只爭來早與來遲。」民間佛教團體或寺廟，更有流傳的勸善書，可供取閱，由助印者所提供。

氣質很不一樣的陌生男子……自稱曾經出家又還俗，具陰陽眼，有異能。他正經八百的告訴我：「你身邊現在圍繞著許多鬼魂」，我愣了一下，還來不及回話，他緊接著用右手食指比向我的頭頂說：「不過，你放心，這些都是好鬼。因為你一生做了很多善事，所以，他們在保護你。」

年輕時，我很「鐵齒」……幾年前，拜讀《了凡四訓》，再也不敢「鐵齒」……明朝進士袁了凡做善事，改變榮辱生死定數的事蹟，其實與「舉頭三尺有神明」、「君子慎獨」[2]、「不欺暗室」等古訓，以及我在火車上的「奇聞」，多少有異曲同工的關聯。對於不信因果輪迴或運隨心轉、福自善來之說的人，這仍然是一本值得朗讀、甚至背誦的好書……[3]

雖然，《了凡四訓》是流傳最廣的勸善書，不過，儒家學者卻頗多責難，簡述八則為例說明之：

一、功過果報，病於道

劉宗周《人譜・自序》云：

友人有示予以袁了凡功過格者，予讀而疑之，了凡言嘗授旨雲谷老人，及其一生轉移果報，皆取之功過，鑿鑿不爽，信有之乎！予竊以為病於道也。

---

2 筆者以為袁黃的《了凡四訓》，與「君子慎獨」、「不欺暗室」，兩者思想差異極大，不可不辨。袁黃為了改變榮辱生死定數而行善，是功利的善惡報應思想，明儒劉宗周等人極力反對；而「君子慎獨」、「不欺暗室」（不愧屋漏），正是儒學道德修養工夫，劉宗周的《人譜》，即是慎獨、改過的道德實踐。

3 陳定南的〈序〉，其核心思想就是鬼神信仰和善惡報應，主要目的是勉勵監所收容人改過遷善。

宗周反對功過格以功利迷惑人，是佛、老思想，〈自序〉又說：

> 了凡學儒者也，而篤信因果，輒以身示法，亦不必實有是事。

袁黃以一生經歷，撰成自傳式的家訓，奉行功過格，改過行善，要求功名得功名，求子女得子女，是有意為善的民間信仰，出於功利之心，是害道之書。宗周認為功過雙行及功過可以互相抵銷，皆不可行，有不通處，過惡終究未能戒除。宗周強調若是有意為善，亦屬偽善，終究亦屬過惡。至於功過格列舉功過大小分數，亦屬穿鑿，道理上功過（善惡）並無大小多寡的差別。袁黃勤讀儒家之書，進士及第，卻篤信因果，行善為了求福，已非儒家之徒矣。

誠如呂坤《呻吟語》卷一說：「求福已非君子之心……不謀利，不責報……天下萬事萬物，皆盡我所當為，禍福利害，皆聽其自至。」儒者行善，出於惻隱之心，不謀私利，不求己福，不望善報。人倫當然之道，只問是非善惡，不問吉凶禍福之功利。因此，呂坤說：

> 勸學者歆之以名利，勸善者歆之以福祥，哀哉！（《呻吟語》卷二）

洪應明《菜根譚》說：「功過不容少混，混則人懷惰之心。」功過並舉，以功折過，使人惰於改過，屢過不改，終成大惡。

二、求福為善故為善無福

高攀龍《高子遺書》卷九上說：

> 凡吾為德於人，非期人之報也，又非施於人所不報而期天之報也，求福為善故為善無福。

為了求天福報而行善，已是自私、自利之心，豈有真正的福報？此一觀點，近似釋真觀〈因緣無性論〉（《廣弘明集》卷22）

的「行善求福不報論」，釋真觀強調如果行善懷有得福報的私心，就會「去善更遙」，就不是真正的行善，則沒有福報。必須擯除福報的貪心，達到「本無意於名聞，曾不欣乎富貴」的不求境界，方能獲得「英聲必屠，雅慶方臻」的善報；易言之，凡夫布施，必以為福，此為住相布施，沒有功德，必也無住相布施，纔有不可度量的福德。了凡行善，顯然是住相布施。

三、不明儒學聖人之道，蔽於心術之患

張履祥《楊園先生全集》卷 27 說：

> 近世，袁黃、李贄混佛，老於學術，其原本於聖人之道不明。洪水猛獸，蓋在於人之心術也。

張履祥認為袁黃、李贄主張三教合一，主要原因是不明儒學聖人之道，蔽於心術之患，猶如洪水猛獸的災禍。《楊園先生全集》卷 31 說：

> 劉先生曰：學者最患是計功謀利之心，功利二字最害道。

劉先生即劉宗周，宗周反對袁黃計功謀利的私心，認為袁黃的功利信仰最危害正道。因為不明白儒學聖人之道，妄自註解儒家經典，《明史卷 281・陳幼學傳》陳幼學認為袁黃妄自銓釋《四書》，誠如查繼佐《罪惟錄卷六十七・傳十八李贄袁黃》也說：「袁黃……極詆程朱，至盡竄註解。」袁黃不明白儒學真諦，以三教合一思想，妄自註解孔、孟、程、朱之學，是儒學之禍。

四、陰德之說惑天下，愚者信之

王夫之《讀通鑑論》卷三說：

陰德之說，後世浮屠竊之，以誘天下之愚不肖，冀止其惡。然充其說，至於活一昆蟲，施一簞豆，而豫望無窮之利；迨其死無可徼之幸，而期之他生。驅愚民，脅君子，而道遂喪於人心……賀逐盜而多所縱舍，法之平也不可枉，人臣之職也……而賀曰：「吾所活者萬人，後世其興乎？」市沾沾之恩，而懷私利之心，王莽之詐，賀倡之矣，故王氏之族終以滅……近世有吳江袁黃者，以此惑天下，而愚者惑焉，夫亦知王賀之挾善徼天而終赤其族乎？

船山認為佛教主張因果報應，以三世因果業報迷惑愚民，脅迫君子，仁義道德淪喪。因果報應近似傳統積陰德之說，王賀信之。

王賀曾任漢武帝的御史，奉命追捕盜賊之亂，王賀怠忽職守，放縱盜匪一萬餘人，因此丟官，他感嘆說：「據說能救活一千人，子孫會得富貴，我救活了一萬多人，子孫應有善報。」後來，王賀孫女王政君，成為漢元帝的皇后，漢成帝的皇太后；王政君的兄弟王鳳、王音、王商、王根等外戚，位居要津，大握朝政；王政君的姪兒就是王莽，王莽篡漢，王氏家族終遭誅滅。

晚明袁黃亦以積陰德之說，迷惑天下人，船山認為袁黃畫地成牢陷害人，愚者信之，袁黃有意為善以徼天之福報，近似王賀之行徑，哀哉！

五、行善望報，為村婆野老而設；　若起報心，神明不報

晚明大學士、禮部尚書、少傅兼太子太保朱國禎，明嘉靖37年生，崇禎5年卒（西元1558～1632年），在《湧幢小品》卷10上說：

今人行善事，都要望報，甚至有千善報千，萬善報萬之說。

> 顓為村婆野老而設，讀書人要曉得，只去做自家事，行善
> 乃本等，非以責報。救蟻、還帶，此兩人直是陡見，突發
> 此心，如孟子所云赤子入井云云。兩人若起報心，神明不
> 報之矣。

朱國禎顯然暗諷袁黃奉行《功過格》，「將往日之罪，佛座前
盡情發露，為疏一通，以先求科第，誓行善事三千條……庚辰南
還，遂起求子之念，欲行三千善行……至癸未八月，三千之數滿，
九月十五日，又起中進士之念，欲行善事一萬條。」（《訓子言‧
序》）行多少善，得多少善報，這只是為鄉野之民而設教，勸善而已。

讀書人要知道行善是應盡的本務（duty），豈能望報而責報。
所謂宋郊救蟻，裴度還帶的善行，兩人只是當下的善心義舉，油
然而生，並無望報、責報之心，猶如孟子舉例說，當我們突然看
見孩童要掉到井裏時，即刻會有憐憫之心而想救他，沒有望報之
心。如果宋郊，裴度有望報之心，神明不會報之以福。

值得注意的是，宋郊救蟻的故事，見於《文昌帝君陰騭文》，
宋郊常見蟻穴被暴雨所浸，以竹編的橋救助螞蟻逃命，救活數百
萬的生命，後來參加京師科考，考中狀元。另一救蟻得福的故事，
見於《雜寶藏經》卷四及《蓮池大師戒放生文圖說》，述說小沙彌
七日內該命終，因救蟻而得天年長壽。

「裴度還帶」的故事見於《太平廣記》及《歷史感應統記》，
元代關漢卿以此故事作成元曲《裴度還帶》，全名是《山神廟裴度
還帶》。裴度是唐代聞喜人（今山西省絳縣西），字中立，德宗貞
元年間進士，憲宗時任宰相，封晉國公，忠奉憲宗、穆宗、敬宗、
文宗四朝，享年七十五歲（西元七六五～八三九年），五個兒子賜
襲爵位。（《唐書‧裴度傳》）

裴度年輕時不得志，洛陽有名相士說他沒有富貴之命。有一

天，他到香山寺參訪，拾獲一只貴重的玉帶，等待到天黑。第二天，又到香山寺等候，見一婦人慌張尋找，裴度誠實歸還玉帶，婦人感激涕泣。後來，裴度又見相士，相士驚訝地說：「你必是積了陰德，前途一片光明。」結果，裴度就在那一年高中進士，仕途一帆風順，身繫天下安危三十年，維繫唐祚，安定天下。

六、行善積功，成為向佛祖求子的價格

有趣的是，清初著名劇作家和戲曲理論家李漁（明萬曆三十八年生，清康熙十九卒，西元 1610～1680 年），作〈變女為兒菩薩巧〉，見於《李漁全集》卷十三，此戲為《無聲戲》（另名連城戲）第九回，暗諷袁黃奉行《功過格》，行善立功成為向佛祖求子的價格。

話說萬曆初年，揚州府有個灶戶施達卿，原以燒鹽起家，賺了大筆錢財，之後，只發本錢給窮人家燒鹽，自己坐收其利，他得七分，燒鹽的人只得三分。年近六十，尚無子嗣，求准提菩薩賜子，誓言燒鹽的人得七分，他只得三分。不久，通房（妾）懷孕，他反悔，不再布施，終止善行，想留財產給子孫。結果生了一個陰陽人，他後悔不已，大量財施，大力行善。孩子逐漸長大，從陰陽人慢慢變成正常男子，做過一任知縣，一任知州。可見，作福一事，是男人種子的仙方，女子受胎的祕訣。

此劇暗諷袁黃行善積功，為了求子的望報，與佛祖討價還價（行多少功，得多少福。），積功不足，僅得陰陽人，大力行善，終於向佛祖求到一個兒子。

七、微勤小惠，與天地鬼神為市

清‧張爾歧《蒿菴集卷一‧袁氏立命說辨》云：

> 袁氏立命說，則取二氏因果報應之言，以附吾儒惠迪吉‧
> 從逆凶，積善餘慶，積不善餘殃之旨，好誕者樂言之，急
> 富貴嗜功利者更樂言之……莫知其大悖於先聖而陰為之害
> 也。夫大禹孔子所言，蓋以理勢之自然者為天，非以紀功
> 錄過錙銖而較者為天也。蓋言天之可畏，非謂天之可邀也。
> 為臣者矜功伐以邀君寵利，不可謂忠；為子者鬻勤勞以邀
> 父厚分，不可謂孝。況日以小惠微勤而邀天之福報，將得
> 為善人乎？以天為可邀，將得為畏天乎？……終日衒其小
> 惠微勤，與天地鬼神為市，其心為公為私，為誠為偽，不
> 待辨而較然也……人捨六經語孟之公善、誠善，而學偽善
> 以自私，不可謂非袁氏陷溺之也，陷人於私偽之途，而日
> 誘人為善可乎？

張爾歧認為袁黃誤解「惠迪吉，從逆凶，惟影響。」的意義，
而與天地鬼神為市，行善祈求天地鬼神賜福。「惠迪吉，從逆凶」
源自《尚書‧虞書‧大禹謨》：「惠迪吉，從逆凶，惟影響。」，意
思是說仁德敦厚，順從王道的人，會有康莊大道的吉祥人生；悖
善從惡，違逆正道的人，則會遭遇災禍厄運，猶如影之隨形，響
之應聲，是自然的感應，沒有上帝鬼神為之主宰。

《周易‧坤‧文言》說：「積善之家，必有餘慶；積不善之家，
必有餘殃。」君子積善，是仁義道德的自然累積；小人積惡，是
認為小善對自己沒有好處，又以為小惡（小過錯）對自己無傷，
而不斷累積過惡，自己造成不可挽救的災禍，也沒有上帝鬼神為

之主宰，沒有上天的福報或惡報。

袁黃以佛家三世因果業報，附會儒家自然感應的思想。孔孟儒家的天，是本然天理的道德天，不是記功錄過的宗教神權之天。孔子所謂「畏天命」（《論語・季氏》）是內心要求實現道德而來的敬畏；孔子的天命觀，是義命合一的「即命顯義」，義之所在，就是人情事理之當然者，即是天命之所在，人當以仁自命，應自踐其仁，應自盡其義。即使處境困厄，仍不行不義之事，這是孔子「義命不二」的精神。

所以，人應該力踐仁義，並對個人的吉凶、禍福、貴賤、貧富等，非一己之力所能完全作主、決定者，坦然面對，不怨不尤，行仁義之所當然，這是孔子知天命、畏天命、俟天命的真諦，完全不同於袁黃的立命。

《了凡四訓》第一篇是〈立命之學〉，「立命」源自《孟子・盡心》：「殀壽不貳，修身以俟之，所以立命也。」孟子強調人要「知天」、「事天」，要如何知天？必須盡量擴充自己的靈明本心之善，即可以知道自己稟受於天的善性，蓋性善源於天。知人之善性，即可以知天；存養自己靈明本心的善性，即可以事天而無違天道。至於一己的吉凶、禍福、壽夭，毫不考慮，只專心修養道德人格，發揮天賦善性，不以人為私欲、私利，殘害人性之善，這就是完成天命善性的立命之道，也完全不同於袁黃的立命。

因此，孟子強調「禍福無不自己求之者。」（《孟子・公孫丑上》）完全不同於袁黃以行善立功，求天、邀天、望天之福報，企圖求得功名與子嗣，這是有所為（有目的）而為善，是私欲之心，有了私欲動機，便是不誠，出於不誠之私欲，即是不善。[4]

---

4 張爾岐〈袁氏立命說辨〉認為以行善立功之私，求天、邀天、望天之福報，

　　張爾岐認為袁黃立命之學，陷人於私偽之途，只是陷溺人心、賊害儒學的異端邪說，其所謂行善計功，完全不同於六經（詩、書、禮、樂、易、春秋）孔孟所立教的仁善、義善、公善、誠善。兩者差異，不可不辨。

八、袁黃立命之學，非孔孟立命之道

　　總之，袁黃的立命之學，非孔孟的立命思想。孟子所謂「禍福無不自己求之者。」非袁黃行《功過格》求天、邀天得到「現世福報」當時最重要的現世福報是科舉考試金榜提名及後代子孫的繁衍。值得注意的是，袁黃原是儒家學子，勤讀儒學經典，是王艮（字汝止，號心齋，師從王陽明八年之久，陽明逝後，開創泰州學派。）的信從者，深受王艮「造命」思想的影響，王艮說：「我命雖在天，造命卻由我。」（《王心齋全集卷五・與徐子直》）之後，又有雲谷傳授功過格立命之說，遂相信行善可得「現世福報」，求科舉功名與後代子孫皆可實現。[5]

　　反之，儒家孔孟及宋明儒學強調實踐道德是人人應盡的本務（duty），改過遷善是應然（ought）的行為，不求上天的現世福報，道德與福報沒有必然的因果關係。因此，無法被廣大的庶民所信仰，也就無法像功過格或《了凡四訓》等佛、道通俗民間信

猶如為臣者居功、邀功，求君王寵賜名利，不可稱為忠臣；為子者勤勞以邀父親財產，不可稱為孝子。同理，袁黃行善以邀天福，不可稱為畏天立命。

5　袁黃相信決定善惡計功過報應的主宰是天地鬼神。《莊子・庚桑楚》說：「為不善乎顯明之中者，人得而誅之；為不善乎幽闇之中者，鬼得而誅之。」王充《論衡・福虛》云：「陽恩，人君賞其行；陰惠，天地報其德。」《論衡・雷虛》云：「鬼神治陰，王者治陽。陰過暗昧，人不能覺，故使鬼神主之。」古人相信凡是不為人知的陰過，天地鬼神會加予嚴懲。

仰善書，對百姓的廣大影響。不過，孔孟、宋明儒學的自律（autonomy）道德，仍為多數知識份子所信持。

第一節　立命之學

一、生平與思想

（一）黃子澄之變

袁黃家族本是浙江嘉善縣（嘉興之陶庄）的地方望族，因明惠帝用齊泰、黃子澄之謀，欲削諸藩大權，燕王朱棣於建文元年（西元 1399 年）於北平（之後改為北京）起兵南下，稱其兵為靖難之師，攻陷京師（南京）後，自立為帝，即明成祖永樂皇帝。南京失守，黃子澄到嘉興等地，密謀兵力，繼續反抗朱棣，據《明史》卷 141 記載：「乃就嘉興楊任謀舉事，為人告，俱被執……磔（車裂身體之刑）死。」

袁黃高祖父袁顥杞山先生，是地方上著名的儒家學者，參與明代知識份子盛行的修身結社，致力於反省改過與克己修身的社團活動。袁顥反對朱棣篡位，參與密謀，據袁黃《袁氏家訓·跋》：「黃子澄之變，吾邑受禍者七十餘家，不憚隕身滅族以殉忠義，其名皆湮沒而不傳。」

黃子澄之變事敗後，袁顥舉家逃亡，遷徙流離，除了喪失約四十公頃的土地與家產外，曾祖父袁顥菊泉先生於吳江入贅徐氏，告戒子孫不干祿仕，從此斷絕子孫科舉仕宦之路，只好棄政從醫，以醫為業。曾祖父袁顥，祖父袁祥怡杏先生，父親袁仁參坡

先生，都專精醫術，袁黃也學習過中醫。《了凡四訓·立命之學》說：

> 余童年喪父，老母命棄舉業學醫，謂可以養生，可以濟人，
> 且習一藝以成名，爾父夙心也。

　　袁黃生於明世宗嘉靖十二年（西元 1533 年），卒於明神宗萬曆三十四年（西元 1606 年），享年七十四歲。名了凡，原名黃，字坤儀，江蘇吳江縣人，一說袁黃是浙江嘉善人[6]，並以嘉善縣籍的身份參加科舉考試。不過，據收入《四庫全書》卷 140 的記載：「袁黃，字坤儀，吳江人，萬曆丙戌（西元 1586 年）進士，授寶坻知縣，省庫役，裁苛，派築堤，扞海水，闢曠土，擢兵部職方主事時，有援鮮之師，黃疏請赴軍前贊畫……事垂成……遂落職……黃博學尚奇，尤精律呂曆法。」

　　值得一提的是，袁黃於隆慶四年（西元 1570 年）中舉人，萬曆十四年（西元 1586 年）進士及第，旋任寶坻縣令，勤政愛民，為民除害，減輕稅賦，減少勞役，開闢荒地，構築海堤，政績卓著，縣民建「袁公祠」以示感激。萬曆二十年，升為兵部職方司主事，後被罷職（官），前後為官七年而已。

（二）三教合一

　　基於家學淵源，袁黃對五經、天文地理、曆法、水利、書數、兵刑、佛法、醫理、性命之學等，無不涉獵，會通儒、釋、道，因此，主張三教合一[7]，《兩行齋集卷五·刻三教合一序》云：

---

6 據王畿撰寫袁黃之父〈袁參坡小傳〉云：「參坡袁公名仁，字良貴，浙西嘉善人也，洞識性命之精……天文地理，曆律書數，兵刑水利之屬，靡不涉其津涯，而姑寓情於醫，謂可以全生，可以濟人。」王畿認為袁黃之父參坡先生是嘉善人，袁家應該常居嘉善，並在嘉善行醫，吳江應是袁顥入贅徐氏之後的戶籍。

7 例如《了凡四訓》、《祈嗣真詮》皆彰顯三教合一的善書思想與信仰。《了凡四訓》是一本自傳式的勸善書。

　　心一耳，教曷三也？……是故釋迦之慈悲，老聃之清淨，
　　與吾仲尼之仁義，皆盡乎此心之量而已。

　　袁黃認為佛陀能夠以慈悲眾生，發揮此心之能量；老子能夠以清靜無為提升此心之能量，而後與天地同流；孔子能夠以仁義擴充此心之能量，而後與萬物為一體，都是涵養此心的修持與精神境界，所以說三教合一。

　　值得注意的是，三教合一是明太祖以來的朝廷政策，太祖御制〈三教論〉[8]，影響後世深遠，尤其是晚明時期，焦竑、李贄、管志道等，主張三教合一、三教合流；佛教雲棲袾宏、紫柏真可、憨山清德、藕益智旭等主張三教融合、援儒入釋；道教全真道、正一教主張三教歸一、援佛入道；林兆恩更創立三一教，實現三教合一的理想。

　　綜觀袁黃的思想與信仰，除了三教合一之外，尚有佛教因緣果報和天地鬼神禍福於人的思想信仰。

（三）命由我作，福自己求

　　為什麼袁黃相信雲谷所說：「命由我作，福自己求。」？以佛家的因緣果報（因果報應）而論，「因」是定數，「緣」是變數。緣有善緣、惡緣，我們行善積德，以「善緣」的變數，作善果的增上緣，所以說「隨緣消舊業，更不造新殃。」；反之，惡人造惡緣，以「惡緣」的變數，作惡果的增上緣，即使富貴長壽的命，也會變成貧賤短命。易言之，不斷積極的知過、改過、行善、積德，可以創造美好的命運，這是袁黃的「立命」之說。

　　因此，〈立命之學〉說：「求富貴得富貴，求男女得男女，求

8　〈三教論〉云：「於斯三教，除仲尼之道……萬世永賴，其佛仙之幽靈，暗助王綱，益世無窮，惟常是吉……於斯三教，有不可闕者。」三教不可缺一。

長壽得長壽。」這是民間流傳已久的觀世音信仰，因為據《觀世音菩薩普門品‧受持利益分第三》說：

> 若有女人，設欲求男，禮拜供養觀世音菩薩，便生福德智慧之男；設欲求女，便生端正有相之女。

只要虔誠禮拜供養觀世音菩薩，可以得到無量無邊福德的利益，求男得男，解脫痛苦，求長壽得長壽，求富貴得富貴。這是袁黃渴望得到的個人利益，因為孔先生算他短命又無子嗣，這是袁黃急需解脫的人生痛苦，雲谷適時拯救他的悲傷與煩惱，從此，思想大變，深信佛法與功過格。

袁黃深信「舉頭三尺，決有神明……毫不得罪於天地鬼神。」（〈謙德之效〉）這是傳統的鬼神信仰，相信鬼神賜福善人，降禍惡人，尤其是有陰德的人，一定會得到天地鬼神的福報。如果祖先積陰德，後代子孫一定富貴顯達[9]。因此，〈謙德之效〉說：「力行善事，廣積陰德，何福不可求哉？」只要行善，可以祈天，可以格天（感動天地鬼神），可以求福。

值得注意的是，袁黃行善，為了求福（求登科、求子、求長壽，都是一己之福。）這是民間世俗的功利信仰。佛家釋真觀〈因緣無性論〉（《廣弘明集》卷二十二）強調「行善求福不報論」，如果行善有得福報的私心，就不是真正的善；行善如果為了求福，則沒有善報。易言之，行善為了求福，是有為之善，有漏之因，則無功德。近似梁武帝問菩提達摩：「朕建造佛寺、譯寫佛經，廣度佛僧，有何功德？」達摩回答：「並無功德。[10]」既無功德，豈

9　積陰德的思想，是《周易‧坤‧文言》：「積善之家，必有餘慶；積不善之家，必有餘殃。」的引申。餘慶、餘殃，就是福禍子孫。

10　梁武帝與菩提達摩的對話，見於《景德傳燈錄》卷三，《歷代法寶記》。不過，胡適認為達摩來華，最遲在西元四七九年以前，梁朝尚未建立，兩人並未見面。

有善報！

二、孔先生之數術

（一）象數之學

　　袁黃十四歲時，父親袁仁早逝，母親要他放棄科舉考試，改學中醫，行醫可以助人，可以積陰德，成為地方士紳，這是袁家長久以來的風範。之後，遇見推算命理數術的孔先生，孔先生認為袁黃是官場中人，鼓勵袁黃讀書，不要放棄科舉考試。

　　孔先生自認得到宋朝邵雍《皇極數》象數之學的真傳[11]，以術數而言，可以推算人的一生命中註定，到了某個時候，例如四十歲，一定會有相應的人事發生，這是天地變易的道理。依孔先生的命理推算，袁黃參加縣考（童生考秀才），考上第十四名，府考得七十一名，省考（提學）得第九名。某年榮任四川省某縣的知縣（縣長），五十三歲壽終正寢，可惜一生沒有子嗣。

　　值得注意的是，據《宋元學案》卷八記載：邵雍病重，橫渠問疾論命，先生曰：「天命則已知之，世俗所謂命，則不知也。」邵雍說他不懂世俗的算命，其實，他研究易卦的象數之學，以宋明儒的主流思想而言，象數之學實非儒學正統，亦非「正道」，僅屬「旁門」。[12]

（二）《皇極經世》

　　孔先生所傳的《皇極數》，是鐵板神數的世俗算命書；邵雍的

---

11 孔先生所傳的《皇極數》，應該不是邵雍的《皇極經世》，而是世俗的命理書。
12 勞思光《中國哲學史》第三卷上第三章〈初期理論之代表人物〉說：蓋在二程心目中，邵氏所著象數之學，實非「正道」，而屬「旁門」。

《皇極經世》是以象數配算的歷史哲學之書。或許,《皇極數》的象數源自於《皇極經世》,兩書卻不應混為一談。目前,坊間仍有流傳《皇極數》、《皇極數心易》等命理書。

《皇極經世》的歷史哲學,是以《周易》六十四卦配算元、會、運、世、年、月、日、辰,一元有十二會,一會有三十運,一運有十二世,一世有三十年,共有十二萬九千六百年。易言之,一個歷史循環稱為一元,一元有十二萬九千六百年,一元終了,另一元又復始,俗稱一元復始。這種機械式的歷史循環,雖與經驗知識不符,卻成為《皇極數》的思想淵源,成為吉凶禍福皆有定數,即世俗相信的命定論(宿命論)

孔先生推算之後,袁黃參加三種考試,名次果然如孔先生所推測,廩生配給公糧俸祿也如孔先生所預言。因此,袁黃相信命定,他說:

> 余因此益信進退有命,遲速有時,澹然無求矣。(〈立命之學〉)

三、訪雲谷禪師

(一) 返觀本來面目

孔先生算定袁黃一生沒有子嗣及五十三歲命終,對他必然造成極大的心理衝擊,因為孟子認為不孝有三,無後為大。傳統習俗認為子孫滿堂是福氣,沒有後代子孫是最大的不幸和不孝,袁黃必然尋求各種繁衍後代子孫的方法。因此,在未進國子監(天子所設立的國立大學)讀書前,先到棲霞山(位於南京東北郊約二十二公里處)拜見雲谷禪師。據憨山老人《夢遊集》卷三十〈雲谷先大師傳〉記載:

凡參請者一見，師即問曰：「日用事如何？」不論貴賤僧俗，入室，必擲蒲團於地，令其端坐，返觀自己本來面目，甚至終日竟夜無一語。臨別必叮嚀曰：「無空過日。」再見，必問別後用心功夫，難易若何？

雲谷的法門是教人反觀自己的本來面目，就是自見本心本性。何謂本來面目？「本來面目」源自《六祖壇經‧行由》惠能（慧能）對惠明說：

不思善，不思惡，正與麼時，哪個是明上座本來面目？

六祖要惠明放下我執和法執，沒有分別心，超越人間相對邊見，沒有妄念，向內觀照真正本來的自我，能夠自見清淨無妄的本心本性。六祖的無念、無相、無住，就是本來面目的悟境。[13]

雲谷認為世俗的凡人，皆有定數，不能超越自我，難逃陰陽氣數（家庭生長背景和大環境）的束縛，所以會有命定（宿命）的信仰。但是，有心、有為的人，可以創造幸福，所以說：「命由我作，福自己求。」誠如《詩經‧大雅‧文王》說：「無念爾祖，聿修厥德，永言配命，自求多福。」

《詩經》要世人時常反省，自修道德，改過遷善，言行合乎天命，即能得福。著名佛經如《觀世音普門品》觀世音菩薩有「聞聲救苦」和「觀色救苦」的慈悲，尤其是「觀色救苦」，可以求男得男，求女得女，使眾生能夠生兒育女，不絕後代。其他諸佛也有無量慈悲，求富貴得富貴，求長壽得長壽，因為人生的吉凶禍福，皆由心造。孟子也說：「禍福無不自己求之者。」（《孟子‧公

13　《六祖壇經‧定慧》：「我此法門，從上以來，先立無念為宗，無相為體，無住為本。無相者，於相而離相（外離一切相）；無念者，於念而無念（於諸境上心不染）；無住者，人之本性，於世間善惡好醜，乃至冤之與親，言語觸刺欺爭之時，並將為空，不思酬害。」

孫丑上》）只要反躬內省，改過遷善，就可以求福而得福。

　　雲谷要袁黃反省自己，是否應該考中科舉？是否應該有兒子？袁黃自認是薄福之相，沒有福氣的人，這是世俗的說法，也是命定論的觀點，有違讀書考試的常理。

　　他又舉出無子的六種原因：一是有潔癖（水清無魚）；二是容易生氣；三是愛惜名節，不能捨己救人；四是多言耗氣[14]；五是喜歡喝酒，消損精氣[15]；六是喜歡晚上長坐不睡，沒有保養元氣。這六種無子的原因，不甚符合現代醫學，現代西醫認為夫婦不孕的原因，主要是男無精蟲或精蟲太少、不良，女方有婦科疾病。不過，也許符合當時的傳統醫學。因此，袁黃著有《祈嗣真詮》，在晚明迄清頗有影響。

（二）得子十法

　　《祈嗣真詮》主張得子的方法有十項：一改過，二積善，三聚精，四養氣，五存神，六和室（夫婦和樂而後子嗣昌），七知時（排卵時交接，較易受孕。），八成胎，九治病（婦女疾病），十祈禱。其中，改過積善是民俗的信仰，不符醫學的觀點，不過，透過《了凡四訓》的流傳，一般世人也相信「改過積善」可以得子。「聚精、養氣、存神」是傳統養生強身的方法，袁黃認為聚精在於養氣，養氣在於存神；神凝則氣聚，神散則氣消。聚精之道有五：寡欲、節勞、息怒、戒酒、慎味。祈禱是民俗宗教的信仰，祈求神明或送子觀音，迄今仍然流傳。該書相當迎合傳統社會「無

14　傳統養生家強調多說話，耗損元氣，例如老師連續上課數小時，會有疲倦的感覺。因此，清・尤乘《壽世青編・療心法言》說：「多記損心，多言耗氣。」清・彭國彭《醫學心悟・保生四要》說：「多言損氣，喜事勞心。」

15　《論語・鄉黨》：「唯酒無量，不及亂。」少量飲酒，不可喝醉。

後為大」的心理，也頗為符合民間世俗的觀點。

雲谷認為一個人行善，積了一百代的功德，就有一百代的子孫保住他的福德，那些沒有後代子孫的人，就是沒有行善積德的緣故。雖然有違醫學之理，卻符合佛家業報的思想，例如《中阿含經‧鸚鵡經》說：

> 眾生因自行業，因業得報。

眾生都是依自己所作的業，因業而得相應的果報。例如：作短命相應的業，就一定短命；作長壽相應的業，就一定長壽，一切依所行的業，而有吉凶、禍福、貧富的差別。因此，雲谷要袁黃盡力改過，一定要行善積德，一定要忍耐包容，一定要對人和氣友愛，一定要愛惜精氣神。能夠擴充本有的善性，力行善事，多積陰德，可以消除「血肉之身」的定數，成就「義理之身」的福德[16]，可以感動上天而得福德善報，這是自己行善積陰德所得的福報[17]，符合《詩經》自求多福的思想，也符合孟子的立命的思想。

（三）力行功過格，懺悔改過

袁黃深信雲谷的開示，拜謝受教，將從前所犯的罪過在佛面前懺悔[18]，並且撰寫一篇祈禱文，祈求能中科舉，立誓力行三千

---

16 血肉之身與義理之身，近似孟子的小體和大體。小體是耳目感官的血肉之欲，大體是仁義道德的義理善性。

17 傳統世俗認為多積陰德會有福報，《淮南子‧人間訓》說：「有陰德者，必有陽報。」《漢書‧丙吉傳》說：「臣聞有陰德者，必饗其樂以及子孫。」明成祖朱棣御製《為善陰騭》，採輯165人，因多積陰德而有善報的故事。「陰騭」源自《尚書‧洪範》：「惟天陰騭下民」，下民（百姓）的吉凶禍福，由天所默定之，有陰德者，定以吉福。這種積陰德的思想信仰，深植人心，影響迄今，歷久彌新，這是人心的嚮往，也是道德的信仰。

18 懺悔是一種重要的宗教行為，是人對過去所犯的罪過感到痛苦、後悔與羞

件善事，報答天地祖宗的恩德。雲谷給袁黃一本《功過格》，行善記在功格，如果做了惡事，以功抵過。又教他持念準提咒[19]，有求必應。

袁黃認為孟子所謂「殀壽不貳，修身以俟之，所以立命也。」（《孟子‧盡心上》），就是行善積德、祈求上天的意思。此說不符孟子之意，孟子沒有祈求上天給他任何的私利，不像袁黃祈求上天賜他中舉（登科），又祈求上天賜他有子，又祈求中進士，這些都是私欲與私利，絕非孔孟儒學的義理。

隔一年，袁黃考中舉人第一名，原先孔先生算他考中第三名。從此，更相信雲谷立命之說。於是，又興起求子的心願，立誓行善三千件，終於生子，取名天啟。過了十餘年，做完三千件善事。又興起祈求中進士的心願，許下力行一萬件善事，終於登第，中了進士，任寶坻知縣。

孔先生算袁黃五十三歲命終，他沒有祈天求長壽，撰寫《了凡四訓》時，已經六十九歲，深信聖賢所說：「禍福自己求之者」，不相信世俗命定之說。袁黃強調每一個人務必要每天知道自己的過失，每天知過、改過。如果有一天不知道自己的過失，就會自以為是，以為自己都沒有過失；只要一天無過可改，一天就沒有進步，即使聰明才俊之士，因為因循苟且，不求改過，不求進步，

恥，立志以後永不再犯，請求神祇寬恕自己所犯的過錯。佛教以懺悔為消除罪惡之業的重要方法，《華嚴經‧普賢行願品》以懺悔業障為菩薩十大行願之一。

19 準提（准提），又作尊提，譯曰心性之清淨，依《大正藏》所輯有關準提的經典，則有《佛說七俱胝佛母準提大明陀羅尼經》，《七俱胝獨部法》等。咒文是：「南無薩多喃，三藐三菩陀，俱胝喃，怛姪她，唵，折隸，主隸，準提，婆婆訶。」此咒具有伏妖降魔，有求必應的效用。值得一提的是，台灣尚有準提觀音像，如高雄左營興隆淨寺、台南法華街的法華寺、臺南體育路的竹溪禪寺，皆有供奉準提菩薩。

耽誤一生。

第二節　改過之法

一、吉凶禍福之地，萌乎心，動乎四體

　　袁黃認為春秋時代各國的大夫，看見一個人的言行，可以預測這個人未來的吉凶禍福，例如《國語・周語下》記載「單襄公論晉周將得晉國」：晉孫談的兒子晉周，到周王朝侍奉單襄公。單襄公病危時，告訴他的兒子頃公說：「一定要善待晉周，他將成為晉國之君，因為他有十一種美德：敬、忠、信、仁、義、智、勇、教、孝、惠、讓。而且，晉周站立時，單腳不斜立，是正直的態度；眼睛不左顧右盼，是端莊的表現；聽話不豎起耳朵，是成熟的行為；說話不大聲張揚，是謹慎的象徵。」到了晉厲公被殺時，晉周回國，成為晉悼公。

　　反觀無道的晉厲公，被欒武子和中行偃逮捕，指使程滑弒殺厲公，埋在晉國故都翼城東門外，沒有和先君葬在一起，只用一輛靈車下葬（依禮諸侯葬禮應有七輛車），厲公死於非命，都是因為無道，無德造成的禍害。

　　因此，晉國的范文子強調「德為福之基」、「唯厚德者能受多福」、「天道無親、唯德是授」道德是幸福的根基，只有道德深厚的人，能夠稟受多福。

　　基於道德是幸福的根基，袁黃認為一個人若要得福免禍，行善之前，先要改正自己的過失。

（一）發恥心

如何改過？首先要有羞恥心。羞恥心是孔孟儒學的核心道德之一，孔子強調有德之士要「行己有恥」（《論語・子路》）自覺羞恥而有所不為，君子有所為有所不為，例如一些人花言巧語，謙卑逢迎，孔子認為可恥[20]。

孔子的「行己有恥」對後世影響深遠。《孟子・盡心上》孟子說：「人不可以無恥，無恥之恥，無恥矣。」孟子認為一個人能夠知道無恥的可恥，就會積極有為，改過遷善，努力雪恥，就沒有恥辱了。因此，孟子認為有沒有羞恥心對於一個人的道德人格關係重大，那些巧詐的人，因為沒有羞恥心而作姦犯科，還自以為聰明，真是可恥。因此，東漢末年思想家荀悅說：

> 自恥者，本也……君子審乎自恥……德比於上，故知恥（《申鑒・雜言下》）

荀悅強調自以為恥是為人之本，君子要自我反省，有自知之明，要有羞恥心，例如心中常有堯舜禹湯孔子的偉大典範，就足以讓沒有上進心的人感到羞恥；心中存有餓死首陽山的伯夷、叔齊的清高廉節典範，對同流合污，狼狽為奸的事，就足以讓人感到羞恥。可知，修養道德要效法人格典範的偉大情操，就會自覺羞恥慚愧，不會忝然不知以為恥，不知道人間尚有羞恥事。能夠自覺可恥，積極改過，努力遷善，就容易成為聖賢之人了。因此，荀悅說：「恥而知之，則聖賢其可幾。」（《申鑒・雜言下》）

為什麼古代聖賢可以成為人格典範？為何有些人身敗名裂？都是因為受到私欲的塵染，暗地裏作惡多端，以為沒有人知道，

---

20 《論語・公冶長》孔子說：「巧言令色足恭，左丘明恥之，丘亦恥之。」

洋洋得意，毫無慚愧羞恥之心，近乎禽獸般的地步，自己卻還不自覺，這是最為可恥的事。所以說知道羞恥就可以成就聖賢人格，這是改過的關鍵，因為人有「羞惡之心」（《孟子‧公孫丑上》），自覺不安，能夠以不善為恥，知恥即能知過而改。

（二）發畏心

改過的第二個方法，要有敬畏天地鬼神的心。我們的善惡言行，天地鬼神都看得清清楚楚，如果罪過深重，各種災禍便會降到我身上來；如果罪過輕微，也會減損我現在的福報，我怎能不怕天地鬼神呢？

值得注意的是，天地鬼神鑒臨人間善惡功過，善者賜福，惡者降禍，這是傳統善惡報應的思想。例如墨子認為即使在深山溪澗，只有一個人居住的地方，隨時隨地都有鬼神明察每一個人的言行善惡。《墨子‧耕柱》說：

> 鬼神之所賞，無小必賞之；鬼神之所罰，無大必罰之。

人的善惡無論大小，鬼神必有賞罰，賜福降禍，這是墨子的明鬼思想，主要目的是勸人為善去惡，促使百姓相信鬼神能夠賜福降禍，增進政治清明，社會祥和，國家安定，不是為了一己的禍福。

又如《太平經》卷九十二〈萬二千國始火始氣訣〉云：

> 天地睹人有道德為善，則大喜；見人為惡，則大怒忿。

《太平經》認為天地對人的喜怒，主要依據人的善惡，當君王的罪過累積到一定程度，天地就會出現災異譴告，如果不聽從諫正，將遭到國滅身亡的災禍。這種天人感應的思想，是先秦兩漢普遍流行的信仰，主要目的是規勸君王勤政愛民，獲得天地福祐，也不是為了一己的禍福。

又如葛洪《抱朴子‧廣譬》說：

> 天高而聽卑，物無不鑒；行善不怠，必得吉報。

葛洪認為上天雖然離我們很遙遠，卻能無所不知，無所不察人間的善惡，只要行善不懈怠，必能得到善報，他又強調天地有各種鬼神，監察人間善惡，賞善罰惡。《抱朴子‧微旨》說：

> 天地有司過之神，隨人所犯輕重，以奪其算。

天地有「司過之神」，根據百姓所犯過失的輕重，減少壽命。人的壽命被司過之神減少，就會貧窮、生病，還有各種憂患災難。葛洪認為曾經犯下各種罪過的人，如果有了悔改之意，例如曾經錯殺人，就要設法救濟應死的人，以消除之前的罪過。所做的善事要比先前的罪過至少多出一倍以上，就可以趨吉避凶，這是轉禍為福的方法。能夠終生不再犯錯，沒有罪過，又能積善立功，必定延年益壽，修道成仙加速成功，這是葛洪勸善教化的神仙道教。

又如廬山慧遠〈明報應論〉說：

> 惡積而天殃自至，罪成則地獄斯罰，此乃必然之數，無所容疑矣。

慧遠認為世人所造的惡業，會在冥冥之中招致災禍的報應，不斷的累積惡行，禍殃自然而降，造罪遭受地獄的苦罰，也是必然的法則，這是佛教三世因果業報的思想。

袁黃深受傳統善惡報應思想的影響，尤其是佛教的因果業報。因此，他認為一個人犯下罪惡，明的報應是：承受千百年的惡名，雖有孝順的子孫，也無法洗刷惡名；暗的惡報是：長久在地獄中承受無量的苦難，這樣的惡報怎能使人不害怕呢？顯然，這是佛教的報應思想。

（三）發勇心

改過的第三個方法，要有道德勇氣，勇於改過。《中庸》第二十章說：「知恥近乎勇」，一個人知道羞恥，就有勇氣改過。換言之，改過需要有勇氣，戰勝自己的私欲，例如周處除三害，就是勇於改過自新的典範。

另據《德育古鑑‧性行類》的記載：明朝的大學士徐存齋，早年考取進士，被派到浙江中部當督學的時候，不到三十歲。有一位考生在考卷上寫了「顏苦孔之卓」一句，徐存齋閱卷時批註「杜撰」二字，判為四等。這位考生拿著考卷向徐存齋請教，說明「顏苦孔之卓」這句話出自楊雄《法言‧學行》，意思是說顏回一直很想效法孔子的德行，卻苦於孔子的美德卓然不可及，所謂「仰之彌高，鑽之彌堅。」徐存齋聽後，站起來說：「我太僥幸，為官太早，並沒有很好的學識，承蒙你的指教。」於是，將這名考生的卷子改判為一等。這件事廣為流傳，世人都稱讚徐存齋勇於改過，而且很有度量。

袁黃認為一般人不能改過，都是因為因循苟且，得過且過，沒有勇氣，畏縮不前。因此，必須振作奮發，勇於改過，不要猶豫不決。至於人的過失，有從事情實務上來改，有從道理上來改，有從心理上來改。改過有三種方法，得到的效果各有不同。

（四）改過三法

何謂從事情實務上改過？例如前天殺生，今天起不殺生；前天忿怒罵人，今天起不再生氣罵人。不過，這是強制壓抑的做法，病根仍在，不是徹底的方法。

何謂從道理上改過？例如不殺生之前，先要明白上天有好生

之德，萬物都有求生存的本能，自己不願意被殺，萬物也不願意被殺。況且，素食也可以溫飽，何必要殺害其他生命，減少自己的福報呢？

何謂從心理上改過？過有千百種，都是從心而發，過由心造，例如好色、好名、好利、好怒，都是自己內心迷惑外在事物，動了邪念、妄念。只要秉持正念，一心為善，猶如烈日當空，妖怪自然消失。因此，最好的改過方法就是修心養性，涵養靈明本心，使邪念、妄念自然消失。

一個人虔誠許願，真心改過，除了要有良師的教導和益友的相互勉勵外，也要有鬼神的明鑒，一心懺悔，日夜不鬆懈，假以時日，必能真正改過。就像春秋時代衛國賢能大夫蘧伯玉，活到五十歲時，反省過去而深切體悟自己四十九年來的過失[21]，這是反觀內省的修養工夫，不是一般人可以做到，因為常人往往不知己過，以為自己無過，不知道自己每天在犯過，這是由於自以為是，不知反省所造成的蒙蔽。

第三節　積善之方

一、積善餘慶

晚明儒者著作不少改過遷善的勸善書，如顧憲成的《自反錄》、黃淳耀的《吾師錄》、顏茂猷的《迪吉錄》、陸桴亭的《志學

---

21 《淮南子・原道訓》說：「蘧伯玉年五十，而有四十九年非。」《論語・憲問》：「蘧伯玉欲寡過而未能。」孔子非常讚許蘧伯玉的改過精神。

錄》、陳瑚的《聖學入門書》、秦弘佑的《遷改格》[22]、呂坤的〈省心紀〉等。

《了凡四訓》也是改過遷善的勸書書，其實，改過遷善本是傳統的修養之道，《周易・益・象》說：「君子以見善則遷，有過則改。」《周易》從預測人事的吉凶禍福，進而強調改過遷善的重要性，改過遷善可以積善，不改過遷善則積惡（不善）。積善可以成名，又有餘慶；積惡足以滅身[23]，又有餘殃，這就是《周易・坤・文言》所謂「積善之家，必有餘慶；積不善之家，必有餘殃。」成為最為世人傳誦的善惡報應法則。

積善之家可以趨吉避凶、得福免禍、福及子孫；積惡（不善）之家不僅足以滅身，又會禍及子孫。因此，要及時的改過遷善（積善）。袁黃認為行善積陰德可以福祐後代子孫，並列舉十個祖先行善福祐子孫富貴的故事：

（一）楊　榮

楊榮的曾祖父和祖父，拯救不少被水沖流的災民，積了許多陰德。楊榮二十歲中進士，官至少師，其後代子孫，還有很多賢能之士，富貴顯達之家。

（二）楊自懲

楊自懲是鄞縣（浙江寧波）官員，心地仁慈寬厚，清廉守法，為人公正，時常同情犯人，救濟囚犯。育有二子，官至吏部侍郎，

---

22 劉宗周反對善惡並陳、功過並列的勸善書，反對《遷改格》具有「功過格」的形式，因此，撰寫《人譜》，成為宋明儒學改過之學的典範。

23 《周易・繫辭下傳第五章》說：「善不積不足以成名，惡不積不足以滅身……故惡積而不可掩，罪大而不可解。」

大孫子官至刑部侍郎，子孫賢孝。

（三）謝都事

福建布政使司謝姓官員，奉命剿滅賊匪時，用心保護依附賊匪的無辜百姓一萬多人的生命。其子謝遷，高中狀元，官至宰相，其孫謝丕，也考取探花（進士第三名）

（四）林老夫人

福建莆田林老夫人，平時喜歡行善，經常布施窮人。子孫有九人考中科舉，為官者甚多。

（五）馮琢菴之父

翰林太史馮琢菴之父，早年在縣學當秀才時，在寒冬上學途中，拯救一位倒臥雪地的人，並且帶回家休養。夜晚夢見天神對他說：「你誠心救人，我要韓琦（宋朝文武雙全的進士，歷事仁宗、英宗、神宗三朝，封魏國公。西元 1008～1075 年）投胎到你家。」後來，馮母生子，取名馮琦，就是馮琢菴。

（六）浙江應大猷尚書

應大猷秀才時在山中讀書，夜裏常有許多鬼聚在一起嚇人。一天夜晚，有一個鬼說：「有一個婦人，因為丈夫數年離家未歸，公婆要她改嫁，婦人不肯。明天晚上要在此地上吊自殺，我可以找到一個替死鬼了。」應秀才知道後，暗中賣了田地，得銀四兩，假借婦人丈夫之名，寫信附了銀子寄回家，他的父母信以為真，不再逼婦人改嫁。後來，婦人丈夫真的回來了，夫妻恩愛如新婚一般。當年的應秀才，之後成為應尚書，直到現在，他的子孫還

有很多考中科舉。

（七）兩浙巡撫徐鳳竹

徐鳳竹的父親素來富有，偶遇荒年，捐出田租，又捐穀糧，救濟貧窮。某日夜晚，他聽見鬼在門口唱說：「沒有說謊，徐家秀才，做到舉人郎。」那一年，徐鳳竹鄉試果然中了舉人。他的父親更加勤於行善，他又聽到鬼在門口唱說：「沒有說謊，徐家舉人，做到都察院的御史。」後來，徐鳳竹做到兩浙巡撫。

（八）嘉興屠康僖

屠康僖初在刑部為官，夜晚住在監獄，仔細詢問囚犯，發現不少無辜的冤案，他密陳冤案給刑部尚書，百姓都稱讚刑部尚書英明。康僖建議每五年派若干「減刑官」到各地查核冤案，皇帝批准，康僖也是減刑官之一。夜晚夢見天神告訴他：「你本無兒子，減刑官深得天心，天帝賜你三子，將來都是顯貴之官。」後來，連生三子，皆顯貴。

（九）包　憑

嘉興人，他父親曾任安徽池陽太守，生有七子，包憑老么，入贅平湖袁家，與先父（袁黃之父）交情深厚。包憑博學多能，科舉不中，專注佛、道之學。有一天，遊覽泖湖，到一寺廟，看見觀世音菩薩神像，在露天淋雨。立即慷慨解囊，捐錢給住持和尚，希望修好寺廟，不讓神像淋雨。後來，寺廟修好了，包憑與父親同遊，當晚留宿寺中，夜晚夢見護法神感謝他，說：「由於你的善心功德，你的子孫可享官祿。」之後，他的兒子包汴，孫子包檉芳，都高中進士，成了顯貴之官。

（十）支立之父

浙江嘉善人支立的父親，曾任縣衙刑房小吏。有一個囚犯，無辜被判死罪，支立的父親盡力替死囚平反。囚犯出獄後，夫妻到支家叩謝，因為支父無子，囚犯把一個女兒送他。後來，小妾生子，取名支立，二十歲，高中舉人第一名，做到翰林院書記，支立之子支高，支高之子支祿，都是州縣學校的教官。支祿之子支大綸高中進士。

以上列舉十個行善情節，除了第九則是觀音信仰外，近似明成祖朱棣御製的《為善陰騭》，該書輯錄 165 人，因多積陰德而有善報的故事。《為善陰騭‧序》云：

> 朕惟天人之理，一而已矣……嘗博觀古人，往往身致顯榮，慶流後裔，芳聲偉烈，傳之千萬世，與天地相為悠久者，未有不由乎陰騭之所致也。

傳統民間信仰，勸人行善，總是要人多積陰德，《淮南子‧人間訓》強調多積陰德必有陽報。《說苑‧復恩》說：「有陰德者必饗其樂，以及其子孫。」最有名的例子就是西漢宣帝時，丞相西平侯于定國，他的父親于公，曾任縣獄吏，執法公正，未嘗冤枉好人。于公修建屋舍時，對工人說：「把大門加高，我善決獄，多積陰德，後代子孫必有朝廷賜封，得上天福祐。」果然，于定國貴為丞相，封為西平侯。

二、善有八種，皆當深辨

袁黃認為善有八種不同的類型，應該清楚分辨，善有真、假；善有直、曲；善有陰、陽；善有是、非；善有偏、正；善有半、

滿；善有大、小；善有難、易。我們行善，要分辨道理，真正行善，不要造孽，枉費一片善心。

何謂真、假之善？中峰和尚（元代高僧，朝廷封為普應國師。）認為有益於眾人的善是真善（有利於百姓的善），只為一己之利的善是假善；依於良知而為的善是真善，盲從而為的善是假善；沒有自私目的的善是真善，為了某種目的的善是假善。[24]

何謂直、曲之善？行善純粹出於救世濟人的心是直善（正直的善），若有一絲媚俗的心是曲善（討好取巧的善）；純粹愛人的心是直善，若有一絲怨恨的心是曲善（不是出於心甘情願）；純是恭敬待人的心是直善，若有一絲玩世不恭的心是曲善。

何謂陰、陽之善？行善不為人知，是陰善，有陰善的人，上天報之以福。易言之，積陰德的人，得到上天的福報；公開行善，希望廣為流傳，是陽善，有陽善的人，得到世俗的美名，得到好的名聲，也是一種福氣。只是不要偽善，名實不符，偽善者常有意外的災禍，不可不慎。

何謂是、非之善？善惡判斷不能只看一時利益而忽視其流弊，也不能蔽於一己之見而忽視其流弊，也不能偏於一己之見而忽視多數人的意見，行善不能兼顧多數人長久的利益，是「非善」，不是真正的善；行善能夠兼顧多數人長久的利益，乃「是善」，才是真正的善。

例如自以為是合乎道義的行為，往往是不義（如寬恕惡人，傷了好人。）；自以為合乎禮節的行為，也許是無禮（如多禮而無節，不適當的禮節。）；自以為合乎信的行為，可能是「非信」（如選舉賄選、收賄，不能選賢與能。）；自以為合乎慈的行為，或許

---

24 有人質疑，若以中峰和尚對真，假之善的分辨為標準，袁黃為了考科舉、生子而行善，是假善而不是真善。

是「非慈」（如父母溺愛子女，縱容其惡。）。這些問題，都要明辨是非，清楚判斷。

何謂偏、正之善？袁黃認為善是正，惡是偏，不過，善有善心、善果之分，善心是善的動機，善果是善的結果。有時候，心存善念，結果卻是惡，稱為「正中偏」；有時候，沒有心存善念，結果卻是善，稱為「偏中正」。我們行善，要兼顧善心和善果，避免善心卻成惡果。

何謂半、滿之善？《周易・繫辭下傳第五章》說：「善不積不足以成名，惡不積不足以滅身；小人以小善為無益而弗為也，以小惡為無傷而弗去也，故惡積而不可掩，罪大而不可解。」積善或積惡，就像存錢筒，不斷存錢，存錢筒終有一天會存滿，例如商朝由開國到紂王，由於不斷積惡而滅亡。

譬如以財物助人，要了悟三輪體空，一心清淨。何謂三輪體空？《宗鏡錄》卷三十說：

> 大菩薩行施等時，能觀唯議，知境是心，即心外無法，三輪體空，是稱真施。

所謂三輪，意指布施者、受施者、布施物。布施者了悟三輪本空，緣起性空，沒有執著。布施者了悟施者空，不懷驕傲，不求福報之心；布施者了悟受施者空，不起傲慢心；布施者了悟一切施物，本來性空，對施物不起惜捨心。布施者能夠三輪體空，即使布施一文錢，也可以消除長久以來造作的罪孽，這是滿善；否則，只是半善。

何謂大、小之善？袁黃認為行善的目的是為了天下國家百姓的利益，即使小善，功德卻很大；如果行善只為了一己的私利，即使大善，功德也很小。

何謂難、易之善？孔子主張「克己復禮為仁。」（《論語・顏

淵》）自我約束，抑制自己的欲望，使言行都合於禮節。袁黃認為克制自己的欲望和言行，要先從難克制的地方先克除，孔子稱「先難而後獲。[25]」例如江西舒先生把兩年當老師的薪水，代償一戶窮人家所欠政府的錢，成全一家人團圓，免被拆散的痛苦，施先生慷慨捨得，這是難得之善，得到上天福報也很豐厚。

三、隨緣濟眾，約有十項

袁黃認為為人處事要隨緣，一有機緣就去行善助人，行善的類別約有十項：一是與人為善；二是愛敬存心；三是成人之美；四是勸人為善；五是救人危急；六是興建大利；七是捨財作福；八是護持正法；九是敬重尊長；十是愛惜物命。

（一）與人為善

何謂與人為善？「與人為善」源自《孟子・公孫丑上》：「君子莫大乎與人為善。」孟子認為舜喜歡行善，沒有貧富貴賤的區別，並且能夠改進自己的缺點，吸收別人的優點。從他種田、燒窯、捕魚等工作，之後成為帝王，都吸收別人的優點來行善，也幫助別人行善，更感化、教化他的父親、繼母、同父異母弟弟，能夠與他們和諧相處，克盡孝道。所以，《中庸》第十七章以舜為大孝，孟子以為君子的美德，沒有比幫助別人行善更大的了。

---

25 《論語・雍也》孔子說：「仁者先難而後獲，可謂仁矣。」孔子認為有仁德的人，遇到困難的事，就搶先去做；遇到有利益的事，卻不與人爭，這種人算是有仁德了。」異於袁黃「先難」之說。

（二）愛敬存心

何謂愛敬存心？《孟子・離婁下》孟子說：「君子所以異於人者，以其存心也。君子以仁存心，以禮存心；仁者愛人，有禮者敬人。」君子與小人的差異是：君子以愛人、敬人存心，沒有害人之心；小人反之。

張載〈西銘〉說：「乾稱父，坤稱母……民吾同胞，物吾與也……凡天下疲癃、殘疾、惸獨、鰥寡，皆吾兄弟之顛連而無告者也。」張載心存「民胞物與」、「一體之仁」的大愛，就是子夏「四海之內皆兄弟」（《論語・顏淵》）的仁愛精神，正是愛敬存心的君子。

（三）成人之美

何謂成人之美？孔子說：「君子成人之美，不成人之惡，小人反是。」（《論語・顏淵》）君子成全別人的善事，不成全別人的惡事；小人相反之。

袁黃認為如果看到有人立志行善，要多加鼓勵，多予扶持，使他完成行善的志願。值得注意的是，此說近似「比馬龍效應」（Pygmalion Effect）的教育理論。研究發現如果老師認定某些學生是「資優生」，即使他們並非真正的資優生，但是，經過老師的認定、鼓勵、關愛，啟發同學的上進心、自信心和學習動機，終於成為資優生。

（四）勸人為善

何謂勸人為善？孟子說：「人之所不學而能者，其良能也；所不慮而知者，其良知也。」（《孟子・盡心上》）人人都有良知良能，

王陽明認為良知知是知非，不假外求，生而知之[26]，可是良知容易被私欲、習染、名利所蒙蔽。因此，與人相處，隨時提醒良知被私欲蒙蔽的人，並且廣結善緣，自己多行善，也勸人行善，這種功德最廣大。

（五）救人危急

何謂救人危急？人有危急，及時救助，沒有考慮名利、安危，因為人有不忍人之心（不忍他人受害之心）[27]，如果見死不救，違背人心的惻隱，認為自己不能行善，是自棄人性的善端。

（六）興建大利

何謂興建大利？凡是有益百姓的事，最應該興建，或是開建水利，灌溉農田；或是修築堤防，預防水患；或是建造橋樑[28]，以利交通；或是施茶送飯[29]，隨機勸導親友，協力興利。

（七）捨財作福

何謂捨財作福？就是佛家的財布施，錢財的布施是捨己為

---

26 王陽明說：「良知只是個是非之心，是非只是個好惡。只好惡就盡了是非，只是非就盡了萬事萬變。」（《傳習錄》卷三）

27 《孟子‧公孫丑上》孟子說：「人皆有不忍人之心……無惻隱之心，非人也……」

28 臺灣民間「嘉邑行善團」，由何明德及其友人，成立於 1965 年，長期在各地建造道路橋樑，造福鄉里。1998 年 2 月何先生逝世，李崑山等人申請成為人民團體「嘉義市嘉邑行善團」，引起何明德遺族不滿，另立「何明德行善團」，由其女陳美智負責。1991 年行善團幹部郭淑芬另立「中華民國嘉邑行善團」，形成第三個分支。

29 臺灣民間常有人免費提供茶水解行人之渴，例如大甲媽祖進香迎神，信徒供給飲料食物，相當豐富。當前，有人送飯給獨居老人，安頓其生活起居，頗有愛心善舉。

人，利益眾生，自利利他，行善積福，行菩薩道的根本。錢財的布施，最可以消除貪執與吝嗇，使人慈悲喜捨。

（八）護持正法

何謂護持正法？正法是正道，儒、釋、道的聖賢、寺廟、經典，應當崇敬，尤其傳揚佛法，更當力行。

（九）敬重尊長

何謂敬重尊長？凡是年紀、道德、地位、學識高的人，都應該尊敬。孝順父母，尊敬長輩，態度要恭順和悅，這是感動天地鬼神的根本方法。古人認為忠孝之家，子孫沒有不興旺的；反之，違背忠孝之家，子孫沒有不衰敗的，謹慎不違。

（十）愛惜物命

何謂愛惜物命？佛陀在《四不壞淨成經》中說：「若有欲殺我者，我所不喜，我若所不喜，他亦如是，云何殺彼？作是覺已，受不殺生戒。」佛陀認為我不願意被殺，同理，眾生也不願意被殺，因此，主張戒殺生。爾後，小乘佛教主張三種不淨肉，不可以吃，一見為我殺者；二聞為我殺者；三有為我所殺之殺念者。此一觀點，近似《孟子·梁惠王上》說：「見其生，不忍見其死，聞其聲，不忍食其肉，是以君子遠庖廚也。」《禮記·玉藻》也說：「君子遠庖廚，凡有血氣之類，弗身踐也。」「遠庖廚」可以培養仁愛之心；不忍親自宰殺禽獸，可以涵養惻隱的善端。如果一時不能斷食葷腥，也應該不吃不淨肉，培養慈悲心，愛惜物命。

以上十種救助眾生的項目，都是行善、積善的重要方法，可以感動天地鬼神，賜福免禍，何樂而不為！

第四節　謙德之效

一、人道惡盈而好謙

　　《周易》有六十四個卦，只有謙卦是六爻皆吉的卦，由此可知謙德的重要。謙有敬和讓的意義，如《史記·樂書》說：「君子以謙退為禮。」謙卦具有恭敬有禮，謙讓容忍，虛心不自滿的德性，它是道德的根本[30]。君子能夠守謙，結果必定是通達而圓滿，得福而免禍。因此，《周易·謙·彖辭》說：

> 天道虧盈而益謙，地道變盈而流謙，鬼神害盈而福謙，人
> 道惡盈而好謙。

　　天地的自然法則，必然要減損盈滿的部分，增益空虛低下的地方，例如高地的水，必然流入低窪的地方；鬼神也是傷害自滿驕傲的人，福祐謙虛的人；人的心理更是厭惡自滿傲慢的人，喜好謙卑有禮的人。因此，〈謙·九三爻〉說：「勞謙君子有終吉。象曰：勞謙君子，萬民服也。」

　　勤勞節儉、恭敬有禮而又謙虛的君子，最後的結果是圓滿而吉祥，足以常保他的官位和俸祿，終無災禍而得福。袁黃深受《周易·謙卦》的影響，他說：「惟謙受福。」(《了凡四訓·謙德之效》)他認為只有謙虛的人，可以得到福報，並舉丁賓、馮開之、趙裕峰、張畏巖等人為例，說明考中科舉的人言行必有謙遜禮讓的風範。

30　《周易·繫辭下傳第七章》說：「謙，德之柄也。」謙卦教人謙卑自己，尊敬別人，虛心寬容，是道德的關鍵。

　　丁賓，與袁黃是嘉善同鄉，兩人同時進京會試，為人極為謙虛，據《明史》卷 221 記載：「丁賓，字禮原，號敬宇，嘉善人，隆慶五年（西元 1571 年）進士，官至南京工部尚書，太子太保。」丁賓為人謙遜恭敬，凡事逆來順受，受到天地鬼神的福祐。

　　另一位與袁黃同時參加萬曆五年會試的馮夢禎，生於明世宗嘉靖二十七年（西元 1548 年），卒於神宗萬曆三十三年（西元 1605）年。浙江秀水人，字開之，高中狀元，為人謙虛平和，虛己內斂，《明史》有傳，官至國子監祭酒。有正直的朋友當面指責他的過錯，馮開之虛心接受，未曾反駁辯白，袁黃認為這種人一定得到上天的福祐。

　　張畏巖，江陰縣人，頗有學識，擅長文章。甲午年，在南京參加鄉試，沒有考上舉人，大罵考官不識人才，有一修道者聽見，在旁微笑，張畏巖轉而怒罵修道者。修道者認為張畏巖不能心平氣和的作答，其內容一定不佳。何況，考中科舉，全靠命運，雖然，命由上天所造，卻由自己創立好命。只要盡力行善，多積陰德，可以求福得福。須知，只要常存善心，常有積陰德的心，時時謙虛，反省改過，就有無量的功德。張畏巖深受感動，從此，改變驕傲習氣，謙卑自律，累積陰德，培養善心，三年之後，果然考中舉人。

　　袁黃認為舉頭三尺有神明，天地鬼神時時刻刻監視世人的一言一行，行善賜福，為惡降禍，人要懂得趨吉避凶，這是個人可以決定的自由意志。只要個人心存善念，自我約束一切不善的言行，不得罪天地鬼神，而且虛心謙卑，行善積陰德，一定可以感動天地鬼神賜福免禍。易言之，只要行善積陰德，謙虛為懷，有志於功名者，必得功名；有志於富貴者，必得富貴；有志於生男者，必得生男；有志於長壽者，必得長壽，立命造福，全在自己

的善惡。

　　以上簡述《了凡四訓》求福改過之方，內容包含立命之學、改過之法、積善之方、謙德之效。綜觀而言，《了凡四訓》是一本自傳式的勸善書，具有神道設教、勸善教化的意義。勸善書有一個重要的思想前提，就是相信有鬼神的存在，鬼神具有賞善罰惡的能力。

二、鬼神信仰的現代意義

　　何謂鬼神？鬼神的意義為何？《禮記・祭法》認為人死後稱為鬼，鬼者歸也。歸是人死後回老家的意思。何謂神？〈祭法〉以為凡是山林、河谷、丘陵地帶，有雲氣風雨，出現不尋常的現象或事物，都稱為神；《周易・繫辭上傳第五章》說：「陰陽不測之謂神。」

　　古書常見鬼神合稱，《管子・內業》認為萬物的精氣，結合起來就有生命，在地上生成五穀，在天上化為日月星辰，流布於天地之間，稱為鬼神。《禮記・祭義》主張鬼神的思想，是神道設教的最高原則，有生必有死，死後入土，稱為鬼。

　　雖然鬼是死後回老家的意思，神是陰陽不測的現象。但是，許多人仍然有鬼神的思想信仰，卻不知道為何會有鬼神的信仰？筆者簡要說明鬼神信仰的現代意義如下：

（一）先民對自然現象的無知和恐懼

　　由於先民尚無科學、醫學的知識，總是少見多怪，例如一些少見的疾病，現代醫學稱為罕見疾病，不少人卻認為是鬼神降禍而生的怪病，不找醫生診治，反而祈求鬼神治療，不僅造成財物

的損失，家人的不安，更賠上寶貴的生命，這是無知造成的恐懼。

（二）對天地生養萬物的感恩之情

天地生養萬物，先民油然而生感恩之情，臺灣原住民仍有盛大的豐年祭。相反的，嚴重的水災或旱災，被視為是上天鬼神的懲罰。

（三）萬物有靈論的信仰

人類學家泰勒認為宗教的起源，是先民對於「靈的存在」的信仰。靈有三種：1.是存在於活人身上的靈魂；2.是人死後離開身體的鬼魂；3.是存在於日月山川、草木、風雨、雷電等萬物之中的精靈。以傳統的民間信仰而言，就是天神、地祇、和人鬼，統稱為鬼神。

（四）祭祀有功於國家百姓的人

《禮記・祭法》認為凡是有功於國家百姓的人，死後都應予祭祀。例如高雄市鳳山區曹公路的曹公廟，奉祀清朝鳳山知縣曹謹，他在任內興修水力，有功於民，而成為百姓祭拜的神，因為百姓認為祭祀的對象就是神。

（五）上帝（God）創造人類和萬物

西洋的基督宗教認為上帝（God）創造人類和萬物，上帝是唯一最高的神，相信人有原罪，必須祈求上帝的寬恕。

（六）社會的不公不義

社會有太多的不公不義，人世間常有善人沒有善報的現象，

正人君子渴望生前得到公平的對待，死後得到正義的最後審判，而社會的黑暗面更引發人心對鬼神的信仰。例如《玉歷至寶鈔》就是一本描寫最後審判的道教勸善書。

（七）自然災害，無法避免，造成損害傷亡

自然災害時常造成財產和生命的損害傷亡，百姓在無助的苦難困境中，當然會祈求超自然的鬼神保祐，例如媽祖和觀世音的信仰。媽祖是漁民的守護神，過去漁民出海捕魚風險高，因此祈求媽祖保祐。

（八）對父母祖先的感恩和懷念

祭祖的主要意義是孝道的表現，是一種人文道德的精神。荀子認為祭祀祖先有兩個社會層面，對知識份子而言，祭祖是孝道和人文精神的行為，是理所當然的人道表現；對一般百姓而言，祭祖是祭拜鬼神的宗教行為。

（九）人類對死亡的恐懼

人類害怕死亡，而使先民產生「靈魂不滅」的信仰。傳統以陽間和陰間分隔人、鬼，陽間是人間，人死之後，到陰間過著與陽間相同的生活，秦始皇的兵馬俑，最能表現這種思想。

（十）百姓對因果關係的主觀聯想

一般人常以主觀想像，猜測人世間的社會現象，認定吉凶禍福的因果關係，其主要原因是出於鬼神的保祐或懲罰，相信鬼神可以禍福於人，誠如袁黃說：「舉頭三尺，決有神明……毫不得罪於天地鬼神……使天地鬼神，時時憐我，方有受福之基。」（〈謙

德之效〉）

（十一）人類企求永生和不朽

　　永生和不朽，象徵永遠的快樂和幸福，人類企求永遠的快樂和幸福。然而，人世間卻有很多的痛苦和煩惱，佛家認為人有八苦：生、老、病、死，愛別離（如中年喪偶、老年喪子、夫妻離異、親人分散、好友分離等痛苦。）怨憎會（冤家路窄，不是冤家、怨家不相聚，令人痛苦。）、求不得（人生不如意十之八九，欲求永不滿足，或求而不得，豈不痛苦！）、五陰熾盛（五陰即五蘊，五蘊成身，前七苦皆由此而生，總括身、心之苦，欲望無窮，痛苦亦無窮。）還有貧窮、失敗、壓力、交通事故、意外災害等痛苦。唯有死後往生天堂或極樂世界，可以得到永生不朽，這是鬼神信仰最迷人的思想。

（十二）聖人以神道設教，托鬼神以勸善教化

　　《淮南子・氾論訓》認為聖人為了伸誡教化和感恩報功，以神道設教，藉鬼神賞善罰惡之威以聲其教。所以說，百姓以為鬼神可以主宰人間的吉凶禍福，而只有聖人智者能夠明白鬼神的教化意義。[31]

三、意志他律

　　總持言之，袁黃為了求科第、求生子、求中進士、求功名而奉行《功過格》，是一種假然的或稱有待的（hypothetical）的「精

31　參閱拙作《生死鬼神與善惡報應的思想論證》第428頁。

審」（prudence）。康德認為為了得到自己的最大幸福，個人善於選擇方法，利用各種手段達其福利者，從狹義而言，謂之「精審」[32]。進而言之，袁黃行善，為了自己的最大幸福，是有目的、有條件的行善，他所遵從的「律令」（Imperative）只是假然的或稱有待的律令。一個假然律令是假設某條件於先，而後再服從之的義務者，即假如要達到某個目的，一定要做某事，例如：「你想要求取功名，必須行善。」

易言之，袁黃基於功名、得子之目的而行善，是意志他律（heteronomy）而非意志自律（autonomy），只有意志自律是道德的最高原理。值得注意的是，康德否定他律性的倫理道德。依康德的道德哲學，袁黃為了求功名、求子而奉行《功過格》的善行，是他律性的倫理規範。

第五節　雲谷《功過格》

一、功過格

（一）功過格融會儒釋道

所謂功過格[33]，是以數量計算善惡行為的民間信仰勸善書，並以具體（多少）的功或過，分類計算善惡的大小，強調善有善

---

32 參閱拙撰《王陽明與康德道德哲學的比較研究》第三章第一節〈道德形上學的根本原理〉。

33 功過格的功過，列舉善惡的具體內容，格是道德規範的標準和格式（表格），作為善惡功過數量統計。

報，惡有惡報。這些大小善惡基本上是當時社會的習俗倫理規範，融會儒、釋、道思想，勸人改過遷善，明清時代頗為盛行功過格。不過，黃宗羲認為奉行《功過格》的人，與鬼神交手為市。意思是說行善要求鬼神賜福，像是市場的交易買賣。

其實，計算功過深受中國古代官吏考核制度的影響，以唐代為例，吏部設有考功郎中、員外郎各一人，職掌文武百官的考核[34]，迄今，對學生和軍、公、教的考核，主要仍是計功和計過的獎懲。三小過等於一大過，三小功等於一大功，功過有大小，獎懲各有不同。功過格的獎懲，就是善報和惡報。

（二）《太微格》

最早的功過格是《太微仙君功過格》（簡稱《太微格》）[35]，其思想源自《太平經》的「天卷」，「天卷」由天神和人各持一冊，人和天神分別記錄。天神每天會詳細記錄每一個人的善惡，因此，每一個人也應該每天記錄言行的善惡，而且，個人與天神的記錄理應相符一致，如果兩者的記錄有一致性，稱為「天徵相符」。「天卷」的主要目的是依照「天意」，使人行善，並且使人「易心為善」，改過遷善，為善去惡，將得到上天（天神）的護祐。否則，人心向惡，言行就會「大惡增劇」，遭受上天之神的懲罰。可知，功過格源自「天卷」。

《太微格》成書於金世宗大定十一年（西元 1171 年），即南宋孝宗乾道七年。至於如何每天不間斷持守功過格？《太微格》

---

34 自漢代以來，朝廷即有歲末考核百官政績功過的制度，功過可以相抵，作為賞罰的依據。功過格的功過也可以相抵，顯然是模倣朝廷考核、獎懲制度而來。

35 《太微格》具有儒、釋、道合一而歸道的思想，由南宋興起的道教派別「淨明忠孝道」的真西山（真德秀）所作。臺灣現今仍有「淨明忠孝道教會」的組織。

的方法是：在寢室、床頭放置筆、硯、功過格和冊子，冊子上先寫月份，再寫日期，在日期下列出功、過兩行。每天睡前反省一天所作的善惡，對照功過格列舉的功過數量，善行有多少功，記在功格，惡行有多少過，記在過格，不可只記功而隱瞞過。每月底統計功過的數量，功過相比，或以功折抵過，或以過除功，總計每月功過的數目，再寫下個月，以此類推，一年之後，做一次年度的比較，如此，即可自知罪福，不必求神問吉凶。

　　自《太微格》之後，明、清時代又有《文昌帝君功過格》、《十戒功過格》、《石音夫功過格》、《警世功過格》、《功過格分類彙編》、《立命功過格》、《彙纂功過格》、《彙編功過格》、《功過格輯要》、《不費錢功過格》、《當官功過格》、《童蒙功過格》、《婦女功過格》、《廣善編功過格》等功過格。另有祩宏的《自知錄》、耶穌會龐迪我的《七克》、利瑪竇的《畸人十篇》等，也具有功過格性質的勸善書。

　　此外，顏茂猷的《迪吉錄》、秦弘祐的《遷改格》、劉學憲（劉麟長）的《聖功格》、陸世儀的《格致編》、陳智錫的《勸戒全書》、劉宗周的《人譜》、陳瑚的《聖學入門書》、李日景的《醉筆堂三十六善》等強調儒家改過遷善之學。值得注意的是，民國四十年臺灣儒宗神教的《玉律金篇》，民國七十三年臺灣一貫道扶鸞的《白陽佛規功過格》、民國七十四年武廟明正堂扶鸞的《文衡聖帝功過律》等，是臺灣所作的《功過格》，在民間流傳。

　　至於雲谷禪師傳給袁黃的《功過格》，見於《訓子言》，隨著《了凡四訓》的盛行，而在晚明、清代流傳甚廣。為了保存這份文獻，將它單獨說明，筆者另加數句現代意義的詮釋於括弧內。所謂「准」，是相當於多少的意思，例如「准百功」，是相當於一百個功；「准百過」，是相當於一百個過，以此類推。

二、功　格

准百功：

（一）救免一人死。（生命無價，自殺或車禍、火災、溺水者，極力搶救，不可見死不救。）

（二）完一婦女節。（性別平等，相互尊重。）

（三）阻人不溺一子（女）。（傳統重男輕女，常有溺死女嬰之事，應極力勸阻。）

（四）阻人不墮一胎。（當今墮胎者為數不少，應鼓勵生育。）

准五十功：

（一）延續一嗣。（傳宗接代是傳統文化的需求。）

（二）收養一無依。（收養或扶持無依無靠的人。）

（三）葬一無主骸。（戰爭或饑荒常有無主屍骨。）

（四）救免一人流離。（救助或扶持流離失所之人。）

准三十功：

（一）度一受戒弟子。（使人不破戒，圓滿持守戒律。）

（二）勸化一非為人改行。（勸人改邪歸正，從事正當、合法的行業。）

（三）白一人冤。（法官要公正廉節，明察秋毫，還人清白。）

（四）施一地與無主之家葬。（古代土葬，現代火葬。）

准十功：

（一）薦引一有德人。（推薦、表揚有品德、行善的人，使社會更祥和。）

（二）除一民害。（見義勇為，為民除害。）

（三）編纂一濟眾經法。（助印有益人心的經典、善書。）

（四）以方術活一重病。（有病及早就醫，不信偏方。）

准五功：

（一）勸息一人訟。（訴訟耗時耗財，勸人息訟，可至鄉鎮市區公所調解委員會調解糾紛。）

（二）傳人一保益性命事。（要有國家認證。）

（三）編纂一保益性命經法。（編著有益身心靈健康的圖書或養生書。）

（四）以方術療一輕病。（輕疾也應及早就醫。）

（五）救一有力報人之畜命。（例如牛、馬、狗等動物。）

准三功：

（一）受一橫不嗔。（逆來順受，慈悲為懷，少生氣。）

（二）任一謗不辯。（遭人毀謗，只要澄清，不必爭吵。）

（三）受一逆耳言。（忠言逆耳，虛心反省改過。）

（四）免一應責人。（少責備，多鼓勵。）

（五）救一無力報人之畜命。（例如雞、鴨、魚等動物。）

准一功：

（一）讚一人善。（多稱讚別人善行。）

（二）掩一人惡。（不散播別人的過失。）

（三）阻人非為一事。（勸人為善去惡。）

（四）勸息一人爭。（協助解決別人的爭執。）

（五）行治人病一度。（有病找合格醫師診治。）

（六）拾得遺字一千。（傳統敬惜字紙，臺灣仍有「敬字亭」古蹟，現今紙類回收。）

（七）遇一應饗飲饌不饗。（少應酬，多節約。）

（八）濟一人饑。（多施捨助人。）

（九）留無歸人一宿。（妥善安置遊民。）

（十）講演善法，諭及十人。（傳揚善心、善念、善言、善行、善德。）

（十一）所興事利及一人。（利他利己，勿以善小而不為。）

（十二）接濟人畜疲頓一時。（慈悲有情眾性。）

（十三）葬一自死禽類。（送交焚化爐火化。）

（十四）救一微細濕化之屬命。（細微生命，也是有情眾生。）

百錢准一功：（以錢財布施，百錢算一功）

（一）修建道路橋渡。（修橋造路，以利交通。）

（二）疏河。（出錢出力，建造公共設施。）

（三）掘濟眾井。（古人掘井，現在飲用自來水。）

（四）修置聖像壇宇及供養等物。（信佛者護持道場、佛像等。）

（五）還遺。（拾得他人遺失之錢財，交派出所招領。）

（六）饒負。（免除他人無力償還之債務。）

（七）施行勸濟人文書。（勸人有錢出錢，有力出力，大家做公益。）

（八）作功果薦沉魂。（超渡亡魂。以安人心。）

（九）賑窮。（發揮愛心，幫助窮困家庭。）

（十）建倉平糴。（古人建倉存糧，凶年或糧價高漲時，以低價供應，不使窮人受饑。）

（十一）施茶藥衣棺等一切事。（急難救助，給人方便，盡心盡力。）

三、過　格

准百過：

（一）致一人死。（無論過失或蓄意致人於死，皆受法律制裁。）

（二）失一婦女節。（性別平等，相互尊重，性騷擾或妨害他人家庭，要負法律責任。）

（三）讚助人溺一子（女）（禁止家暴，施暴者受法律制裁。）

（四）讚助人墮一胎。（鼓勵生育，不鼓勵墮胎。）

准五十過：

（一）絕一人胤。（傷人子孫，受法律制裁。）

（二）破一人婚。（破壞別人家庭，應負法律責任。）

（三）拋棄一人骸。（遺棄屍骨，負法律責任。）

（四）致一人流離。（使人流離失所，負法律責任。）

准三十過：

（一）毀一人戒行。（尊重他人宗教信仰自由。）

（二）造謗污陷一人。（毀謗他人，負法律責任。）

（三）摘發一人陰私干行止事。（尊重他人隱私權。）

准十過：

（一）排擠一有德人。（排擠好人，小人之心。）

（二）薦用一匪人。（推薦或任用惡人，與其同類。）

（三）受觸一原失節婦。（保護受暴婦女，不可乘機非禮。）

（四）畜一殺眾生具。（私藏刀械槍彈，負法律責任。）

准五過：

（一）毀滅一經教。（尊重個人宗教信仰自由。）

（二）編纂一傷化詞傳（編纂色情書刊，傷害風化，有損道德，嚴重者負法律責任。）

（三）見一冤得白不白。（要有正義感，尤其法官，明察冤獄。）

（四）遇一病告救不救。（仁心仁術，醫生要有醫德，救人第一，不可唯利是圖。）

（五）唆一人訟。（不鼓勵興訟，可至鄉鎮市區公所調解委員

會調解。）

（六）造一渾名歌謠。（編造不雅歌詞，污染人心。）

（七）惡口犯人。（惡言惡口，傷人甚深，負法律責任。）

（八）阻截道路橋渡。（阻礙道路橋樑交通，負法律責任。）

（九）殺一有力報人之畜命。（如：牛、驢、馬等。）

准三過：

（一）嗔一逆耳。（忠言逆耳，虛心反省。）

（二）乖一尊卑次。（尊敬長輩，孝順父母，入鄉隨俗，遵守當地風俗習慣。）

（三）醉犯一人。（喝酒不應酒醉，酒後不開車，更不可侵犯人。）

（四）撲－不應撲人。（雇主善待員工，不可任意責罵。）

（五）兩舌離間人。（挑撥離間，有損道德。）

（六）服一非法服。（謹言慎行，穿著適當，不奇裝異服。）

（七）殺一無力報人之畜命。（如：鴨、魚、雞等生命。）

准一過：

（一）沒人一善。（不要批評、否定別人的美德善行。）

（二）唆一人爭。（不要教唆別人爭吵互鬥。）

（三）播一人惡。（隱惡揚善，不散播他人之惡。）

（四）讚助人非為一事。（要成人之美，不要成人之過惡。）

（五）見一盜不勸阻。（要見義勇為，勸阻偷盜。）

（六）不問取人一鍼一草。（不告而取，是為偷盜，負法律責任。）

（七）欺誑一無識。（以誠待人，童叟無欺，不可欺騙無知者。）

（八）負一約。（遵守約定，講信用。）

（九）失一儀。（注重服裝儀容，穿著適當，以禮待人。）

（十）見一人憂驚不慰釋。（發揮愛心，及時安慰受災難者。）

（十一）役人畜，不憐疲頓一時。（慈悲眾生，不可虐待動物。）

（十二）殺一微細濕化之屬命，以及覆巢破卵等事。（維護自然生態平衡，表現生物多樣性。）

百錢准一過：

（一）暴殄天物。（不浪費食物，節約環保。）

（二）毀壞人成功。（君子成人之美，不可惡意批評。）

（三）背眾受利。（不可自私自利，違背公益。）

（四）侈用他錢。（不可挪用公款，移作他用。）

（五）負貸。（信用借貸，不可違約。）

（六）匿遺。（不可私藏他人遺失之財物。）

（七）因公恃勢乞索。（公務員不可仗勢借機索賄。）

（八）巧作取人錢資具方法一切事。（不可設局騙人錢財，詐騙行為，接受法律制裁。）

以上簡述雲谷的《功過格》，所謂功過，即是善惡，善惡有大、小，功過即有多、少。善惡包含道德、法律、佛教三方面，法律有明文規定者，負法律責任；法律沒有明文規定者，屬社會倫理規範與文化習俗；又有傳揚佛教的目的。易言之，雲谷的《功過格》，結合文化習俗、倫理規範、佛教戒規而立教，以為勸善教化。

四、唯心立命

值得一提的是，對袁黃有重大影響的雲谷禪師，浙江省嘉善縣胥山鎮人，生於明孝宗弘治十三年（西元 1500 年），圓寂於明神宗萬曆三年（西元 1575 年）。雲谷平時對人開示佛法，特別揭舉「唯心淨土」法門，對袁黃開示「唯心立命」的宗旨，亦即「一

切唯心造」的立命思想。可知，袁黃的立命之說，異於儒家孟子的立命思想。

雲谷接見拜訪他的人，開口第一句話就問：「平時有何修持？」無論貴賤、出家或在家的人，進來他的禪房，他會把蒲團放在地上，要他們端坐，向內觀照自己的本來面目[36]，有時端坐整天整夜，（袁黃說他與雲谷對坐，三天三夜沒有睡覺。）只是靜坐不語。臨別時叮嚀說：「不要虛度光陰。」以後如再見面，雲谷必問：「別後用心修持，有何心得或困難？」荒唐虛度的人，茫然無語。因為雲谷愈慈悲，關心愈懇切，見到他的人，猶如面對懸崖，讓人不寒而慄。（參閱憨山老人《夢遊集》卷三十，憨山老人即德清和尚，後人稱他憨山大師。）

36　「本來面目」有一公案：溈山靈祐禪師問香嚴智閑禪師：「父母未生我之前的本來面目是什麼？」智閑一時語塞，靈祐沒有告訴他答案。有一天，智閑在田裏除草，忽然鋤頭碰到石頭，發出聲響，智閑頓時開悟，遂拜溈山說：「和尚慈悲，讓我今天大徹大悟，內心喜悅。」（《景德傳燈錄》卷十一）

第三章　《人譜》改過成聖之學

前　言

　　劉宗周，字起東，號念臺、蕺山，浙江山陰（今浙江紹興）人，生於明神宗萬曆六年（1578），卒於明福王弘光元年（清順治二年，1645），享年 68 歲[1]。宗周是遺腹子，為想念父親秦臺公，別號念臺，又曾遷居講學於蕺山，又號蕺山，另有其他別號，如秦望望中山人，還山主人，讀易小子，晚年更號克念子，勉勵自己志於治念工夫。

　　綜觀宗周的核心思想是慎獨誠意之學，其工夫是訟過、改過，具體實踐方法俱在《人譜》（原名《證人小譜》）。《人譜》是他精思力踐儒學的生命學問，三易其稿，一再修訂，直到臨終前一個月止，可謂晚年定論。《人譜》專為改過而作，宗周強調改過遷善的重要性，在《論語學案》中，也認為改過遷善是為學之道的喫緊工夫，他說：

　　　　問：「諸子問為仁，聖人一一有條答，聖人為仁如何？」曰：

---

1 福王弘光元年，杭州失守，宗周絕食二十三天殉國。他在絕食中，曾對女婿秦祖軾說：「為學之要，一誠盡之矣，而主敬其功也。誠則天，若良知之說，鮮有不流於禪者。」（《劉宗周全集・年譜》）「流於禪者」是部分陽明後學的弊病。

> 「聖人於諸子法都用得著，更有喫緊工夫，視諸子反下，
> 曰：遷善改過。」（《劉宗周全集》第一冊，頁438。）

孔門諸弟子問為仁之方，孔子因材施教，各有不同的答覆，
宗周認為「改過遷善」可以作為孔子及弟子的為仁之道，為仁即
為學，為學的急切工夫，就是改過遷善，他說：

> 至於學之進地，全係遷善改過做功夫。倘用心稍有不實，
> 未免姑且因循過去，故友曰毋友，過曰勿憚，皆此忠信之
> 心為之，而厚重不待言矣。（《劉宗周全集》第一冊，頁315）

精進學問的工夫，全在改過遷善，人難免有過，要勇於改過，
不可因循苟且，得過且過。如果用心稍有不確實，不徹底改過，
不斷犯過，終將成為大過矣。為什麼凡人總是因循苟且，得過且
過？孔子認為因為不能「內自訟」，不能自覺自己的過失，內心自
我咎責。因此，一般人認為知道自己過錯不難，自我咎責過錯比
較困難，宗周卻有不同的看法，他說：

> 昔人云：「見過非難，訟過為難。」予謂反是……今人有過，
> 多是含糊過去，昏昏藏藏躲尾，不肯自見，所以終無改圖。
> 掩目捕鼠，掩耳盜鈴，只塗得自己耳目，而人已昭乎揭日
> 月，而行亦何益之有？……小人之過未嘗不可見，而實無
> 自見之心……見過者，有過即知，一些子便看作天來大，
> 若與天下共見。然既見後，勢不得不改，第恐改圖不力，
> 故又須內自訟，試問此過從何造端？從何成就？從何結
> 果？一一打勘，直窮到底……如此一番兩番，真能脫胎換
> 骨，一日千里。（《劉宗周全集》第一冊，頁389-390）

宗周認為常人的過失，自己只知道一分，別人知道九分；相
反地，聖人的過失，自己知道九分，別人知道一分。因此，常人
有過，總以為自己無過，即使知道自己有過，也是文過飾非，一

味地躲藏遮掩，含混狡辯，不肯坦然面對自己的過錯，終究不能改過。不能改過的原因，是沒有改過的決心，也沒有面對自己過錯的勇氣，這是自欺欺人的行為，猶如掩耳盜鈴，掩目捕雀[23]，殊不知大家已知其過。

君子則不然，君子之過，出於無心，也不會文過飾非，坦然面對，猶如日蝕月蝕一般，昭然可見，亦昭然自見。君子能看到自己的過失，自覺己過，勇於面對己過，更能決心改過，即知即改，沒有間斷。又能自我咎責，窮究到底，自責自省，深切反省過錯從何而來？如何發生？——悔改，沒有絲毫的苟安、姑息、等待、怠慢，宗周說：

> 「過也，人皆見之」，便是改過下手處，非既見後方更也。皆仰則復其初矣，日月之還明有待，而君子之改過無待，纔待則不成改矣。即過、即見、即改，一時事。其有取於日月之食者，只言其有過必改之情同耳。（《劉宗周全集》第一冊，頁638）

宗周強調君子改過，沒有條件，沒有妥協，沒有等待，沒有怠慢。有過，即知；即知，即改，這是同時完成的克治工夫，稍有延遲，就無法改過了，因此，在時間上，有相當的急迫性。值得注意的是，宗周認為《論語·述而》子曰：「三人行，必有我師焉。擇其善者而從之，其不善者而改之。」就是勉人改過遷善，他說：

> 此亦言遷善改過之學，當隨在而自勵也。學苟自勵，即三人同行，儼然師保之詔矣。從善、改不善，就啟而翼之

---

2 又號山陽病夫，其弟子尊稱他為山陽先生。
3 《三國志·魏志·陳琳傳》云：「易稱即鹿無虞，諺有掩目捕雀；夫微物尚不可欺以得志，況國之大事，其可以詐立乎？」

　　乎？君子曰：亦必求諸在我而已矣。(《劉宗周全集》第一冊，
　　頁429)

　　三人同行，其他兩人都可以成為我改過遷善的對象。別人的善看作我的善，是我學習效法的老師；別人的不善也看作我的不善，是否自己也有不善？有則改之，無則自我勉勵、警惕，因此，兩人都是我的老師。易言之，人人都是我的老師，隨時隨地，改過遷善，這種自律的道德實踐，何等急切而嚴厲！

　　宗周為何有如此急迫而嚴格的道德要求？主要有兩個原因，一個原因是他深切體認人有無數的「念」，念有善惡，念有昏明，念有真妄，念有起滅[4]。念是經驗世界的意識活動，旋起旋滅，有善有惡，有真有妄，現實生活的動念，往往「動而遠乎天」，不合道德的天理，違背倫常的道德法則，追求氣質物欲。因此，宗周主張「化念歸心」、「化念歸思」、「化思歸虛」，強調「學所以治念」[5]。另一個原因是宗周認為改過遷善是成德之學，小人也能成德，更何況沒有現成的聖人，聖人只是改過遷善的聖境，改過就是遷善，去惡就是為善。易言之，改過是成德、成聖的終極工夫，此一工夫在《人譜》中完成。

---

[4] 《劉子全書》卷十一〈學言中〉說：「念有善惡，而物即與之為善惡，物本無善惡也；念有昏明，而知即與之為昏明，知本無昏明也；念有真妄，而意即與之為真妄，意本無真妄也；念有起滅，而心即與之為起滅也，心本無起滅也。故聖人化念歸心。」

[5] 《劉子全書》卷八〈治念說〉，宗周認為「凡有念皆不是道」(《劉子全書遺編》卷十三)。

第一節　人譜正篇

一、自　序

宗周在《人譜·自序》中說明著作《人譜》的原因，他說：

> 友人有示予以袁了凡《功過格》者，予讀而疑之。了凡自
> 言嘗授旨雲谷老人，及其一生轉移果報，皆取之功過，鑿
> 鑿不爽，信有之乎？予竊以為病於道也……了凡學儒者
> 也，而篤信因果，輒以身示法，亦不必實有其事。傳染至
> 今，遂為度世津梁，則所關於道術的晦明之故，有非淺鮮
> 者。予因之有感，特本證人之意，著〈人極圖說〉以示學
> 者，繼之以六事功課，而〈紀過格〉終焉，言過不言功，
> 以遠利也，總題之曰《人譜》，以為譜人者近於是……

《人譜》作於崇禎七年，重訂於崇禎十年，完成於臨終前，
一字一句，再三斟酌，參訂而成，可見宗周對本書極為重視。早
在前一年（崇禎六年），他給秦弘祐的信件中，已經提出一種有別
於袁了凡《功過格》的改過思想，他說：

> 《功過冊》條件，僕意先書一圓圈當太極，象未發之中，
> 以靜坐法當之，此則為元善。此外，推之動念以卜吉凶，
> 為動而生陽，又推之視聽言動以卜悔吝，為靜而生陰，又
> 推之五倫百行之是非得失，以當五行與萬物化生，而其要
> 歸於主靜立人極，庶不落了凡窠套。大抵立教不可不慎，
> 若了凡功過之說，鮮不以功為過，以過為功，率天下而歸

於嗜利邀福之所，為吾道之害，有不可言者。《劉宗周全集》
第三冊上〈答履思十〉下註「癸酉」，即崇禎六年）

宗周一方面反對了凡功過之說，「功過之說」基於佛家因果業
報思想，強調人想要多得福報，必須行善、積德、立功；易言之，
行善是為了得到個人想要的善報。尤其自《太微仙君功過格》刊
行以來，明、清時期，流傳各種《功過格》，其中雲谷傳給袁黃的
《功過格》，隨著《了凡四訓》的盛行，而在晚明、清代流傳甚廣。

另一方面，宗周反對秦弘祐的《遷改格》而著《人譜》[6]，創
立儒學改過成德之教，以回應當時流傳的改過勸善思潮，例如顏
茂猷的《迪吉錄》、袾宏的《自知錄》、龐迪我的《七克》等。總
之，宗周面對虛無、功利之說橫行以亂天下，儒家聖學不傳之際，
力作《人譜》以撥亂反正。

《遷改格》列舉「理性情」、「敦倫紀」、「坊流俗」、「廣利濟」
四項，宗周認為「廣利濟」應予刪除，他說：

> 《遷改格》「廣利濟」一款宜除，此意甚害道。百善、五十
> 善，書之無消煞處，不如已之。紀過則無善可稱，無過即
> 是善，若雙行便有不通處。愚意但欲以改過為善，今善惡
> 並書，但淮多少以為銷折，則過終無改時，而善之所列，
> 亦與過同歸而已。有過，非過也；過而不改，是謂過矣。
> 有善，非善也；有意為善，亦過也。此處頭路不清，未有
> 不入於邪者。至於過之分數亦屬穿鑿，理無大小多寡故
> 也……（《劉宗周全集》第三冊上〈與履思九〉）

宗周批評《遷改格》是害道之書，意謂所有功過對舉，可以

---

6 據《劉子全書》卷四十，〈年譜上〉記載：是時，秦弘祐倣袁了凡《功過冊》，
　著《遷改格》一書，善與過對舉：一、理性情。二、敦倫紀。三、坊流俗。
　四、廣利濟。陶先生（即陶奭齡）序而行之……因有感而著《人譜》

以功折過的《功過格》或勸善書，都是害道之書，因為只要行善有功，就可以不必改過，累積過失，將成大惡。尤其是以功求福，是有意為善，有目的的行善，不是真正的善。至於以功折過，容易使人有將功贖罪的心態，只要行善，可以不必改過，一再姑息自己的過錯，必將鑄成大錯，這是僥倖的功利信仰，想求得不當得的利益，違背儒家的義利之辨，誠如《中庸》第十四章所謂：「小人行險以徼幸。」

宗周又說：

> 大抵諸君之意，皆從袁了凡、顏壯其來。了凡之意，本是積功累行，要求功名得功名，求子女得子女，其題目大旨顯然揭出，雖是害道，然亦自成一家言。諸君子平日豎義，本是上上義，要認識求良知下落，絕不喜遷改邊事。一旦下稍頭，則取袁了凡之言以為津梁，浸入因果邊去。（《劉子全書》卷十九，〈與履思十〉）

顏壯其就是顏茂猷，號完璧居士，福建漳州人，崇禎七年（1634）進士，著《迪吉錄》，與《了凡四訓》是晚明著名的兩本勸善書，以「因果報應」、「上帝冥府」為勸善的哲學基礎，顯然也是三教合一的勸善思想。宗周曾說「其說漸近於學人，友人有嘆賞之者。[7]」，有人稱讚《迪吉錄》為救世的寶書，對一般世俗有勸善教化的功用。易言之，《迪吉錄》有儒學宗教化的意旨，或稱化儒學為世俗宗教信仰的旨趣。簡言之，《迪吉錄》綜合中國傳統報施不爽，佛教三世因果業報，儒家善與人同、與人為善[8]、孳

---

[7] 《劉宗周全集》第四冊，〈初本證人小譜序〉。

[8] 《孟子・公孫丑上》云：「大舜有大焉，善與人同，舍己從人，樂取於人以為善……取諸人以為善，是與人為善者也。故君子莫大乎與人為善。」孟子認為大舜樂於改過遷善，喜歡採納別人的優點來行善，並且幫助別人行善。

孳為善[9]等思想，以為勸善教化。

不過，宗周強調儒家成德之教的依據，在於道德本心的自覺、自律，這是道德的根本意義，行善只是應然的本務，成德並非依託宗教功利信仰的善惡報應。因此，反對秦弘祐的勸善思想，認為《遷改格》有功利的思想，行善為了求福，是有意為善，與他們主張無善無惡（至善）的心體之說，有矛盾之處。只要良知心體自覺，就可以無意為善，蓋行善是應然，何必以功利誘人，有意為善，已是過矣。

二、人極圖

〈人極圖〉有六個圖，第一個圖○，為無極太極；第二個圖●，為動而無動；第三個圖◉，為靜而無靜；第四個圖，為五行攸敘；第五個圖，為物物太極；第六個圖○，為其要無咎[10]。

值得注意的是，〈人極圖〉源自周敦頤的〈太極圖〉，兩者有密切的關係，不過，宗周有自己的詮釋創新，具有思想意義，例如：第一個圖呈現空白的圓圈圖形，代表人極，象徵心體、獨體、性體的至善；心體亦稱人極，就是至善的天命之性。又如第四個

　　所以說君子的美德，沒有比幫助別人行善更大的了。這種「善與人同」、「與人為善」的精神，正是勸善書的意旨。

9　《孟子‧盡心上》云：「雞鳴而起，孳孳為善者，舜之徒也。」孟子認為雞鳴即起，勤勉行善的，是舜這一類的人。勸善書正是勸人勤勉行善。

10　牟宗三認為人極圖的畫圖則顯得無趣味。（《從陸象山到劉蕺山》第519頁。）值得注意的是，「無極太極」，源自周敦頤《太極圖說》的「無極而太極」；「動而無動」及「靜而無靜」，源自《太極圖說》：「動極而靜，靜而生陰」；「五行攸敘」源自《太極圖說》：「五行之生，化生萬物」；「物物太極」源自《太極圖說》：「五行一陰陽也，陰陽一太極也。」；「其要無咎」源自《周易‧乾卦‧九三爻辭》：「君子終日乾乾，夕惕若，厲無咎。」

圖大圓圈內有五個小圓圈，代表五倫父子、君臣、長幼、夫婦、朋友的圓滿關係。第五個圖大圓圈內有十個小圓圈，代表人與天地萬物的圓融關係，不要有一處缺陷。第六個圖與第一個相同，代表人極的圓滿成就，朗現聖境。

另外值得注意的是，《荀子》卷十九〈禮論〉說：「禮者，人道之極也。」宗周的「人極」近似荀子的「人道之極」，儒家的修養工夫，就是成就人道之極，也就是人極的成聖境界。荀子與宗周皆主張治心依禮[11]、勤學修身，這是儒家一脈相傳的道德學問。此外，荀子與宗周皆重視人有很多的本能、情感欲望，《荀子・禮論》說：「人生而有欲，欲而不得，則不能無求，求而無度量分界，則不能不爭。爭則亂，亂則窮。」宗周說：「生機之自然而不容已者，欲也，欲而縱，過也，甚焉，惡也。」（《明儒學案・蕺山學案・原心》）放縱自然本能的人欲，即是過；不以天理（道德禮法）約制人欲，即是過惡。因此，要去蔽、治心，改過遷善，成就人道的完美與圓滿。

三、人極圖說

〈人極圖說〉共有 463 個字，簡要說明其大義：

（一）無善而至善，心之體也。即周子所謂太極，太極本無極也，統三才而言謂之極，分人極而言，謂之善，其義一也。

〈人極圖說〉源自周敦頤的〈太極圖說〉，宗周另有新解，創建自己的思想體系。他說：「余嘗著〈人極圖說〉，以明聖學之要。」

---

11 有關荀子的改過思想，請參閱拙作《先秦兩漢改過思想之研究》第 158 頁。

（《讀易圖說・自序》）所謂聖學之要，只在慎獨。

　　「心之體」是至善的本體[12]，亦稱性體，或稱天命之性。心體至精微又至廣大[13]，是人的無盡寶藏，學者必須涵養省察，慎獨誠意，可以明覺一生之過，知過、改過。宗周認為心體「不待安排品節，自能不過其則，即中和也。」（《明儒學案・蕺山學案・語錄》）心體至善，大中至正，自能無過無不及，合於節度。

　　不過，至善的心體只是虛體，真正的內涵是「意」，意是心之所以為心的本質，宗周說：「止言心，則心只是徑寸虛體耳，著個意字，方見下了定盤針，有子午可指。」（《劉宗周全集》第二冊，〈答董生心意十問〉）易言之，心體是形上本體，具體內涵是經驗界的意，有意向可言，意有所指，意有決定言行的能動作用，猶如子午針、定盤針。

　　綜言之，周濂溪以《太極圖說》主靜立人極以合天地陰陽的太極，為宋明儒學之始；劉宗周以《人譜》證成聖人的人極，以統攝天地陰陽的太極，為宋明儒學之終。因此，宗周認為「人外無極」（《劉子全書・讀易圖說》）易言之，心外無極，人極即太極，以本心的人極統攝天地人三才，成就盡人之學，亦即聖學。此外，宗周認為「循理為靜，非動靜對待之靜。」（《劉子全書》卷十〈學言上〉）主靜是循天理，非動靜相對的安靜。

　　（二）繼之者善也。動而陽也，乾知大始是也。成之者性也。靜而陰也，坤作成物是也。繇是而之焉，達於天下者，道也。放勳曰：「父子有親，君臣有義，夫婦有別，長幼有序，朋友有信。」此五者，五性之所以著也。五性既著，

12　〈年譜〉甲戌八月條記：論本體，有善無惡。
13　宗周說：「心體至精亦至大，謂之無盡藏。學者苟隨事而精察焉，當必有行年五十始知四十九年之非者。」（《劉宗周全集》第三冊上〈答履思八〉）

> 萬化出焉。萬化既行，萬性正矣。五性之德，各有專屬，
> 以配水、火、木、金、土。此人道之所以達也。

「乾知大始」、「坤作成物」，出自《周易・繫辭上傳第一章》，天地的化育，由太極而來，它是形而上的道，宇宙變易的本體。太極就化生萬物而言，它具有生物的德性，所謂「生生之謂易」，具體而言，是乾坤、陰陽的化生。乾為天為陽為男；坤為地為陰為女，陰陽感通，天地相交，萬物源源不斷地化生。這種生生之德的化生思想特徵，在於天道與人道相感通，形上思想和道德人生相貫通。天與人何以能夠相互感通？有兩個原因：第一在本體上說，是因為人和天地萬物同體共氣，天地只有一氣；第二在成德工夫上，因為聖人的日常行為以天地為法，六十四卦的象辭都勉人「法天」（效法天地），效法天地成為最重要的道德修養工夫，例如〈乾卦・象辭〉：「天行健，君子以自強不息。」、〈坤卦・象辭〉：「地勢坤，君子以厚德載物。」

可知，〈人極圖說〉深受《周易》的影響，並以「人極」貫通天道與人道，更強調人道的重要性。

「繼之者善也」、「成之者性也」，出自〈繫辭上傳〉第五章：「一陰一陽之謂道，繼之者善也，成之者性也。」陰陽相對相生，運行不息，為宇宙萬物生死存亡的根本，能夠使陰陽之道繼續產生宇宙萬事萬物的就是善，成就萬事萬物的是天命之性，亦即仁義道德。這種道德的善，使人倫關係和睦：父子有親，君臣有義，夫婦有別，長幼有序，朋友有信[14]。再推恩擴充人倫之善，可以親親而仁民，仁民而愛物。

（三）乾道成男，即上際之天；坤道成女，即下蟠之地，

---

14 「父子有親，君臣有義，夫婦有別，長幼有序，朋友有信。」出自《孟子・滕文公上》。

> 而萬物之胞與不言可知矣。〈西銘〉以乾坤為父母，至此以
> 天地為男女，乃見人道之大。

　　宋明儒秉承孔子的仁道哲學與孟子的推恩惻隱之心，皆主張
人與天地萬物為一體，即一體之仁。宗周尊崇〈西銘〉能夠彰顯
人道的廣大，〈西銘〉是宋儒張載的名著，他嘗言：「為天地立心，
為生民立命，為往聖繼絕學，為萬世開太平。」對宇宙全體而言，
人當立天地之大志，深切體貼天道與人道為一體，為人類社會傳
繼倫理道德，推擴光大，開創萬世太平。〈西銘〉正是橫渠立心立
命的文粹，〈西銘〉曰：

> 乾稱父，坤稱母，予茲藐焉，乃渾然中處。故天地之塞吾
> 其體，天地之帥吾其性，民吾同胞，物吾與也……凡天下
> 疲癃殘疾惸獨鰥寡，皆吾兄弟之顛連而無告者也，於時保
> 之，子之翼也，樂且不憂，純乎孝者也。違曰悖德，害仁
> 曰賊……不愧屋漏為無忝，存心養性為匪懈……富貴福
> 澤，將厚吾之生也；貧賤憂戚，庸玉汝於成也。存吾順事，
> 沒吾寧也。(《宋元學案》卷十二〈橫渠學案〉) [15]

　　〈西銘〉開宗明義人與萬物皆稟受天地而生，天地相當於人
與萬物的父母，既然同一父母，人與萬物渾然為一體，彼此息息
相關，所以，人人都是同胞，天地的子女。至於動、植物，一木
一石，亦為天地所化生，理應愛之、畜之，視之如同類己輩。凡
天下病老殘廢，鰥、寡、孤、獨的人，皆是顛沛困頓、求助無門
的兄弟，應當多加保護，不可疏失。

15　〈西銘〉原名〈訂頑〉，依伊川之意，改為〈西銘〉，橫渠另有〈東銘〉，
　　原稱〈砭愚〉。朱子說：「程門專以〈西銘〉開示學者。」程子言：「訂頑
　　之言，極純無雜，秦漢以來，學者所未到，意極完備，乃仁之體也。」又說：
　　「訂頑立心，便可達天德。」(《宋元學案》卷十二)

如有循私背理，違逆天道，多行不義，牀滅天理，大逆淫虐，傷害天地之仁道者，稱為「逆賊」。所以，生則順天道以行仁道，歿則從容不迫，心安無愧，生死無憾。〈西銘〉強調孝子善繼人之志，善述人之事，恪保上天所賦予的善性，盡人本分。並以孝子喻仁人，要學者踐仁，上承天心的仁愛，涵養一體的痛癢，與天地萬物為一體，天道性命相貫通而為一，此一境界，是人道（仁道）的極則，宗周所謂「人道之大」。可知，宗周以人道貫通天道性命，有一體痛癢之仁，〈人極圖說〉深契〈西銘〉大義。

（四）大哉人乎！無知而無不知，無能而無不能，其惟心之所為乎！易曰：天下何思何慮？天下同歸而殊塗，一致而百慮，天下何思何慮？無知之知，不慮而知；無能之能，不學而能，是之謂無善之善。

「天下何思何慮？天下同歸而殊塗，一致而百慮，天下何思何慮？」出自《周易・繫辭下傳第五章》。天下的道理，有何足以困擾憂慮的？天下人雖然有不同的思慮和方法途徑，卻同歸於一個善的理想目標。因為天下人皆有不慮而知的良知和不學而能的良能[16]，王陽明說：「知是心之本體，心自然會知，見父自然知孝，見兄自然知弟，見孺子入井自然知惻隱，此便是良知，不假外求。」（《傳習錄上》）

值得注意的是，宗周認為良知即是意，他說：「知善知惡之知，即好善惡惡之意。」（《明儒學案・蕺山學案・語錄》）宗周強調「意為心之所存」，不是心之所發[17]。意是心之本，是心的主宰，這是

---

16 良知良能，出自《孟子・盡心上》：「人之所不學而能者，其良能也；所不慮而知者，其良知也。」

17 宋明儒大抵以為「意乃心之所發」，惟有胡敬齋（居仁）及王一菴（棟）與宗周有相近似的思想。胡居仁說：「意者，心有專主之謂，《大學》解以為

依《大學》「欲正其心者，先誠其意。」的「意」去詮釋「心體」之中的真實主宰。易言之，意即是心體、性體、獨體，宋周稱為「意根」[18]。

> （五）君子存之，善莫積焉；小人去之，過莫加焉，吉凶悔吝惟所感也。積善積不善，人禽之路也，知其不善以改於善，始於有善，終於無不善，其道至善，其要無咎，所以盡人之學也。君子存之，即存此何思何慮之心，周子所謂主靜立人極是也，然其要歸之善補過，所繇殆與不思善惡之旨異，此聖學也。

《人譜》是盡人之所以為人之學，嚴辨人禽之異路。「人禽異路」亦即孟子的人禽之辨，《孟子・離婁下》說：「人之所以異乎禽獸者幾希，庶民去之，君子存之。」人和禽獸只有微小的不同；又說：「君子所以異於人者，以其存心也。君子以仁存心，以禮存心。」人性有仁義禮智四種德性的本質，有道德的自覺，還有知善和行善的能力，可以在自然萬物的世界，建立人的道德世界。易言之，人是道德主體，是道德的存有（being）；明辨人禽之別，是五倫關係的存有；明辨敬肆之分，是與萬物為一體的存有；對善惡有抉擇的能力，這是人之所以為人的本質，也是人之所以異於禽獸的特徵。

「善補過」出自《周易・繫辭上傳第三章》：「無咎者，善補過也。」〈繫辭〉認為人生的吉凶禍福悔吝，都是由於言行動作營

心之所發，恐未然。」（《明儒學案》卷二〈崇仁學案二〉）王棟說：「自身之主宰而言謂之心，自心之主宰而言謂之意……心則虛靈之中，確然有主者，而名之曰意耳。」（《明儒學案》卷三十二〈泰州學案一・王一菴先生語錄〉）

18 宗周認為「意」乃至善歸宿之地，意根最細微，意根上承天命性體，乃使心體臻於至善的「定盤針」。

為的結果，「悔吝」是說明有過失，表示憂心顧慮的情形，至於「無咎」，是要人善於補救過失（悔改）的意思。易言之，要隨時反省自己，省察過失，勤於改過遷善，為人處事，嚴謹敬慎，悔過自新，就不會釀成大禍，即可無咎而吉了。〈繫辭下傳〉第十一章說：「懼以終始，其要無咎，此之謂易之道也。」時時警惕戒懼，始終不懈，這是易道無咎的宗旨。

宗周強調《人譜》的改過聖學，與陽明後學不同，尤其是王龍溪所主張的「現在良知」（即現成聖人），他說：「先師提出良知二字，正指現在而言，見現在良知與聖人未嘗不同，所不同者，能致與不能致耳。」（《龍溪全集》卷四，〈與獅泉劉子問答〉）又說：「君子之學，以無念為宗。」（《龍溪全集》卷十五，〈趨庭漫語對應斌兒〉）「無念」是六祖慧能的禪學宗旨，龍溪受禪學影響，已入於禪，非儒學旨意，誠如黃宗羲說：「陽明先生之學，有泰州龍溪而風行天下，亦因泰州龍溪而漸失其傳。」（《明儒學案》卷三十二，〈泰州學案〉）

第二節　證人要旨

一、〈證人會約〉

〈人譜續篇二〉的內涵是「證人要旨」。值得注意的是，「證人要旨」與「證人社」的〈證人會約〉有密切的思想淵源，宗周五十四歲時，與陶奭齡共同成立「證人社」或稱「證人會」，宗周撰寫〈證人會約〉，說明為學大義，以成聖為目標，共有十則，簡

要說明〈證人會約・約言〉(《劉宗周全集第二冊・語類十五》)如下：

其一：學者第一義，在先開見地：堂堂地作個人，不與禽獸為伍，顏淵說：「舜何人也？予何人也？有為者亦若是。」(《孟子・滕文公上》)有為者可以成聖人。宗周強調「非人即獸」，嚴辨人禽之異。第一義近似「證人要旨」第一項「凜閒居以體獨」：「學以學為人，則必證其所以為人。」宗周認為證人第一義是人禽之辨，相當於「非人即獸」，不與禽獸為伍。

其二：人生必有所自來，孟子說：「孩提之童，無不知愛其親；及其長也，無不知敬其兄。」這就是良知，人人都有良知，良知是孟子性善論的宗旨，致此良知，更有何事！此處所謂「良知」，近似「證人要旨」第一項「凜閒居以體獨」：人心有獨體焉，即天命之性。與「一真無妄」渾然至善的獨體。

其三：自愛親敬長開始，強恕而行，不斷擴充推恩[19]，使良知不昧。學者只向一點良知落根處討分曉，何患吾與天地萬物不能為一體？此說近似「證人要旨」第二項「卜動念以知幾」：「念如其初，則情返乎性。」

其四：學莫先於義利之辨，義是天下之公，利是一己之私，公私只是動念之差。例如，為人子者，若為一己之私而行孝，其孝必不真，甚至弒君弒父。因此，學者只就動念處當下分辨人禽、義利，不能瞞騙自己。此說近似「證人要旨」第二項「卜動念以知幾」的動念之說。

其五：人生而有身，即有物欲之累，凡人最沉溺於酒色財氣，學以克己為功，克治己私物欲，酒色財氣一一克治，誠如張後覺

---

19 宗周說：「立愛自親始，立敬自長始，不自親長止也。」近似「證人要旨」第五項：「學者工夫自慎獨以來……自當發於事業，而其大者，先授之五倫，於此尤加致力。」

說:「真知是忿，忿自懲；真知是慾，慾自窒。懲忿如沸釜抽薪，窒慾如紅爐點雪，推山填壑，愈難愈遠。」(《明儒學案》卷二十九，〈教諭張宏山先生後覺〉)，此說與「證人要旨」第二項「卜動念以知幾」:「懲忿如推山，窒慾如填壑。」同一出處。

其六：孟子認為人之所以異於禽獸者幾希，為了免於淪為禽獸，聖人教人勤於學禮，禮教由小學而入大學，使人莫不有禮有節，始能成人。此說近似「證人要旨」第三項「謹威儀以定命」:昔橫渠教人專以知禮成性，變化氣質為先。

其七：名節重於一切，潔身自愛，不可出入淫坊酒肆(不正當場所)，言行合乎禮節。又如不可居間為利，薛瑄認為為官應剛正不阿，奉公守法，不可幫人居間協調公務或人事，有損自己的廉恥名節[20]。此說近似〈人譜續篇三‧紀過格〉第五項「叢過，百行主之」的市飲(新本作市肆飲，喜好進出茶樓酒肆飲酒。)和居間為利(幫人居間協調公務或求人事而謀利)。

其八：人生千病萬痛都從習染而來，習染是性相近，習相遠，尤其以奢侈為甚。因此，孔子說:「禮，與其奢也，寧儉。」(《論語‧八佾》)此說近似〈紀過格〉第六項「成過為眾惡之門，以克念終焉」:「只為習染所引壞了事。」

其九：孔子以不能進德修業、改過遷善為憂，他說:「德之不修，學之不講，聞義不能徙，不善不能改，是吾憂也。」(《論語‧述而》)俗話說:「說一尺不如行一寸」這種躬行踐履的精神，近似「證人要旨」第五項「備百行以考旋」:「今學者動言萬物備我，恐只是鏡中花，略見得光景，如此若是真見得，便須一一與之踐履過。」

---

20 〈證人會約〉七與〈紀過格‧叢過百行主之〉皆有薛瑄為官從不居間為利的典故。

其十：《孟子・公孫丑上》說：「子路，人告之以有過則喜。」周敦頤說：「仲由（子路）喜聞過，令名無窮也。」程頤認為子路喜聞過，可為百世師。宗周認為改過的關鍵在「破除我見」，他說：「改過一端，是聖賢獨步工夫，層層剝換，不登顛造極不已；常人恥聞過，卒歸下流，悲夫。」這種層層剝換的改過工夫，近似「證人要旨」第六項「遷善改過以作聖」：「因過改過，亦無窮，一遷一改，時遷時改，忽不覺入於聖人之域，此證人之極則也。」

以上簡述〈證人會約〉與「證人要旨」先後思想的密切關係，易言之，《人譜》的改過成聖之學，是宗周多年學思踐履的生命學問。

二、凜閒居以體獨

「凜閒居以體獨」原本作「主靜坐」，靜坐可能造成誤解而偏失，其實，宋明儒的靜坐，不是佛家的禪定，而是主要的存養方法，是內省、慎獨工夫的心法。

慎獨源自學庸，《大學》第六章說：「小人閒居為不善，無所不至；見君子而後厭然，揜其不善而著其善。人之視己，如見其肺肝然，則何益矣？此謂誠於中，形於外，故君子必慎其獨也。曾子曰：十目所視，十手所指，其嚴乎！」

《中庸》第一章說：「君子戒慎乎其所不睹，恐懼乎其所不聞。莫見乎隱，莫顯乎微，故君子慎其獨也。」學庸的慎獨，是指君子獨處或人所不知而己所獨知的時候，也是戒慎恐懼，不敢苟且，曾子形容如十隻眼睛注視你，十隻手指著你，多麼讓人敬畏。小人則相反，自以為別人不知而自欺欺人，無惡不做，其實，過惡無所躲閃遮掩，因為人的內心世界，總會表現在外，誠如《孟子・離婁上》說：「存乎人者，莫良於眸子，眸子不能掩其惡……聽其

言，觀其眸子，人焉廋哉？」孟子認為眼睛不能隱藏人的善惡，小人又如何掩藏其過惡？

值得注意的是，宗周創新詮釋慎獨為「凜閒居以體獨」，體獨的獨，是獨體[21]，是形而上的本體，即天命之性、心體、性體，是渾然至善的極境。易言之，「凜閒居以體獨」的慎獨，已非學庸（《大學》、《中庸》[22]）本意，而是證成人之所以為人的最根本與最重要的道德實踐工夫，也是人之所以為人的本務（duty），否則，成為禽獸而不知矣。

宗周說：「有一真無妄在，不睹不聞之地，無所容吾自欺也，吾亦與之毋自欺而已。[23]」「毋自欺」源自《大學》第六章：「所謂誠其意者，毋自欺也……故君子必慎其獨也……故君子必誠其意。」宗周認為《大學》之道，誠意而已，誠意之功，慎獨而已。他於晚年詮釋誠意[24]，強調意乃心之所存，不同於程朱或陸王皆認為意乃心之所發，這個心之所存的意是超越性「心體」之意，非經驗性意念的意。意是絕對至善的生命本源，稱為「意根」，意

---

21 《劉子全書》卷二〈易衍〉第七章說：「獨體不息之中，而一元常運，喜怒哀樂四氣周流，存此之謂中，發此之謂和……故中為天下之大本，而和為天下之達道……故曰：體用一源，顯微無間。君子所以必慎其獨也，此性宗也。」這是宗周以《中庸》第一章：「喜怒哀樂之未發，謂之中；發而皆中節，謂之和。」詮釋獨體，獨體為即體即用，體用不二，即工夫即本體，體用一源之性宗，即是中體，是終極的存有。

22 宗周說：「大學之道，一言以蔽之，曰慎獨而已矣，《大學》言慎獨，《中庸》亦言慎獨，慎獨之外別無學也。」（《劉子全書》卷38〈大學古記約記〉）

23 宗周說：「凡人一言過，則終日言皆婉轉而文此一言過；一行過，則終日行皆婉轉而文此一行之過，蓋人情文過之態如此，幾何而不墮入禽獸也。」一般人習於文過飾非，雖是人情之常，卻是自欺欺人的過惡，不知不覺淪為禽獸。

24 劉汋說：「先君子學聖人之學者，始致力於主敬，中操功於慎獨，晚歸本於誠意。誠繇敬入。」（《劉子全書》卷四十，〈年譜下〉）黃宗羲說：「先生宗旨為慎獨，始從主敬入門，中年專用慎獨工夫，慎則敬，敬則誠。」（《劉子全書》卷三十九，〈行狀〉）

根即心體，即性體，即獨體。

宗周年輕時，致力於主敬[25]；中年操持慎獨工夫；晚年主誠意，主敬、慎獨、誠意貫通他的一生，成為宗周精神生命的主體，因此，他說：「敬肆之分，人禽之辨。」「敬肆之分」也是聖學喫緊三關之一。

值得注意的是，以儒者涵養工夫而言，一切行為的準則，皆以「敬」為基礎，《禮記・曲禮上》說：「毋不敬，儼若思，安定辭，安民哉！」敬有自我警惕、約束言行的意思，態度端莊穩重，說話祥和堅定，莊敬自強，使人信服。「毋不敬」的人，算是一位君子，子路問如何算是君子？孔子說：「修己以敬。」（《論語・憲問》）持守恭敬的身心修養自己，就是君子。因此，〈聖學喫緊三關〉說：「學以為己，己以內有己焉，只此方寸之中，作得主者是，此所謂真己也，必也敬乎！」宗周認為聖學惟敬，以敬為學，惟有操存以敬，隨處靜定，沒有動靜、前後的差別，這是千古聖賢相傳的心法。[26]

宗周說：「靜坐是閒中喫緊一事，其次則讀書，朱子曰每日取半日靜坐，半日讀書，如是行之一二年，不患無長進。」（〈凜閒居以體獨〉）值得注意的是，自周敦頤開始，靜坐是宋明儒者的修養工夫之一，二程教人，首重靜坐，明道認為靜坐可以為學，例

---

25 宗周說：「惟有一敬焉，為操存之法，隨處流行，隨處靜定……是千聖相傳心法也……大抵聖學惟敬，自小更無破綻。」（《劉子全書》卷十，〈學言上〉）

26 程伊川的為學宗旨是「涵養須用敬，進學則在致知」（《近思錄》卷二），朱子更強調敬是聖門第一義，徹頭徹尾，不可間斷，他說：「古人從小以敬涵養，父兄漸漸教之讀書。」（《朱子語類》卷十八）從小以敬涵養，使身心收斂，有所畏謹，不敢放縱，由平日灑掃應對做起，再讀書致知，是為學之本。伊川又說：「入道莫如敬。」（《近思錄》卷四）程明道說：「敬勝百邪。」（《近思錄》卷四）又說：「毋不敬，可以對越上帝。」誠敬不僅可以克制各種邪念，更可以無愧於天地鬼神。

如謝良佐受學明道甚篤，明道對他說：「爾輩在此相從，只是學某言語，故其學心口不相應，盍若行之。」良佐請問踐履方法，明道說：「且靜坐。」（《宋元學案》卷二十，〈上蔡學案〉）伊川見人靜坐，便以為善學。

羅從彥和李侗（延平）師徒二人，皆注重靜坐以養心的工夫，羅從彥在羅浮山專習靜坐，李侗在家靜坐四十年，造成南宋儒者的靜坐風氣。李侗為朱子的業師，朱子半日靜坐，半日讀書[27]。陸象山專注靜坐澄心工夫，象山說：「學者能常閉目亦佳。」門人詹阜民遂學靜坐，夜以繼日，如此者半月；一日下樓，忽覺此心已復澄瑩中立。（《宋元學案》卷七十，〈槐堂諸儒學案〉）

胡居仁說：「周子有主靜之說，學者遂專意靜坐，多流於禪……愚為靜坐中有個戒慎恐懼，則本體已立，自不流於空寂，雖靜何害。」（《明儒學案》卷二，〈崇仁學案·居業錄〉）陳白沙也教人靜坐，他說：「為學須從靜坐中，養出個端倪來，方有商量處。」（《白沙集·與賀克恭黃門》）這個端倪，就是心體的呈露朗現，他在江門靜坐二十餘年，甚能體貼心體之朗現。王陽明自滁陽後，多教人靜坐，日間精神覺得紛擾，則靜坐。

宗周五十歲時，在家靜坐、讀書，〈年譜〉上記載：「自春徂夏，無事率終日靜坐[28]，有事則隨感而應。每事過，自審此中不作將迎否？不作將迎而獨體淵然自如否？蓋自是專歸涵養一路矣。」到了六十八歲，絕食殉國臨終前數天，仍然時常靜坐，他說：「吾日來靜坐小菴，胸中渾然無一事，浩然與天地同流，不覺精神之困憊。」（《劉子全書》卷十三，〈會錄〉）靜坐能夠「浩然

---

27 朱子說：「讀書閒暇且靜坐，庶幾心平氣和，可以思索義理。」（《宋元學案》卷六十三，〈滄洲諸儒學案〉）

28 宗周認為靜坐為慎獨下手處。（《劉子全書》卷四十，〈年譜上〉）

與天地同流」，體貼獨體，與天地萬物為一體，至此，臻於「凜閒
居以體獨」的慎獨境界。

三、卜動念以知幾

宗周說：「獨體本無動靜，而動念其端倪也，動而生陽，七情
著焉。念如其初，則情返乎性，動無不善，動亦靜也，轉一念而
不善，隨之動而動矣。」（〈卜動念以知幾〉）

動念是善惡、人禽的關鍵，因為念有善惡[29]，念有昏明，念
有真妄，念有起滅，念有動靜，而獨體至善，本無動靜。動念的
具體表現為七情。七情源自《禮記・禮運》：「何謂人情？喜、怒、
哀、懼、愛、惡、欲，七者，弗學而能。」七情是人的情感欲望，
不學而能，各種情志的心理表現；佛家以喜、怒、憂、懼、愛、
憎、欲為七情；醫家以喜、怒、憂、思、悲、恐、驚為七情。

依《中庸》第一章：「天命之謂性……喜怒哀樂之未發，謂之
中；發而皆中節，謂之和。」喜怒哀樂的情感，在心中未發動前，
稱為中，不偏不倚；發動以後都合乎節度，稱為和，不會過與不
及，合而言之中庸，是性情之中正，人道不離天道。但人往往受
外物引誘，人道偏離天道，動念而有七情之欲，宗周說：

> 喜怒哀懼愛惡欲，是性情之變，離乎天而出乎人者，故紛
> 然錯出而不齊。所謂感於物而動，性之欲也，七者合而言
> 之，皆欲也。君子存理過欲之功，正用於此。（《劉子全書》
> 卷十，〈學言上〉）

---

29 《劉子全書》卷十一〈學言中〉說：「念有善惡，而物即與之為善惡……念
有昏明，而知即與之為昏明……念有真妄，而意即與之為真妄，意本無真妄
也；念有起滅，而心即與之為起滅，心本無起滅也」

　　七情是接觸外物，受外物引誘而生的性情之變，人欲橫流，偏離中庸天道，往往過與不及，表現為大喜、大怒、溺愛等縱欲行為，成為生活煩惱與痛苦的亂源。因此，君子要存天理遏人欲，使動念歸於善，存善念，去惡念，使天命性情回歸中正（中庸），使人道合乎天道，無過與不及。這種修養工夫，宗周稱為「知幾」。

　　「知幾」源自《周易・繫辭下傳第五章》：「知幾其神乎？……幾者，動之微，吉之先見者也。君子見幾而作，不俟終日……君子知微知彰，知柔知剛，萬夫之望。子曰：『顏氏之子，其殆庶幾乎？有不善未嘗不知，知之未嘗復行也。』」、《荀子・解蔽》說：「道經曰：人心之危，道心之微。危微之幾，惟明君子而後能知之。」幾是細微動念之初，幾是善惡的關鍵，也是改過的關鍵，孔子稱讚顏回知幾，不遷怒，不貳過，有不善之念，未嘗不知，反省改正，從此不再犯過。

　　周敦頤《通書・聖第四》說：「動而未形，有無之間者，幾也。」又說：「誠無為，幾善惡。」（《通書・誠幾德第三》）朱子註釋說：「幾者，動之微，善惡之所由分也。蓋動於人心之微，則天理固當發現，而人欲亦已萌乎其間矣。」

　　宗周詮釋「幾善惡」的幾為心，他說：「周子曰：幾善惡，正所謂指心而言也。」（《劉子全書》卷十，〈學言上〉）因為心囿於形而下的形體[30]，感於外物而動，遂有善惡的結果。雖然，幾本善，它是本體地至善。因此，宗周以幾為意[31]，幾與意都是本體，在幾中分辨是非善惡，並且能夠好善惡惡。他說：「微之為言，幾

30　《劉子全書》卷十二〈學言下〉說：「夫心，囿於形者也。」又說：「形而下者謂之心。」（〈學言上〉）
31　宗周說：「或曰：意非幾也。則幾又宿在何處？意非幾也，獨非幾乎？」（《劉子全書》卷十二，〈學言下〉）

也，幾即意也。」（《明儒學案・蕺山學案・商疑答史孝復》）

宗周說：「君子有慎動（新本作獨）之學，七情之動不勝窮，而約之為累心之物，則嗜慾忿懥居其大者。損之象曰：君子以懲忿窒慾，懲窒之功，正就動念時一加提醒，不使復流於過而為不善……學不本之慎獨，則心無所主。」（〈卜動念以知幾〉）

《通書・慎動第五》強調君子慎動，所謂慎動，是正道之動，不仁、不義、無禮、不智、無信，都是邪妄不正之動。宗周也主張慎動之學，即慎獨之學，注重動念時的善惡分辨，尤其是七情之動的嗜慾忿恨，必須懲忿窒慾，不使七情惡念做出不善的過惡。[32]

「懲忿窒慾」源自《周易・損卦・象辭》：「君子懲忿窒慾。[33]」懲戒自己的忿怒怨恨，減損自己的無窮慾望。《通書・乾損益動第三十一說》：「君子乾乾不息於誠，然必懲忿窒慾，遷善改過而後至。」因此，濂溪主張無欲為聖學之要。須知，懲忿窒慾不易，古人說「懲忿如摧山，窒慾如填壑。」都要有堅強的毅力戮力以赴，如救火防水般的緊急，怠慢不得。

不過，宗周強調以忿懲忿，憤怒更多。換言之，生氣以後再懲忿，不僅不能戒除怨恨，反使怨恨憤怒火上加油，忿怒不減反增。所以要修持慎獨慎動的工夫[34]，一有忿怒、私欲之動忿，當下清除，保任獨體的清明在躬，不費力氣，何等簡易，至此，臻於「獨體至神」的境界，所謂「知幾其神乎！」的意旨。

---

32 黃淳耀《吾師錄・窒欲》強調一念自持，強制人欲，忍過事堪喜；反之，蘇子卿（蘇武）牧羊，猶與胡婦生子，蓋不能一念自持。

33 朱子〈白鹿洞書院學規〉說：「言忠信，行篤敬，懲忿窒慾，遷善改過，為修身之要。」曾國藩以「懲忿窒慾，多動少食。」為養生之道

34 宗周說：「學不本之慎獨，則心無所主，滋為物化。」（〈證人要旨・卜動念以知幾〉）

四、謹威儀以定命

宗周說：「足容當重，無以輕佻心失之；手容當恭，無以弛慢心失之；目容當端，無以淫僻之心失之；口容當止，無以煩易心失之；聲容當靜，無以暴厲心失之；頭容當直，無以邪曲心失之；氣容當肅，無以浮蕩心失之；立容當德，無以徙倚心失之；色容當端，無以表暴心失之。」(〈謹威儀以定命〉)

「定命」出自《左傳・成公十有三年》：「劉子曰：吾聞之，民受天地之中以生，所謂命也，是以有動作禮義威儀之則，以定命也。」劉康公（王季子）認為人稟受天地之氣而有生命，這就是所謂命，所以有各種禮儀節度的規範，以安定人的性命與人倫社會。之後，《禮記・玉藻》提出九容：「足容重，手容恭，目容端，口容止，聲容靜，頭容直，氣容肅，立容德，色容莊。」

宗周為人處世，也十分注重言行舉止的禮儀，他認為日常生活一言一行，應對進退，吃飯睡覺等，各有應然的禮節規範，因為人的外貌態度，是內心精神的反應現象，所謂「誠於中，形於外。」(《大學》第六章)，誠如孟子說：「聽其言，觀其眸子，人焉廋哉？」宗周認為人的「天命之性」不可見，看得見的是每一個人的言行舉止，因此，言行要莊重、端正、沉靜、文雅、謙恭、真誠、敬慎、嚴肅，不可浮躁、輕佻、偏邪、暴厲，淫蕩等。易言之，生活細節、儀容態度隨隨便便，表示內心散漫。可知，九容是主敬工夫，謹身之道，定命之學。

值得注意的是，江右王門鄧元錫（1529～1593 年，字汝極，號潛谷。）反對部分心學認為九容、九思是桎梏之說，提倡九容之學，他說：「九容不修，是無身也；九思不慎，是無心也。每日

晨起，令學者靜坐，收攝放心。」（《明儒學案》卷二十四，〈江右王門學案九〉）清初的顏元、李塨也重視九容之恭。

宗周認為九容定命近似宋儒張載教人以求學及守禮兩種工夫變化氣質[35]，守禮可以規範人的言行，端正人心，克制私欲，因為禮是天地之德，聖人之道，守禮就是九容之學。

五、敦大倫以凝道

大倫即五倫，五倫是社會根本的人倫關係，人人不能逃避的倫理關係，個人的生活無所逃乎夫婦、父子，兄弟、朋友、君臣（長官與部屬）之間。五倫造端於夫婦，有了夫婦，才有父子、兄弟、朋友，然後才有國家的形成和君臣的關係。易言之，個人只要還有一口氣在，就不能逃避孝親、持家、安養妻小、夫婦親愛，與朋友和平相處、事君（長官與部屬之間的職場倫理）、就業工作等重責大任，《荀子・大略》借用子貢與孔子的對話，闡明個人的生活和生命，與人倫綱常的密切關係。

然而，古今多少人沒有盡到人倫應盡的本務（duty），程明道感慨地說：

> 天地生物，各無不足之理。嘗（常）思天下、君臣、父子、兄弟、夫婦，有多少不盡分處。（《近思錄》卷一，〈道體〉）

因此，孟子認為一般人的生活習性，如果過著安逸日子而沒

---

35 張載說：「禮所以持性，蓋本出於性。持性，返本也。凡未成性，順禮以持之。」知禮守禮，可以成性，可以變化氣質之性，成就天地之性。張載常說「成性」，成性即《中庸》的盡性，《正蒙・誠明》說：「君子之道，成身成性以為功者也。」變化氣質可以成身成性，他說：「為學大益，在自能變化氣質，不爾，卒無所發明，不得見聖人之奧。」（《宋元學案》卷十二，〈橫渠學案〉）

有禮義教化，就和禽獸相近了，會出現各種父不父、子不子、君不君、臣不臣、夫不夫、婦不婦、兄不兄、弟不弟的人倫缺憾。聖王深切憂慮，教導人民五倫的做人道理，使百姓知道父子要有親愛的親情，君臣要有尊敬的禮義，夫婦要有關愛的感情，兄弟要有長幼的倫常，朋友要有誠信的友誼。易言之，有了人倫道德的教養，才有人禽的差別，否則，淪於禽獸而不知矣。

《周易・家人・彖辭》說：「父父子子，兄兄弟弟，夫夫婦婦，而家道正，正家而天下定矣。」家人各盡其本份，各自遵守人倫正道，家庭就有正道，所有的家庭都有倫常正道，天下也就安定太平了。這也是《大學》「欲治其國，先齊其家」的道理。因此，宗周強調敦厚篤實的君子，要踐履五倫之道，內心常懷應盡的責任義務而未盡（不盡）的愧咎，使五倫臻於圓滿而無憾。

六、備百行以考旋

宗周說：「孟子曰：萬物皆備於我矣，此非意言之也，只緣五大倫推之，盈天地間皆吾父子兄弟夫婦君臣朋友也……大是一體關切痛癢，然而其間有一處缺陷，便如一體中傷殘了一肢一節，不成其為我。」（〈備百行以考旋〉）

我的存在，必然與其他世界存在者發生密切關係，亦即小我與大我的存在關係密不可分，自孔子創建仁教以來，己立立人，己達達人；己所不欲，勿施於人[36]，成為儒者的立身之道。孟子

---

36 「己所不欲，勿施於人。」近似《聖經・新約・馬太福音》說：「你們要別人怎樣對待你們，你們就要怎樣對待別人。」易言之，我們不願意別人怎樣對待我們，我們也不要怎樣對待別人。這是基督宗教的核心倫理思想，立基於平等博愛的「黃金律」，也近似康德的道德法則。

以惻隱之心，關懷一切的存在者，他說：「萬物皆備於我矣，反身而誠，樂莫大焉。強恕而行，求仁莫近焉。」（《孟子‧盡心上》）孟子強調惻隱推恩，推己及人，不斷擴充不忍人之心，親親而仁民，仁民而愛物，參贊天地之化育。

宋明儒發揚光大孔孟仁學，張載提出「為天地立心，為生民立命，為往聖繼絕學，為萬世開太平。」的偉大抱負[37]，著名的〈西銘〉說：「乾稱父，坤稱母，予茲藐之，乃渾然中處。故天地之塞吾其體，天地之帥吾其性，民吾同胞，物吾與也。」（《宋元學案》卷十二，〈橫渠學案〉）〈西銘〉以孝子喻仁人，要學者求仁，上承天心的仁愛，涵養一體的痛癢，可與天地萬物為一體。

程明道〈識仁篇〉說：「學者須先識仁，仁者渾然與物同體……」明道認為人與天地萬物本為一體，只因私欲所蔽，遂與萬物分隔，修養識仁工夫，即在消除物我分界，返歸於萬物一體的境界。

王陽明〈大學問〉說：「大人者，以天地萬物為一體者也，其視天下猶一家，中國猶一人焉……見鳥獸哀鳴觳觫而必有不忍之心焉，是其仁之與鳥獸而為一體也……是其一體之仁也……」陽明認為天下人苟能節欲抑私，去其蔽，使仁心作主，自明其明德，致良知，必能與天地萬物相感通，而與萬物為一體，稱為「一體之仁」。

宗周亦有「一體之仁」的深切體認，視天地萬物為一大身體，稱為「大身子」，他說：「吾儒之學，直從天地萬物一體處看出大身子。天地萬物之始，即吾之始；天地萬物之終，即吾之終。」（《劉子全書》卷八，〈生死說〉）天地萬物都是我身體的全部，保

---

37 陸象山也有近似的胸懷，他說：「宇宙內事，乃己分內事；己分內事，乃宇宙內事。」他認為：「宇宙便是吾心，吾心便是宇宙。」（《宋元學案》卷五十二，〈象山學案〉）

護天地萬物猶如愛護自己的身體，任何萬物的傷害，猶如身體受傷，不論哪一個部位受傷，我都會感受到疼痛。任何萬物的缺陷，猶如自己殘廢了一隻手一隻腳，如何不讓人傷痛？

因此，要檢點日常生活的言行，圓滿五倫關係，再不斷推恩擴充，盡仁（對萬物都有愛心，無所不愛，不僅父子有親。），盡義（處事無所不宜，不僅君臣有義。），盡別（凡事分辨是非善惡，不僅夫婦有別。）盡序（凡事謙讓，不僅長幼有序。），盡信（為人真誠信實，不僅朋友有信。）這就是盡倫盡物的「盡性之學」。學者不能只是空談「萬物皆備於我」的一體之仁，必須精思力踐，一一在生活中實踐力行，才能真正體認「一體痛癢」的精義。

七、遷善改過以作聖

「作聖」源自《尚書・周書・多方》：「惟聖，罔念作狂；惟狂，克念作聖。」聖人只要心生妄念，無念於善，則為狂者；狂者只要克制妄念，能念於善，則為聖人。宗周說：「自古無現成的聖人……只一味遷善改過，便做聖人，如孔子自道可見。學者未歷過上五條分案，通身都是罪過[38]，即已歷過上五條公案，通身仍是罪過。」（〈遷善改過以作聖〉）

朱子認為聖人無過，陽明以為聖人有過，宗周主張自古以來沒有現成的聖人，只有不斷地遷善改過，始為聖人。即使孔子也

---

38 宗周所謂「通身都是罪過」異於基督宗教所說「我是罪人」，因為人有原罪，源自於《聖經・創世紀》，意指宗教上、道德上的罪過（sin），非指法律上的罪（crime），罪（sin）只是有過失（fault），與犯罪（crime）不同。基督宗教的意義是：「我有過失，認過悔改，信仰上帝。」宗周「通身都是罪過」只有道德意義，沒有宗教信仰的問題。

謙稱他到了七十歲以後，才臻於「從心所欲，不踰矩。[39]」的無過之聖境。宗周在《論語學案》對「吾十有五而志於學……七十而從心所欲不踰矩。」詮釋說：「孔子七十後，視履考旋，故自敘年譜如此，實萬世學者公案云。[40]」「視履考旋」源自《周易・履卦・上九爻辭》：「視履考祥，其旋元吉。」履卦有追隨在虎尾後面，能夠中道自處，貞正自守，持之以敬慎之心，雖有危險而不被咬傷，終就壽考吉祥的意思。比喻道德修養不易，非人即獸，非君子即小人，必須不斷遷善改過，始能無過而安祥。

　　宗周強調學者如果沒有切實經歷以上所說的五項（凜閒居以體獨、卜動念以知幾、謹威儀以定命、敦大倫以凝道、備百行以考旋）修養工夫，通身都是罪過（倫理道德的過錯不知有多少），即使經歷以上五項修養工夫，通身仍是罪過（靈明本心自覺己過，自覺尚有很多過錯有待改進。）這是一種極為深切的道德實踐與憂患，憂慮不修德、不講學，往往蔽於氣質之性、習染、私欲而不知己過，不能成德、盡性、成聖。誠如呂坤《呻吟語》說：「看得自家都是病痛。[41]」呂坤自覺自己日日有過，愈檢點愈覺有過。猶如羅洪先（字達夫，別號念菴）說：「吾輩一個性命，千瘡百孔，醫治不暇，何得有許多為人說長道短耶！」（《明儒學案》卷十八，〈江右王門學案三・論學者〉）「千瘡百孔」就是「通身都是罪過」，自己有許多過失，改過都已經來不及了，如何批評別人的是非對錯？

　　又如蘧伯玉「欲寡其過而未能」（《論語・憲問》）、「年五十而

39　《論語・為政》子曰：「吾十有五而志於學；三十而立；四十而不惑；五十而知天命；六十而耳順；七十而從心所欲不踰矩。」
40　《劉宗周全集》第一冊，頁321）
41　呂坤《呻吟語・序》說：「一身罪過，都是我心承當，五官百體無罪。」心為一身主宰，承擔過錯責任。

有四十九年非。」(《淮南子・原道訓》)也是極為深切的遷善改過的體認;沒有反省內訟的人,不覺得自己有錯,顏習齋所謂「惡人之心無過」;反求諸己、內省自覺的人,會發覺自己有無窮的過失,因為過失無窮,改過亦無窮,不斷地知過、改過,不知不覺入於聖境,這是證人的極則。宗周說:「欲寡過而未能,此聖學真血脈……聖賢看得自己通身都是病,直是千瘡百孔,須實實用功方得。」(《劉宗周全集》第一冊,頁 550,〈論語學案〉)聖賢看出自己有許多過失,不斷地知過、改過,是聖學的真工夫。

〈遷善改過以作聖〉說:「所謂是善是不善,本心原自歷落分明,學者但就本心明處一決……便時時有遷改工夫可做。更須小心窮理,使本心愈明,則查簡愈細……故曰君子無所不用其極。」

宗周認為「本心」靈明,知善知惡,此說近似陽明強調良知知善知惡。良知不僅知善惡,良知更是「吾心之本體」。「本心」也近似「吾心之本體」,代表最高的主體性。易言之,本心是最高的主體(本體),明知善惡,善就做,惡就改,隨時都有遷善改過的工夫可做。值得注意的是,宗周又強調「小心窮理」的工夫,仔細窮究事理,近似朱子注解《大學》所說:「所謂致知在格物者,言欲致吾之知,在即物而窮其理。」(《大學》第五章)窮究事物之理,是為了倫理道德的善惡是非判斷,因為現實環境因素非常複雜,每件事情的時空條件不同,應該明白各種事件的原因、道理,「本心」才能正確判斷是非善惡,朱子說:

> 格物二字最好,物即事物也,須窮極事物之理到盡處,便有一個是,一個非。是底便行,非底便不行。凡自家身心上,皆須體驗得一個是非。(《朱子語類》卷十五)

可知,小心窮理(窮究事理)可以使「本心」更明白是非善

惡，更能夠知過、改過[42]。這種遷善改過以成聖的實踐工夫，必須盡心盡力，全力以赴，永不間斷，誠如《大學》所謂「君子無所不用其極」。[43]

第三節　人譜續篇三

一、紀過格

〈紀過格〉列舉論說各種過失，包括：微過、隱過、顯過、大過、叢過、成過等，其中以微過最難名狀，人以為無傷，卻不知從微過而生各種過錯，過而不改，必成眾惡，宗周說：「過而不已，卒導於惡。」（〈學言中〉）

（一）微過獨知主之

宗周說：「妄字最難解，直是無病痛可指，如人元氣偶虛耳。然百邪從此易入，人犯此者，便一生受虧，無藥可療，最可畏也……妄無面目，只一點浮氣所中……妄根所中曰惑，為利、為名、為生死，其粗者為酒、色、財、氣。」（〈微過獨知主之〉）

妄與無妄相對相反，《周易・無妄》認為不守正道，則有災禍，守正不二是上天之命，無妄而吉。伊川《程氏易傳》卷二詮釋《易

42　此段大義，宗周融貫朱子與陽明的思想體系。

43　《大學》第二章說：「湯之盤銘曰：『苟日新，日日新，又日新。』康誥曰：『作新民』詩曰：『周雖舊邦，其命維新。』是故君子無所不用其極。」宗周引用「君子無所不用其極」強調改過自新，滌除習染，不可略有間斷，必須竭盡心力，全力以赴，成德成聖。

傳·无妄卦·彖辭》說：「動以天為无妄，動以人欲則妄矣。无妄之意大矣哉！雖無邪心，苟不合正理，則妄也，乃邪心也。」伊川提出「無妄」是儒學修身成德的一個重要思想，无妄的內涵是「動以天理」；相反地，妄則是「動以人欲」誠如張履祥說「有妄由於有欲，理本無妄。」（《楊園先生全集》卷26）无妄的道德意義非常重大，雖然沒有邪心，如果不合正理，即是妄，就是仍有邪念。朱子也認為能夠無妄的人，就是聖人。

〈紀過格〉以「獨而離其天者」為妄，近似伊川「動以天為無妄，動以人欲則妄矣。」天是天理、天道，背離天理天道則妄，妄則不善，猶如《通書·家人暌復無妄第三十二》說：「不善之動，妄也。妄復則无妄矣，无妄則誠焉。」周敦頤以不善的動念為妄，如名利、習染、人欲等。又以誠詮釋無妄，《通書》以誠為聖人之本[44]。程頤《程氏遺書》也說：「無妄之謂誠，不欺其次矣。」朱子以為「無妄之謂誠」是天道，「不欺其次矣」是人道。（《朱子語類》卷九十五）

宗周說：「妄者，真之似也……道心惟微，妄即依焉……是人非人之間，不可方物，強名之曰妄，有妄心斯有妄形，因有妄解釋（識），妄名理，妄言說，妄事功，以此造成妄世界，一切妄也，則亦謂之妄人已矣。」（〈證學雜解·解二〉）妄心是人心之私欲，因為有妄心而造成不誠的妄世界，活在妄世界的人，稱為妄人。妄人是妄作之人，不知而作，是為妄作。

值得注意的是，「妄人」源自《孟子·離婁下》，孟子認為如果有人蠻橫無理的對待我，君子一定自我反省：我一定不仁、無禮。內省以後，確知自己沒有不仁、無禮，那個人蠻橫無理依舊，

---

44 《通書·誠上第一》說：「誠者，聖人之本。大哉乾元，萬物資始，誠之源也。」

君子又自省一番：我一定不忠於他。反省以後，確知自己沒有不忠。可是，蠻橫無理依然如故，只能感嘆說：「他是妄人[45]，無知妄作，不明事理，妄人與禽獸有什麼差別呢？，對於禽獸般的妄人，沒什麼好責備的！」[46]

〈證學雜解・解三〉（《明儒學案》卷六十二）說：「人心自妄根受病以來，自微而著……遂授之以欺。」宗周認為人有各種的過惡，源自於妄，妄乃生於人心囿於形體之蔽，猶如董澐（字復宗，號蘿石）說：「千病萬痛，從妄想生，故善學者，常念此心在無物處。」（《明儒學案》卷十四，〈浙中王門學案四〉），王龍溪也認為過是妄生，沒有安頓處，只要良知時時發用流行，便能無過。一生為學，只在改過。[47]

宋明儒常以妄心、妄想、妄念、妄情為造成過惡的原因[48]，宗周獨特提出「妄根」思想，這是人生而有一己之身所具有的人欲、物欲之累，常人總為名、為利、為了生死而迷惑，沉溺於酒、色、財、氣之中，陷於過惡而不自知。因此，他為門生作〈學戒

---

45 《荀子・解蔽》認為學習要師法聖王之道，聖人明通天下的道理，英明的帝王有完備的禮制，學者以聖王為師，效法聖王的禮法。否則，學習沒有成效，與愚者一樣一無所成，這種人稱為妄人。

46 古書以不循法度、虛誣不實、不法為妄，如《黃帝內經・素問・上古天真論》說：「以酒為漿，以妄為常，醉以入房。」生活沒有規律，不遵行一定的禮法為妄。《左傳・哀公二十五年》說：「彼好專利而妄。」以不法為妄。《法言・問神》說：「無驗而言謂之妄。」沒有依據的不實言論為妄。賈誼《新書・道術》說：「以人自觀謂之度，反度為妄。」以客觀的標準來自我審查，稱為度；反之為妄。

47 《明儒學案》卷十二〈浙中王門學案二〉王畿說：「吾人一身學問，只在改過。須常立於無過之地，方覺有過，方是改過真功夫……良知真體，時時發用流行，便是無過……過是妄生，本無安頓處。」

48 李翱〈復性書中〉說：「情者，妄也，邪也……妄情滅息，本性清明，周流六虛，所以謂之能復其性也。」復性工夫，即平息妄情，恢復人稟受天命之善性。

四箴〉,(《劉宗周全集》第三冊下),強調酒、色、財、氣是人生的大戒,必須戒除酒色財氣的習染,這也是遷善改過的大要。

酒箴:飲酒使人昏神、動氣、廢事、失時,諸生無故不得赴人飲宴,不為酒困(《論語·子罕》),禁止三兩成群,出入酒肆,違者逐之。

色箴:色是毒藥、猛獸,諸生自當清心寡慾,若有晝狎淫樂,夜宿娼妓,犯者立逐。

財箴:聖賢明辨義與利,不可勢利之交。人情一絲一粟便生嫌隙,友誼難終,諸生慎之,若有博奕賭錢者,逐之。

氣箴:不孝、不友之罪,實生於氣。諸生為學,自無悖逆爭鬥之事,同學間善則相長,過則相規,聞過不舉發者,罰之。

值得注意的是,梁起超認為「妄」猶如佛家的「無明」[49],他說:「妄者猶說所謂無明,與真如本體相緣,殆人生所不免。」(《德育鑑》頁 11),佛家認為人性自無始以來,真如與無明即便相緣,真如可以熏習無明,無明也可以熏習真如。十法界的一草一木,都是真妄和合的無常現象,離了真,沒有妄;離了妄,沒有真。易言之,一切諸法,唯依妄念而有差別,內有妄心,外有妄境,所謂六塵。《大乘起信論》所謂一心開二門:心真如門和心生滅門,因無明妄心而有生滅。唐·釋法藏《大乘起信論義記》將阿賴耶識詮釋為真妄和合識,內涵覺與不覺的功能。覺即真如,不覺即妄,妄即無明[50];覺是息妄顯真,不覺即依真起妄;不覺即迷,迷則妄心;覺即悟,悟則真心。

---

49 牟宗三以妄比作「同體無明」,亦曰「無始無明」(《從陸象山到劉蕺山》頁 532)

50 過去世無始之煩惱,一切染因,名為無明。《雜阿含經》認為凡夫不知內外,不知業報,不知佛、法、僧,不知苦、集、滅、道,不知善不善,有罪無罪,不知緣起實相,稱為無明。

（二）隱過，七情主之

宗周說：「喜怒哀懼愛惡欲，是性情之變，離乎天而出於人者……所謂『感於物而動，性之欲也。』七者合而言之，皆欲也，君子存理遏欲之功，正用於此。」（《明儒學案・蕺山學案・語錄》）宗周認為七情都是人欲，不合天理中正之道，因此造成溢喜、遷怒、傷哀、多懼、溺愛、作惡，縱欲等深藏內心而未露的隱過。

以溢喜為例，孔子所謂「損者三樂：樂驕樂、樂佚遊、樂宴樂。」（《論語・季氏》）喜好意氣驕傲以為樂，愛好閒散遊蕩以為樂，沉迷飲宴以為樂，足以使人受損的溢喜。

以遷怒為例，顏回好學，不遷怒，不貳過，為常人所不及，常人因藏怒而俟機遷怒。因此，薛瑄（字德溫，號敬軒）說：「二十年治一怒字，尚未消磨得盡，以是知克己最難。」（《明儒學案・河東學案・讀書錄》）可知，要能不藏怒，不遷怒，必先克己。伊川也認為治怒為難，克己可以治怒。

以傷哀為例，孔子說：「君子坦蕩蕩，小人長戚戚。」（《論語・泰伯》）小人心胸狹窄，與人爭利，時常憂戚不安。反觀君子風範，心胸坦蕩蕩，不與人爭權奪利，安貧樂道。

以多懼為例，孔子說：「內省不疚，夫何憂何懼？」（《論語・顏淵》）孔子回答司馬牛問君子，孔子說：「君子反省平日所為，問心無愧，心安理得，不憂不懼。」其實，司馬牛的憂懼是他的哥哥桓魋，因為孔子批評桓魋營私違禮，桓魋派人追殺孔子，雖然，宋景公非常禮遇孔子，孔子一行人不得不逃離宋國，孔子說：「天生德於予，桓魋其如予何？」（《論語・述而》）孔子不僅不憂不懼，他發憤忘食，樂以忘憂。

以溺愛為例，對妻妾子女的溺愛，尤其是對子女的寵溺，《後

漢書・仇覽傳》有一則「孤犢觸乳」的故事，令人深省，有一位母親，溺愛獨子，獨子嬌生慣養，最後竟毒打母親。有一天，他看見一隻母牛的奶鮮血淋淋，原來是被小牛犄角觸傷了，有人說：「把這頭小牛殺了，牠吸媽媽的奶水，又觸傷媽媽。」有人說：「牛只是畜生，有人連畜生都不如。」這位不孝的人覺得大家在罵他，痛改前非，改過遷善。相反地，唐代李景讓的母親鄭氏，丈夫去世後沒有再嫁，獨立扶養三個孩子，家境貧寒，嚴格教子，最後，三個兒子都金榜題名。據《新唐書》卷一百七十七〈列傳一百二〉記載：李景讓，字后己，性方毅有守，累官御史大夫，出拜西川節度使。

　　以作惡為例，關係疏遠，地位低下的人，往往被人輕視，沒有受到公平的對待。因此，《韓非子・主道》說：「誠有功則雖疏賤，必賞。」真正建立功勞，即使疏遠卑賤的人也一定要獎賞；真正犯了過錯，即使親近喜歡的人也一定要懲罰。賞罰分明，疏遠卑賤的人不會懈怠，親近喜歡的人不會驕傲。

　　以縱欲為例，荀子認為人的耳目之欲有「五綦」，目綦色、耳綦聲、口綦味、鼻綦嗅、形綦佚。眼睛想看最好的美色，耳朵想聽最好的悅耳聲音，口腹之欲想吃最好吃的美味，鼻子想聞最芬芳的氣味，內心想要享受最快樂的安逸。而且一般人的情性，天生就喜好名利財貨，喜好聲色。如果放縱這些耳目情欲，必生邪淫爭奪，終歸暴亂而亡，桀紂就是縱欲的結果。因此，要克己復禮，節制欲望，改過遷善。誠如朱子所說：「以理言……天理之勝人欲，甚易……以事言……天理之勝人欲甚難……人欲之勝天理甚易。正如人身正氣積稍不足，邪得以干之。[51]」（《朱子語類》

---

51 「正氣積稍不足，邪得以干之。」源自《黃帝內經・素問・刺法論》所謂「正

卷59）因此，宗周強調存養工夫在存天理遏人欲。

宗周說：「微過不可見，但感之以喜則侈然而溢；感之以怒則怫然而遷，七情皆如是。」（〈隱過七情主之〉）《儒林外史》范進中舉，樂極而瘋，就是溢喜的有趣情節，以《黃帝內經》的思想，恐可以制喜，有人建議胡屠戶（范進丈人）打他，並謊稱他沒有高中，使他清醒，就是以恐勝喜的例子。

不過，儒學並非醫學，對治七情隱過，以自省心性為工夫，誠如郝敬（字仲輿，號楚望，萬曆己丑進士）說：「習氣用事，從有生以來已慣，拂意則怒，順意則喜……七情交逞，此心何時安寧？須猛力幹轉習氣，勿任自便，機括只在念頭上挽回。假如怒時覺心為怒動，即返觀自性，覓取未怒時景象，須臾性現，怒氣自平……七情之發，皆以此制之。」（《明儒學案》卷五十五，〈給事郝楚望先生敬・知言〉）

七情之發，心性為之變動，須及時反觀自省，存理遏情，涵養心性，消平七情之隱過。

（三）顯過，九容主之

九容源自《禮記・玉藻》：「足容重，手容恭，目容端，口容止，聲容靜，頭容直，氣容肅，立容德，色容莊。」走路穩重不輕浮，手勢端莊不亂指畫，眼睛直視不偷看，說話得當，聲音溫和親切，不喋喋不休，輕聲細語不發怪聲，昂首挺胸不亂傾顧，和氣嚴謹呼吸輕柔，站立端正不倚靠，臉色莊重表情不誇張。因

氣存內，邪不可干。」人體臟腑功能正常，氣血充實旺盛，既不生內邪，外邪也難以入侵，身心健康，沒有病痛。如果氣血不足，氣虛血虛，內邪易生，外邪（病毒病菌的感染）易入，容易生病。比喻不存天理，人欲橫流，易生過惡，宗周也說：「妄字最難解……如人元氣偶虛耳，然百邪從此易入。」元氣意指天理正氣，百邪意指各種人欲的迷惑。

此,《禮記・曲禮上》說:「毋不敬,儼若思,安定辭,安民哉!」一切言行準則,以敬為本,自我警惕,約束節制,態度端莊穩重,說話安祥而肯定,使人民信服。

值得注意的是,以敬為本的修己工夫,源自孔子的「修己以敬」(《論語・憲問》),持守恭敬的態度,修養自己的身心,以言行而言,修己以敬,如同修身以禮,兩者同為後世儒者的修養工夫,宗周就是「修己以敬,修身以禮」的典範。因此,常人的九容有明顯的言行過失。

以足容而言,箕踞(兩腿分開伸張,兩膝微曲而坐,是一種輕慢傲視對方的姿態。)、交股(兩腿交并)、趨(急行)、蹶(跳腳),是足容之過。《禮記・曲禮上》主張「坐如尸」(坐得端正)、「足毋蹶」(不要跳腳)、「坐毋箕」。

以手容而言,擎拳(舉起拳頭)、攘臂(挽起袖子,露出胳膊。)、高卑任意(任意揮手),是手容之過。

以目容而言,偷視、邪視、視非禮,是目容之過。孔子強調克己復禮、非禮勿視[52],《禮記・曲禮上》主張「毋淫視」,不合禮節的事不要看,更不可偷看。

以口容而言,貌言(虛偽文飾的假話)、易言(言而無信)、煩言(煩人碎語),是口容之過。《禮記・曲禮上》主張「安定辭」「毋剿說」,不可說假話,不可言而無信,不可任意插嘴。

以聲容而言,高聲說話,戲言說笑,言不及義,輕慢謾罵,是聲容之過。《禮記・玉藻》主張「聲容靜」,說話聲音理性溫和,沒有奇怪的聲音。

以頭容而言,《禮記・曲禮上》主張「冠毋免」,帽子無故不

---

52 顏淵問仁,子曰:「克己復禮為仁……非禮勿視,非禮勿聽,非禮勿言,非禮勿動。」

要脫下，包髮的頭巾也不要無故脫掉，不要任意搖頭，不要側著耳朵聽人說話，不傾聽，不側聽，〈曲禮上〉說：「聽必恭」，恭敬聽人說話。

以氣容而言，對人溫和親切，不暴躁，不可目指氣使，作威作福，盛氣凌人，自負傲慢，懶惰怠慢，橫行霸道。

以立容而言，〈曲禮上〉主張「立如齊」站得恭敬，「立毋跛」站立不要跛足，「立必正方」、「立不中門」，立正站好，不要站在門限上停留，〈玉藻〉說：「不履閾」。

以色容而言，不可有諂媚的臉色（令色），不可驚慌失措（遽色），不可勃然變臉生氣（作色）。

以上簡述九容之過及其改過之道，應以孔子「立於禮」（《論語‧泰伯》）及曾子「動容貌、正顏色、出辭氣」（〈泰伯〉）為本。禮以恭敬謙讓為本，學禮、依於禮，可以立身；曾子也強調待人接物，應遵守三要點：容貌舉止依禮而行，臉色端莊，說話言辭語氣得體，聲調不亢不卑。

（四）大過，五倫主之

五倫關係源自《孟子‧滕文公上》：「父子有親，君臣有義，夫婦有別，長幼有序，朋友有信。」父母與子女要有溫暖的親情，君臣（長官與部屬）要有相互尊敬的禮義，夫妻要有內外適當的分別，長幼兄弟要有大小的倫常，朋友要有誠信的友誼。五倫是一種社會制度的倫理，社會上常見有父不父，子不子，夫不夫，婦不婦，朋友詐欺無信的過惡。

以父子親情而言，不以孝順之道事親（非道事親），父母有過，

不以婉言規勸（親過不諫）[53]，子女以善道責備父母[54]，沒有定時向父母請安，私蓄貨物錢財，不守家業，照顧父母病痛不嚴謹，遵守禮法不敬謹，相信風水停棺不葬，祭祀祖先不尊敬，不能傳揚父母志業，父母忌日不哀傷，四處漫遊[55]等，是子女的大過。

以君臣關係而言，臣不以正道事君，長君之惡（君有過不能忠諫又順從之），逢君之惡（迎合引誘長官的過惡）[56]，欺君罔上，蒙騙長官，為官疲沓軟弱、貪污、殘酷、傲慢，欺壓下屬，把持權力，干涉人事，擅自議論詔令，誣告善良忠臣，放縱子弟出入官府衙門等，是君臣類的大過。

以夫婦關係而言，夫妻反目，聽從妻子不正之言，放縱婦女入廟燒香、看燈、看戲，私寵婢妾，無故娶妾[57]，閨內之言傳於外[58]等，是夫婦類的大過。

以長幼關係而言，不以正道事兄，兄弟鬩牆失和，侵佔公產，同父異母兄弟相互憎惡，聽從妻子離間兄弟之言，兄弟久無來往，不體恤照顧兄或弟的苦難，不尊重兄長，不讓兄長先行，兄長有疾不關心，出入不告知兄長等，是長幼類的大過。

以朋友關係而言，好為人師，勢利之交，濫交朋友，親近惡

---

53 《論語‧里仁》孔子說：「事父母幾諫，見志不從，又敬不違，勞而不怨。」父母有過，子女應當婉言規勸，父母不聽從，子女依然要恭敬，不可違逆父母，雖然內心憂愁，但不怨恨。

54 《孟子‧離婁下》云：「責善，朋友之道也；父子責善，賊恩之大者。」孟子主張相互責善是朋友相處之道，父子相互責善，最傷害親情。〈離婁上〉也說：「父子之間不責善，責善則離。」

55 《論語‧里仁》：「父母在，不遠遊，遊必有方。」

56 《孟子‧告子下》：「長君之惡，其惡小；逢君之惡，其罪大。」

57 據《大明律》：庶民年滿四十歲尚無子嗣者，可以納妾。

58 《禮記‧內則》：「內言不出，外言不入。」閨內之言不傳於外，閨外之言亦不傳於內。

人，傳揚自己好的名聲，恥於下問[59]，善不相增長，過惡不相互規勸，流連酒食，不停嘮叨喧擾[60]，隱匿怒恨，嫉妒能規己過之友，朋友群聚閒聊[61]等，是朋友類的大過。

宗周認為五倫各種大過，總在容貌、言辭、口氣上顯現，例如對父母大小聲，就是不孝，都是從內心生出來的態度。因此，改過必須從心上改，否則，累積微過、隱過、顯過而成大過，皆在家庭、國家、社會、天下而顯現。

（五）叢過，百行主之

叢過是指日常生活的言行舉止、服裝儀容、應對進退、心思念慮，如果不合禮法，會有各種過失，宗周列舉一百個過失，簡要說明如下：

1.游夢（多夢）《黃帝內經·靈樞·淫邪發夢》認為作夢是一種特殊的情志，凡是刺激和干擾身心正常活動的各種「正邪」[62]，從內外侵襲體內，干擾臟腑，刺激魂魄，使心神不寧，致使睡眠不安，時常作夢。宗周也認為多夢是心思念慮之過。2.戲動（戲謔舉動）3.謾語（說謊話）4.嫌疑（猜忌懷疑）5.造次（輕率倉促[63]）6.乘危（乘人之危）7.緣徑（靠人事關係，走捷徑，所謂「終南捷徑」）8.好閒（遊手好閒，無所事事。）9.博（賭博）10.弈（喜好下棋）11.流連花石（喜好奇花異石）12.好古玩（喜好珍寶古董）

---

59 《論語·公冶長》：「不恥下問」不以向人請教為恥。

60 《莊子·天下》：「強聒不舍」

61 《論語·衛靈公》：「群居終日，言不及義。」朋友整天聚在一起，沒說一句正經話。

62 張景岳《類經·疾病類》解釋「正邪」說：凡陰陽勞逸之感於外，聲色嗜慾之動於內，但有干於身心者，皆謂之正邪。

63 《論語·里仁》：「君子無終食之間違仁，造次必於是，顛沛必於是。」

13.好書畫（喜好收藏書籍字畫或禁書）14.牀第私語（夫婦在閨內戲笑、竊竊私語。）15.蚤眠宴起（早睡晚起，懶惰賴牀。）16.畫處內室（白天懶惰在家，不外出上學或工作。）17.狎使婢女（親近婢女納為妾）18.挾妓（親近娼妓）19.養俊僕（曖昧同性之戀）20.畜優人（包養藝人）21.觀戲場（喜好看戲）22.行不避婦女（男女授受不親）23.暑月袒（《禮記・曲禮上》說：「勞毋袒，暑毋褰裳。」勞動時不要袒衣露體，就是大熱天，也不要敞開衣裳。）24.科跣（不戴帽子，不穿鞋子，生活散漫。）25.衣冠異製（奇裝異服）26.懷居（貪戀安逸生活，不求上進。）《論語・憲問》孔子說：「士而懷居，不足以為士矣。」27.輿馬（貪享豪華馬車）28.饕餮（享受美食大餐）29.憎食（挑食或憎怒不合口味食物。）30.縱飲（喜好飲酒）31.深夜飲（喜好長夜飲宴）32.市飲（新本作市肆飲，喜好進出茶樓酒肆飲酒。）33.輕赴人席（輕率接受別人邀宴）34.宴會侈靡（喜好豐盛美食宴會或宴客）35.輕諾（隨意承諾答應人）36.輕假（為人處世造假不實）37.輕施（輕率施捨）38.與人期爽約（背信違約）39.多取（不應得而多拿）40.濫受（不應接受而輕率接受別人的贈予）41.居間為利（幫人居間協調公務或求人事升遷而謀利）42.獻媚當途（討好、投靠當權者）43.躁進（不走正途入仕）44.交易不公（買賣隱瞞欺騙不誠實）45.拾遺不還（拾獲財物不歸還主人）46.持籌（收藏擁有豐富珍寶）47.田宅方圓（擁有大量田產毫宅）48.嫁娶侈靡（嫁娶奢侈浪費）49.誅求親故[64]（奢求親友相助）50.窮追遠年債負（窮追窮苦負債人還債）51.違例取息（違背約定強取利息）52.謀風水（迷信風水，不葬父母）53.有恩不報（知恩不報甚至恩將仇報）54.拒人乞貸（拒人急

64　《春秋繁露》卷四〈王道〉說：「桀紂皆聖王之後……誅求無已，天下空虛。」奢取索求稱誅求。

難相助）55.事不行方便（不給別人急難方便）56.橫逆相報（自覺
受辱而報仇）57.宿怨（與人結怨，積怨不消）58.武斷鄉曲（對鄉
民武斷不正）59.設誓（輕率發誓）60.咒詛（詛咒謾罵）61.習市
語（常說粗俗的話）62.稱綽號（給人綽號，貶損他人）63.造歌謠
（編造歌謠，戲謔說笑）64.傳流言（傳播不實流言，傷人不淺）
65.稱人惡（議論他人過惡，妄斷得失功過）66.暴人陰事（揭發他
人隱惡）67.面訐（當面指責他人過錯）68.譏議前輩（譏諷議論前
輩）69.訟（與人辯論是非）70.終訟（不化解與人之積怨）71.主
訟（爭鬥訴訟）72.失盜窮治（窮追竊賊治罪，不顧人民窮困）73.
損棄故舊（不念舊情，不顧老友）74.疏九族（疏離族人）75.薄三
黨[65]（對父族、母族、妻族的人冷淡）76.欺鄉里（欺侮鄉里）77.
侮鄰右（欺侮鄰居）78.慢流寓（不顧貧困流浪之人）79.虐使僮僕
（虐待僕人）80.欺陵寒賤（不憐惜貧賤之人）81.擠無告[66]（不憐
恤無依無靠投訴無門之人）82.遇死葬不恤（不救助貧困或意外死
喪者）83.見骼不掩（看見無主遺骸不掩埋）84.特殺（為一己私欲
而宰殺萬物，如口腹之欲而殺小羊、小牛。）85.食耕牛野禽（耕
牛為人辛勞，不忍吃牛肉；為口腹之欲而吃飛禽野獸。）86.殺起
蟄（殺害蟄伏冬藏蟲類）87.無故拔一草一木（無故拔除花草樹木）
88.暴殄天物（浪費食物資源）89.瀆神社（冒犯天地鬼神）90.訶
風怨雨（內心怨恨，怒責天地風雨。）91.棄毀文字[67]（不愛惜字
紙書籍）92.雌黃經傳（曲解經傳大義）93.讀書無序（心不沉靜，

---

65 三黨意指父族、母族、妻族的人。

66 張載〈西銘〉說：「凡天下疲癃殘疾惸獨鰥寡，皆吾兄弟之顛連而無告者也。」
　「無告」是無依無靠，投訴無門的弱勢者。

67 古人惜字如金，不可任意毀棄字紙，台灣現存古蹟龍潭聖蹟亭，迄今每年秋
　季舉行祭典；美濃敬字亭，每年正月初九舉行「惜字禮讚」儀式，教化子孫
　愛書惜字。

讀書不專注）94.作字潦草（心不敬慎，寫字潦草）95.輕刻詩文（沉溺詞章，咬文嚼字）96.近方士（親近方士，不注重儒家養心養德）97.禱賽（淫祀祭神求福）98.主創菴院（自立佛、道庵院）99.拜僧道（崇拜佛、道）100.假道學[68]（偽君子）。

　　宗周崇尚儒學，列舉百過，他認為叢過皆從微過、隱過、顯過、大過而來。微過不改，積成隱過；隱過不改，積成顯過；顯過不改，積成大過；大過不改，積成叢過。諸多過失，大抵皆從五倫不正而來，五倫關係不善，衍生百過。因此，《尚書・皋陶謨》說：「惇敘九族」，以敬謹、慎獨、誠意工夫，敦厚、親近五倫、九族，是改過的主要方法。

（六）成過為眾惡之門，以克念終之

　　宗周認為過源自念，過而不改，必導於惡。念是心的餘氣，動而遠乎天的習氣、習性、習染。因此，聖人化念歸心[69]。〈治念說〉云：「夫學所以治念也……化念歸思，化思歸虛，學之至也。」（《劉宗周全集》第二冊，語類十）思是心之官，意指本心的智慮慎思；能慎思，則可化念歸思。所謂「虛」意指心體、性體，意根的至善境界。可知，克念（治念）為改過的根本方法。

　　宋明儒非常重視後天習染所造成的惡習，因耳濡目染、見聞習染而習焉不察，習以為常，往往久處一方，不斷習染而不自覺。宗周也極重視習染阻礙道德修養，他說：「人生皆為習所轉，則心亦為習所轉。」（〈遺編學言〉，《劉宗周全集》第二冊）又說：「舊

68　清・秦篤輝說：「假道學最下，假道學即鄉原，鄙夫也。」（《平書・人事上》）
69　《劉子全書》卷十一〈學言中〉說：「今心為念，蓋心之餘氣也，餘氣也者，動氣也。動而遠乎天，故念起念滅，為厥心病……故聖人化念歸心。」

習困人，如油入麵，如水和泥。」(《劉宗周全集》第二冊，〈會講申言〉)改過的最大難關是習染、積習、舊習、習氣、習心、習性，習染纏身，積習難改，難以清除，例如飲食習慣從小養成，不易改變。必須痛自懲治，勉強改正，逐漸習慣，方能改過遷善。誠如孔子所說：「性相近也，習相遠也。」(《論語·陽貨》)人的本性相近，只是後天習染不同，習於善則善，習於惡則惡，而有凡聖的差別。

　　宗周認為人雖犯了極大的罪惡，他的良心仍然不滅，因為被習染所蒙蔽，造成人心的陷溺，只要消除內心的私慾，就可以良心作主，為善去惡。猶如孟子「惡人齋沐」[70]的觀點，即使有一個相貌醜陋的人，只要清除內心的私慾，洗淨身上的污垢，也可以去祭祀上帝。易言之，只要以訟過法一一改過，雖是極惡之人，仍可從崇門、妖門、戾門、獸門、賊門而入聖境。

　　崇門是指微過不改成微惡(過而不改則為惡)，以訟過法靜坐反省、閉門思過一小時而改之。

　　妖門是指隱過不改成隱惡，以訟過法靜坐內省、閉門思過二小時而改之。

　　戾門是指顯過不改成顯惡，以訟過法靜坐內自訟，閉門思過三小時而改之。

　　獸門是指大過不改成大惡，以訟過法靜坐自省、閉門思過一整天而改之。

　　賊門是指叢過不改成叢惡，以訟過法靜坐反省、閉門思過一日而改之。

　　聖域是指諸過一一改之，靜坐內訟，即登聖人之境。

---

70 《孟子·離婁下》說：「雖有惡人，齋戒沐浴；則可以祀上帝。」

二、訟過法（即靜坐法）

　　靜坐是宋明儒的修養工夫之一，儒家的靜坐，不是要人禪定，宗周說：「陽明先生則云：靜坐非是要人坐禪入定[71]，只是藉以補小學求放心工夫。」（《劉宗周全集》第二冊，〈艮止說〉）靜中境界可以收放心，可以存養省察，兩者不可截然分為二事[72]，存養即省察。雖然，訟過法看似省察工夫，只為鈍根設法，為一般初學者而設，也是一種方便法。他說：

> 學問宗旨只是主靜也，此處工夫最難下手，姑為學者設方便法，且教之靜坐。日用之間，除應事接物外，苟有餘刻，且靜坐……只與之常惺惺可也，此時伎倆，不合眼，不掩耳，不趺珈[73]，不數息[74]，不參話頭……行住坐臥，都作坐觀，食息起居，都作靜會。（《劉宗周全集》第二冊，〈靜坐說〉）

　　綜觀宗周的訟過法（靜坐法），有六個思想淵源：

　　1.孔子的內自訟：《論語・公冶長》孔子說：「吾未見能見其過，而內自訟者也。[75]」「內自訟」是孔子修養道德的自律工夫，

---

71 宗周認為佛家的坐禪入定，是「撒手懸崖伎倆」，容易使人入於玄虛。他的訟過法是「小心著地伎倆」，是內心的省察工夫，是動靜一如的內在體證，自覺悔過。

72 宗周反對朱子「靜而存養，動而省察」的工夫，他強調訟過是自心的省察，不分動靜。

73 佛家的禪定靜坐，可分四種姿勢：一是雙盤膝，二是單盤膝，三是下盤法，四是平坐法。一般是趺跌坐，即盤腿打坐。（參見拙作《身心靈養生》179頁）

74 佛家數息觀對治心思雜亂，心念不止，數息使心思安靜而入定。（參見拙作《身心靈養生》182頁）

75 朱子《四書章句集注》注解「內自訟」說：「內自訟者，口不言而心自咎也，人有過而能自知者鮮矣，知過而能內自訟者為尤鮮，能內自訟則其悔悟深切而能改必矣。」能內自訟的人，自我咎責，悔悟深切，必能徹底改過。

即是內省、毋自欺的道德實踐。孔子說：「見賢思齊，見不賢而內自省也。」（《論語‧里仁》）

2.孟子的求放心：《孟子‧告子上》說：「學問之道無他，求其放心而已。」宗周也說：「靜坐只是藉以補小學求放心工夫。」能夠收放心，可以使心不昏昧，稱為常惺惺，使心常惺惺，也是一種主敬的工夫。

3.《大學》第六章曾子曰：「十目所視，十手所指，其嚴乎！」的誠意慎獨，敬畏不自欺。

4.《中庸》第一章：「君子戒慎乎其所不睹，恐懼乎其所不聞。莫見乎隱，莫顯乎微，故君子慎其獨也。」的不愧屋漏、慎獨與存養省察。

5.周敦頤《太極圖說》主靜立人極，他說：「聖人定之以中正仁義，而主靜，立人極焉。」宗周也說：「學問宗旨只是主靜也。」

6.宗周道德的自覺與內在體證，亦即意根獨體的體獨、知幾與改過，實現「人極」的「證人」之學。

值得注意的是，陸象山也常教人靜坐，以存本心，不用許多言語辯說，勞擾本心。或問先生之學，當從何處下工夫？象山說：「不過切己自反，改過遷善。」（《宋元學案》卷五十二，〈象山學案〉）宗周的訟過法，即是靜坐自反，改過遷善之學，簡要說明之：

靜坐時，點一炷香，放一杯水在乾淨的茶几上，準備一個蒲團，剛天亮時，安靜坐下，在恭敬慎獨之間，像是面對一個威嚴的道德天命，我坦然詳訴我的過錯，好像聽見一個教訓的話說：「你是個堂堂正正的人，一旦犯錯，淪為禽獸，豈是個人？」我答說：「是」，又像是見到十個眼睛、十隻手指責我的過失。此時，內心沉痛，面紅耳赤，像是被嚴懲一般，我深感罪過。又好像聽到教訓的聲音說：「不可以敷衍認錯，自欺欺人！」我說：「不會」徹

底內訟悔過之後，感受一股清明之氣，徐徐吹來，我的內心便與天地一體。恍然知道從前所犯的過錯，都是妄念情緣所造成，本心寂然不動，趁此存養清明本心，如有妄念生起，即刻克治，不使妄念再生。提撕警覺，戒慎恐懼，不斷存養，不求速效，自然而然，不助長，不忘失[76]。作過這種內訟工夫，起身整裝，閉門終日。

訟過法所謂「鑒臨有赫」，看似宗教儀式的懺悔，其實不然，蓋訟過法源自孔子的內自訟，不是依於尊神（God）的戒律，當然不是宗教的懺悔。宗周的「鑒臨有赫」近似孔子五十歲所體認的天命，是道德性的天命，不是宗教性人格神的上帝，而是普遍性和永恆性的道德天，孔子的知天命，是對自己的道德自覺、自證和自命。以宗周的生命學問而言，「鑒臨有赫」即是慎獨、誠意、意根、獨體的內在體證，亦即意根獨體（即心體、性體、誠體）的朗朗境界。

若以靜坐法而言，靜坐的首要工夫是調心，調心的主要方法是「無欲」無欲可以對治突然生起的妄念雜想、紛擾物累。誠如周敦頤《通書》以「無欲」為學聖之道。

第四節　改過說

一、改過說一

宗周說：

---

76 學者往往說勿忘勿助甚難，王陽明認為才著意（欲速求時效）便是助，才不著意（或有時間斷）便是忘，勿忘勿助，提撕警覺即可。

> 天命流行，物與無妄，人得之以為心，是謂本心，何過之
> 有？惟是氣機乘除之際，有不能無過不及之差者，有過而
> 後有不及，雖不及亦過也，過也而妄乘之，為厥心病矣……
> 是以君子慎防其微也，防微則時時知過，時時改過……凡
> 此皆卻妄還真之路，而工夫喫緊總在微處得力云，子絕四
> 毋意、毋必、毋固，毋我，真能謹微者也……學者須學孔
> 子之學。(〈改過說一〉)

儒家認為本心本性之善，來自天命所賦予，《中庸》第一章所
謂「天命之謂性」無過無不及。只是人的自然氣機難免失調[77]，
而在人倫應對進退之間，有過或不及，又有種種妄念之生，遂成
心病。因此，學者要知幾防微，戒過慎動，不縱私欲，時時知過，
時時改過，這是卻妄還真的方法。

尤其是孔子「絕四」的謹微之學，更是學者必須學習的工夫，
《論語‧子罕》云：「子絕四：毋意、毋必、毋固、毋我。」孔子
戒除四種過失：不憑空猜測，不必然絕對地肯定或否定，不固執
己見，不自恃而自以為是。孔子絕四，是內省自訟，自我批判，
自行檢討過失，以求改過遷善，精進德業。

二、改過說二

宗周說：

> 人心自真而之妄，非有妄也，但自明而之暗耳，暗則成
> 妄……然人無有過而不自知者，其為本體之明固未嘗息

---

77 中醫《黃帝內經》認為人體氣的運行，包括：升、降、出、入，稱為氣機，
例如肺主呼吸，吸氣是入，呼氣是出。氣的升降出入之間，能夠協調平衡，
稱為氣機調暢；反之，稱為氣機失調。

也，一面明一面暗，究也明不勝暗，故真不勝妄，則過始有不及改者矣，非惟不改，又從而文之，是暗中加暗，妄中加妄也，故學在去蔽，不必除妄……然則學者虛心遜志，時務察言觀色，以轉吾所知之不逮，尤有不容緩者。(〈改過說二〉)

所謂真、妄或明、暗之說，近似宋明儒的天理人欲，雖然，良知本體自知己過，只是易為私欲（人欲）所蒙蔽，而不知過、不改過，又文過飾非。因此，宗周強調「學在去蔽，不必除妄。」近似王陽明〈大學問〉所謂「夫為大人之學者，亦惟去其私欲之蔽，以自明其明德，復其天地萬物一體之本然而已耳。」陸象山也認為人心雖然至靈，卻易為物欲所蒙蔽，「人心不能無蒙蔽，蒙蔽之未徹，則日以陷溺。」（《象山先生全集》卷一，〈與胡季隨書〉）靈明之心被私欲、物欲所蒙蔽而不自覺，沉淪陷溺而不自知，不僅不知天理，也不實踐天理。例如朱子認為飲食是天理，山珍海味是人欲；夫妻是天理，三妻四妾是人欲。因此，學者去蔽，去其私欲之蔽，妄則消矣。

值得注意的是，「好學去蔽」本是孔孟荀的成德之教。孔子認為徒然喜好仁德而不好學，會有愚昧之蔽；喜好智謀而不好學，會有放蕩不拘之蔽；喜好誠信而不好學，會有違逆道義之蔽；喜好正直而不好學，會有急迫之蔽；喜好勇敢而不好學，會有災禍之蔽；喜好剛毅而不好學，會有躁進之敝[78]。可知，孔子強調好學的重要，學以明理，去其所蔽。

孟子也主張聽其言而知其所蔽，《孟子・公孫丑上》說：「詖辭，知其所蔽；淫辭，知其所陷；邪辭，知其所離；遁辭，知其

---

78 參見《論語・陽貨》孔子論六言六蔽。

所窮。」聽到偏執的言論，知道說話者的心被蒙蔽而不明道理；聽到放蕩自姿的不雅言語，知道說話者的心沉迷陷溺；聽到混淆是非的言辭，知道說話者的心叛離正道，聽到支吾閃爍的話，知道說話者自知理虧而窮於應付。能知言的人，不被各種不正邪說所蒙蔽。這是孟子詮釋孔子所謂：「不知言，無以知人也。」（《論語·堯曰》）的思想。

荀子認為人的情感意向常有偏好，久而久之，積成習慣，偏執所愛，自以為是。一般人的過失，即蔽於偏隅的一曲之說（片面之辭），而不明白天下的大道理。所謂「凡人之患，蔽於一曲，而闇於大理。」（《荀子卷十五·解蔽》）

不過，宋明儒的去蔽工夫，大抵以去私欲為主，程明道〈定性書〉說：「人之情各有所蔽，故不能適道，大率患在於自私而用智。」（《程氏文集·明道先生文》）所以，程伊川說：「是故覺者約其情，使合於中，正其心，養其性。」（《伊川文集·顏子所好何學論》）伊川認為人可以通過不斷學習而成為聖人，因為人的本心本性純真至善，只是七情熾盛，干擾本性。只有明覺的人會克制他的情欲，端正內心，修養本性，消除內心的蒙蔽。

宗周認為人心一面明（無有過而不自知者）一面暗（有過而不自知者），近似程伊川詮釋〈坎卦六四爻辭〉，說：「人心有所蔽，有所通。」（《程氏易傳》）人的內心有的地方被蒙蔽，有的地方暢通明亮。例如君王的內心被過度的歡樂所蒙蔽，忠臣不能直接諫責他的荒淫，必須從他比較明智沒有被蒙蔽的事情上，溫和婉轉的勸導，可以消除其內心的蒙蔽。教育也是這樣，必須因材施教，因勢利導，針對受教者擅長的一面讓他發揮，例如喜歡球類運動，不喜歡讀書，應該輔導他從事球類訓練，避免強迫要求子弟只能讀書，這也是一種成德之教。

此外，小人喜歡文過飾非，《論語‧子張》子夏說：「小人之過也必文。」《莊子‧盜跖》云：「辯足以飾非。」小人喜歡用好聽的話，巧辯掩飾自己的過失和錯誤。劉知幾《史通‧曲筆》所謂「舞詞弄墨，飾非文過。」楊庭顯也認為人人皆有過，不足為患，患在文過飾非，沒有文過飾非，不足以為過。[79]

這種文過飾非的惡習，會有一連串的文飾，我們常說政治人物說謊，會用更大的謊言來圓謊，謊言被拆穿，會不擇手段的說謊，誠如宗周說：「凡人一言過，則終日言皆婉轉而文此一言之過；一行過，則終日行皆婉轉而文此一行之過。蓋人情文過之態如此，幾何而不墮禽獸也。」（《劉子遺書》卷二，〈學言一〉）不斷地文過飾非，淪為禽獸而不自知。因此，學者不僅不可文過飾非，更要謙遜其志，若有所不能；敏於好學，若有所不及[80]。察言觀色，時時知過，時時悔過，時時補過，進德修業，去蔽改過。

三、改過說三

宗周說：

> 知行只是一事……知有真知，有嘗知，昔人談虎近之。顏子之知，本心之知，即知即行，是謂真知；嘗人之知，習心之知，先知後行，是謂嘗知……誰謂知過之知非即改過之行乎？…此遷善改過之學。（〈改過說三〉）

《周易‧繫辭下傳第五章》孔子稱讚顏回是一位知幾的君子，

79　《宋元學案》卷五十二〈老楊先生庭顯‧慈湖先訓〉說：「過則人皆有，未足為患，患在文飾，儻不文飾，非過也。」

80　宗周所謂「虛心遜志」源自《尚書‧說命》：「惟學遜志，務時敏，厥脩乃來。」

有了過失，沒有自己不知道的；一經反省覺知以後，立即改過，從此不貳過。宗周認為顏回知過改過，知行合一，是本心之知，稱為真知，即知即行[81]。常人之知，是習心之知，先知後行，或知而不行，所以常人說知過不難，改過唯難。唯有知過之知即改過之行，即知即行，方是遷善改過之學。

宗周舉「談虎色變」的典故，說明真知與嘗知的不同，據《二程遺書》卷二上記述：「真知與常（嘗）知不同，曾經有一農夫被老虎咬傷，有人說老虎傷人，大家莫不驚慌，惟有這位農夫談虎色變，異於眾人。老虎傷人眾人皆知，但未嘗『真知』，唯有這位農夫親身被老虎咬傷的經歷才是真知。」易言之，唯有經歷內在體證的真知，知過即改過，知行合一。尤其要在日常生活上，對深藏內心，不易消除的聲、色、貨、利之妄念（這些妄念使人作狂）[82]，一一克治，方能克念作聖，真正改過遷善。

以上簡述《人譜》要義，宗周身處國難危急，生死存亡之秋，又面臨異說流行、儒學不彰之際，力作《人譜》，以正人心，倡明儒學，這是宗周精思力踐，深切內在體證的生命學問，也是儒家成德作聖的道德實踐，非一般的勸善書。一般的勸善書只是世俗民間的功利信仰，例如雲谷《功過格》說：「救免一人死」有百功。

---

81 宗周所謂「本心之知，即知即行」近似王陽明的知行合一，陽明所謂知，是知善知惡的良知之知，是知天理，不是知名物。這種良知的知行常合為一，只是常人往往為私欲所蒙蔽，不能知至而且行至，例如人人雖知父當孝、兄當弟，卻不能孝、不能弟。可知，私欲是隔斷知行的主因，只要去私欲、存天理，致良知，知行必能合一，即知即行，陽明說：「知是行的主意，行是知的功夫；知是行之始，行是知之成。」又說：「行之明覺精察處便是知，知之真切篤實處便是行。」（《明儒學案》卷十，〈姚江學案一・傳習錄〉）

82 宗周舉《近思錄》卷五程明道十六七歲時喜好田獵，自受學周茂叔後，自認已經沒有這種喜好了，茂叔說：「談何容易！只是這個念頭潛藏未發，一有機會，又會喜好之。」過了十二年，看到別人田獵而面有喜色，果然知道田獵之念尚未消除，這是「見獵心喜」的典故由來，意指妄念不易消除。

但是，儒家認為人有惻隱之心，當下救助，不會見死不救，孟子以「孺子入井」明之。如果為了百功而救一人，或救一人而自認為有百功，是有意為善，也是過。易言之，惻隱救人是應該的行為，何功之有？

《人譜》的思想體系，融會貫通孔子、孟子、《易傳》、《大學》、《中庸》、周敦頤、程明道、朱子、王陽明及其他宋明儒學，又有宗周極深切的憂患意識之體認，此一憂患意識源自孔子、孟子及《易傳》。孔子說：「德之不修，學之不講，聞義不能徙，不善不能改，是吾憂也。」（《論語・述而》）孔子所憂慮的問題，不是財富、官位、俸祿的有無或多少，而是不修養道德，不講習學問，不能遷善改過。

孟子說：「君子有終身之憂，無一朝之患也。」（《孟子・離婁下》）君子的終身憂患是：虞舜是聖王，為天下人的人格典範，德澤流傳於後世，而我只是個凡夫，惟有立志學作虞舜，成德成聖。

《周易・繫辭下傳第七章》說：「作易者，有其憂患乎？」〈繫辭下傳〉認為《周易》的作者們，應該經歷很多憂患，從困頓中體認道德的重要性。因此，履卦教人行禮，謙卦教人謙虛，復卦教人修身，恆卦教人持守正道，損卦教人懲戒忿怒、節制慾望，益卦教人改過遷善，困卦教人困頓不亂，井卦教人德澤百姓，巽卦教人剛柔兼顧，因時因地而制宜。

儒家的憂患意識，也蘊含極深切的幽暗意識，宗周說：「人生而有身，即有物欲之累。」（〈證人會約〉）[83]，此說近似《禮記・

---

83 此說近似心理學認為人有生的本能和死亡或攻擊本能。所謂生的本能，意指性欲本能和個體生存（求生）本能，猶如告子所言：「食、色性也。」（《孟子・告子上》）；所謂死亡或攻擊本能，意指破壞、戰爭等毀滅行為，導致對他人的攻擊、仇恨、謀殺等罪惡。

禮運》所謂：「飲食男女，人之大欲存焉。」他深切體認過由妄生[84]，私欲之蔽，習染之害。因此，有通身都是罪過的罪惡感，即使經歷各種修養工夫，通身仍是罪過，蓋靈明本心自覺己過，自覺仍有諸多過失有待改正，且尚未成聖。因此，一生力踐主敬（修己以敬，修身以禮）、慎獨、誠意、靜坐、知幾、慎動、小心窮理、克己、自省、內自訟、存天理遏人欲、勤學去蔽、克治妄念、化念歸心、化念歸思、化思歸虛、證人盡性等修養工夫。

綜上所述，《人譜》是宋明儒家改過之學的最高成就，改過即遷善，亦即成聖之道。宗周朗現聖人氣象，最終以生命證成人極，道德人格臻於至善。

---

84 王畿說：「過是妄生，本無安頓處。」（《明儒學案卷十二‧論學書》）

第四章　人譜雜記

前　言

　　〈人譜雜記〉是宗周臨終的垂絕之筆，足以代表他的道德人格已入聖境，可惜未能完成整體內容，屬續授命，由劉汋補著而成。根據《人譜》的內容，分為體獨篇、知幾篇、定命篇、凝道篇、考旋篇、作聖篇，蒐集古人的言行典範，對應〈人譜續篇二〉及〈人譜續篇三〉的思想。雖然，《人譜雜記》沒有顯著的哲學內涵，卻與《人譜》密不可分，兩者合為一體，足以證成宗周所說並非虛玄空言，而是以身殉道的生命學問。以下簡述其大要：

第一節　體獨篇

　　「體獨篇」對應「凜閒居以體獨」，體獨即慎獨、謹獨，《大學》第六章說：

　　　　小人閒居為不善，無所不至；見君子而後厭然，揜其不善而著其善。人之視己，如見其肺肝然，則何益矣？此謂誠於中，形於外，故君子必慎其獨也。

　　君子以誠立身行事，不自欺欺人，獨處的時候，仍然敬慎真

誠；小人不能以誠待人處事，自欺欺人，虛假造作，躲躲藏藏，掩飾自己的過惡，而表現自己的偽善。其實，大家早已看穿，好像看見他的肝肺一樣，如何遮掩？

因此，程子說：「學始於不欺闇室。」「不欺闇室」就是真誠慎獨，楊龜山先生說：「古人修身、齊家、治國、平天下，本於誠意而已。」慎獨本於誠意，不自欺欺人。

慎獨的典範如楊震，字伯起，東漢人，博覽群經，時人尊稱「關西孔子」。遷任東萊太守（郡守、知州）時，路過昌邑，昌邑縣令王密求見，贈送黃金十斤，楊震拒收，王密說：「夜晚無人知道。」楊震答說：「天知、地知、你知、我知，怎麼說無人知道。」王密羞愧離開。

隋代趙軌，河南洛陽人，言行檢點，有操守。鄰居桑樹的桑椹落到趙家，趙軌叫人撿拾桑椹，還給桑樹主人。任齊州別架（州刺史佐官）時，朝廷徵召，百姓知其清廉，僅以一杯水餞行，沒有厚禮贈送，趙軌欣然接受。有一次，夜晚趕路，身邊部屬的馬跑到田裏，踐踏農作物。趙軌停止前進，等待到天明，找到農田主人，賠償農作物損失後再出發。

衛靈公與夫人夜晚閒坐，聽到馬車行走的聲音，到國君門口停止，過了王宮門口又有馬車聲。衛靈公問說：「是誰？」夫人說：「是蘧伯玉，他是衛國的賢大夫，也是忠臣孝子，有美德，不因為夜晚而廢禮，不因為沒有人看見而無禮。」據《禮記・曲禮上》說：「大夫、士下公門，式路馬。」大夫、士經過國君（王宮）的門口，必須下車；看到禮車用的馬，必須憑軾俯身行禮。衛靈公派人查看，果然是蘧伯玉。孔子也稱讚蘧伯玉是有德的君子。（《論語・衛靈公》）

趙抃，字閱道，號知非子，累官參知政事，諡清獻。據《宋

史》卷 316 記載:「日所為事,入夜必衣冠露香以告於天,不可告則不敢為也。」這是著名的「清獻告天」的典故,宗周認為「告天」是體獨工夫。

第二節　知幾篇

「知幾篇」相應「卜動念以知幾」,《周易·繫辭下傳第五章》說:

> 知幾其神乎?……幾者,動之微,吉之先見者也。君子見幾而作,不俟終日。

「幾」是事情發展的微妙變化,君子對上不諂媚阿諛,對下不傲慢無禮,堅持操守,沒有災禍。君子預知吉凶的徵兆,把握時機,通達應變,有終吉。孔子也稱讚顏回是一個知幾通達的君子,有了過失,自己都知道,反省改過,從此不貳過。

知幾的「幾」,是指「輕微動念」,動念而有七情之發,動念而有善惡之別,猶如天理與人欲、道心與人心的進退。因此,朱子說:「人只有個天理人欲,此勝則彼退,彼勝則此退,無中立不進退之理。」朱子認為天理人欲的差別甚微,我們要仔細認知哪個動念是天理?哪個動念是人欲?他強調聖賢千言萬語,只是教人明天理(存天理)滅人欲(去私欲)。

「天理人欲」源自《禮記·樂記》:「好惡無節於內,知誘於外,不能反躬,天理滅矣……滅天理而窮人欲者也。」好惡的欲望沒有節制,又有外物的引誘,自己不能反躬內省,不斷滿足私欲,貪得無厭,為非作歹,毫無禮法,天下大亂矣。

程伊川最先將「人心惟危,道心惟微」的人心道心,相應人

欲與天理，他說：「人心私欲，故危殆；道心天理，故精微，滅私欲則天理明矣。」（《二程集》頁312）

宗周強調所謂「知幾」，就是在動念上討分曉。易言之，念有善惡，哪個念是天理？哪個念是人欲？必須明白分辨，例如是否存有好名、好利[1]、好色、好貨的動念？這種「知幾」的典範如：

謝上蔡云：「某色欲已斷二十年矣。」謝上蔡已經斷除好色欲念二十年。問：「於勢利如何？」曰：「打透此關十餘年矣。」也無好權勢、好利欲念十餘年。

據《程氏遺書》卷21、《近思錄》卷4、黃淳耀《吾師錄・養生》、〈人譜雜記・知幾篇〉的記載：

程伊川對門人張繹說：「我稟受的先天之氣很薄弱，早年時常生病，到三、四十歲以後逐漸旺盛，現在72歲了，筋骨依然健康。」張繹問：「是否因為體弱多病，而特別注重保養身體？」，伊川說：「我以順從身體欲望為恥，不會特別注重保養身體。」伊川這段話，意在詮釋儒家養心、養德、養性，涵養天理道心之正，去除人心私欲之蔽，不同於一般延年益壽的養生之術，這是存養的工夫，更是知幾的修持。

1　好名、好利、貪生怕死是人的妄根。古有一士子，路過浙東海邊釣台，賦詩云：「子為功名隱，我為功名來；羞見先生面，夜半過釣台。」「先生」意指東漢嚴光，字子陵，助劉秀東漢光武帝滅王莽，創建東漢，功成身退，隱居富春山，劉秀多次延聘，他隱名埋姓，後人稱富春山為「嚴陵山」，嚴光垂釣處為「嚴陵瀨」，嚴光蹲坐之石為「子陵釣台」，《後漢書》卷八十三〈逸民列傳〉第七十三有傳。又如洪承疇，字彥演，號亨九，明末重臣，兵敗降清，深獲清廷重用。清高宗乾隆皇帝認為洪承疇身為明朝重臣，大節有虧，列為貳臣，又有功於清廷，因此，列為貳臣甲等。顯然，嚴光不好名，不好利；反之，洪承疇好名、好利、貪生怕死，是變節的貳臣。

第三節　定命篇

　　「定命篇」對應「謹威儀以定命」，定命篇的主要內涵是九容和九思。九容源自《禮記・玉藻》：「足容重，手容恭，目容端，口容止，聲容靜，頭容直，氣容肅，立容德，色容莊。」腳步穩重不輕浮，手勢端莊不亂指畫，眼睛直視不斜視偷看，說話得當不喋喋不休，輕聲細語不發怪聲，昂首挺胸不亂傾顧，和氣嚴謹呼吸輕柔，站立端正不倚靠，臉色莊重表情不誇張。

　　九思源自《論語・季氏》：「視思明，聽思聰，色思溫，貌思恭，言思忠，事思敬，疑思問，忿思難，見得思義。」孔子認為君子有九思，可以使身心言行合於禮義。看明白，聽清楚，和藹可親、溫和理性，待人謙恭，說話真誠，處事敬慎，有疑必問，克制忿怒、想到後果，取之有道，不義不得。

　　宗周認為九容與九思不可分，只有九容，便是虛偽。朱子說：「九容九思，便是涵養。」《劉子遺書卷三・聖學宗要》說：「九容九思，主靜二字足以概之，如手容恭，足容重，如何做恭重樣子，只不亂動便是。」九容九思是存養心性的主靜工夫，為人處事，謙恭有禮，敬慎不欺，溫和理性，莊端典雅等。其典範如：

　　劉立之（宗禮）說：「他追隨程明道多年，未嘗看見明道有暴怒嚴厲的臉色，可見明道的聖人氣象。」程明道端坐像是一尊神像，不苟言笑；待人處事，渾身一團和氣。近似《論語・子張》子夏說：「君子有三變：望之儼然，即之也溫，聽其言也厲。」「望之儼然，即之也溫。」正是程明道的涵養。

　　程子說：「戲謔甚害事，不戲謔，亦存心養性之一端。」戲言

調笑，言不及義，都是不誠、不敬的表現。此說近似張載〈東銘〉說：「戲言出於思也，戲動作於謀也。」戲謔是非常不明智的過錯；反之，不戲謔是存心養性的修持，以誠敬自持，以誠敬待人。因此，學者認為九容九思是平日的修養工夫，言行舉止，文雅端正，例如陶庸齋（廷奎）每次見到門人弟子翹腿時，嚴正指責翹腿是對人不尊重（敬）的儀態，不尊重別人，也得不到別人的尊敬。

第四節　凝道篇

　　「凝道篇」相應「敦大倫以凝道」，大倫即五倫，《中庸》第二十章說：「天下之達道五，所以行之者三。曰：君臣也，父子也，夫婦也，昆弟也，朋友之交也。五者，天下之達道也；知、仁、勇，三者，天下之達德也；所以行之者一也。」五倫是古今天下人人共同力踐的倫理關係，知仁勇是古今天下人人應有的德性。能夠以三達德實踐五倫之道的關鍵，只有一個「誠」而已。

　　《近思錄卷一‧道體》明道先生曰：

> 天地生物，各無不足之理。嘗（常）思天下、君臣、父子、兄弟、夫婦，有多少不盡分處。

　　程明道先生感慨地認為天地生成萬事萬物，沒有存在不充足的理由，尤其是人倫關係，各有應盡的本務（duty），缺陷不得。可是，又有多少人沒有盡到自己的本務，沒有安分守己、真誠盡己。出現父不父、子不子，君不君、臣不臣，夫不夫、婦不婦，兄不兄、弟不弟的人倫缺陷。種種人倫遺憾，在當今社會，更是層出不窮，令人悲痛。

　　因此，《孟子‧滕文公上》孟子說：「飽食、煖衣、逸居而無

教，則近於禽獸。聖人有憂之，使契為司徒，教以人倫：父子有親，君臣有義，夫婦有別，長幼有序，朋友有信。」孟子強調人禽之辨，人沒有禮義教化，就和禽獸相近了。要有人倫道德（父子有親、君臣有義、夫婦有別、長幼有序、朋友有信。）才有人禽之別。

《禮記‧禮運》說：「何謂人義？父慈、子孝、兄良、弟弟、夫義、婦聽、長惠、幼順、君仁、臣忠，十者，謂之人義。」十種人義，正是人倫之道。人倫義理，就是能夠設身處地為別人著想，有同理心，忠恕一以貫之而已。以父子有親為例，司馬溫公說：「某事親無以踰人，能不欺而已矣，其事君亦然。」「不欺」就是忠，至誠無妄，盡己之意。以忠事君，以孝事親，盡臣、子之本務。

傳統文化以忠孝傳家，求忠臣於孝子之門，勸善書常有「孝感」故事，以為勸善教化。例如《二十四孝》有王祥以孝至稱，臥冰求鯉，官至太保；姜詩湧泉臥鯉；吳猛恣蚊飽血；孟宗哭竹生筍；忠孝雙全的沈雲英等故事。

以君臣有義為例，宋神宗任命司馬光為樞密副使，他堅持不就。有人問他原因，他說：「怕壞了名節。」雖然他反對王安石的新政，自從辭官回家，絕口不談時事。宋神宗時，王安石行新政，大改法令，批評者眾。程明道奉召議事，王安石厲色怒言。明道溫和地說：「天下事非一家私議（不是王安石一人說了算），希望安石心平氣和議事。」王安石甚感羞愧委屈。

張橫渠先生為雲巖令時，施政以敦化孝道善俗為先。定期宴請年長者，使百姓知道養老孝順的道理，並告戒子弟孝親之義。

以夫婦有別為例，劉廷式娶視障女子為妻，伊川說：「我三十歲以前，也不能做此事。」劉廷式年少時，鄰居女兒與他有婚約。

之後，廷式中了進士，該女因病而雙眼失明，不敢成親，廷式以為不可失信毀婚，最後兩人結婚，夫妻和樂，蘇東坡敬佩他的情義。

據《後漢書・梁鴻傳》記載：梁鴻（美男子）娶孟光（醜女），夫婦相敬如賓，有「舉案齊眉」的美名。梁鴻認為娶妻要娶德，色衰愛馳，唯德不變。

以長幼有序為例，繆彤是漢朝人，父母早亡，他是兄長，全心撫養照顧三個弟弟。長大後，各自娶妻，妯娌常有糾紛，要求分家，各自獨立，不再一起生活。繆彤感嘆，關門自責，拍打自己，自怨說：「自己謹言慎行，學聖賢做人道理，無奈不能齊家。」諸弟及弟婦聽到，叩頭謝罪，從此兄弟和睦相處，不再爭吵。

司馬光事兄伯康恭敬，伯康高齡八十，司馬光悉心照顧兄長生活起居，如愛護嬰兒一般。

以朋友有信為例，張橫渠在京師，坐擁皋比（居講席者）開班授課，講授《周易》，門徒眾多。某日，二程來訪，談論易理，橫渠自認易學不及二程，對門人說：「二程深明易道，大家可以求教二程。」於是，不再講授易學，人人佩服橫渠的道德勇氣。

平陵云敞師事同縣的吳章，吳章是當時名儒，門人弟子一千餘人。王莽誅殺吳章，下令與吳章同黨者，不得仕宦，門人弟子紛紛改名，怕被牽連。云敞當時為大司徒的部門主管，自刻吳章弟子印章，收拾吳章屍體，歸葬鄉里。

第五節　考旋篇

「考旋篇」對應「備百行以考旋」。《尚書、周書、旅獒》說：「細行不矜，終累大德。為山九仞，功虧一簣。」「細行」是日常

生活的細節，包括言行舉止，心思念慮，服裝儀容，應對進退，如果不合禮法，會有各種的過失。宗周列舉一百個過失，積極改過，使動容周旋中禮。（《孟子‧盡心下》孟子認為一切言行儀容、應對進退的禮儀，都能合於禮法的人，這是由於修養道德已到極致的緣故。）

《近思錄》卷四明道先生曰：「人有四百四病，皆不由自家。則是心須教由自家。」「四百四病」源自佛家四大，《五王經》說：「地大、水大、火大、風大，一大不調，百一病生，四百四病同時俱作。」人有肉體由地水火風四大結合，一大生一百零一種病，四大共生四百四個病。凡人生病，不由自己，非自家所能決定。唯有人心為一身之主，全由自己作主，為善為惡，都是自家的決定。

宗周《論語學案‧寡過》云：鄧定宇晚年學問有得……謂弟子曰：「萬事萬念皆善，都不算；只一事一念不善，便算。」定宇以改過為學問之道，晚年學有所得，強調只要有一事一念不善，其他萬事萬念之善都不算，這是孔子訟過的修為，使日常言行臻於寡過。以下簡述宗周所列百行叢過的改過典範，正是精進於寡過之道。

一、警游夢

楊翥曾夢誤入私人果園，私自偷吃兩個桃子，驚醒後，深切自責，以為自己的禮義之心不明，自罰三天不進食。值得注意的是，心理學家佛洛伊德認為作夢是由於受壓抑的潛意識願望之強烈表現。

二、警戲動

郭林宗問仇季知：「曾經犯過嗎？」季知說：「我曾經餵牛，牛不吃，我拍擊牛耳，這也是一過。」

三、警謾語

梁朝的何遠，不妄言語，謹言慎行，常對人說：「如果你們聽到我說邪妄不正、輕慢欺瞞的話，致送細緻絲絹一匹。」這表示何遠誠正敬慎的態度。

四、警嫌疑

《春秋繁露卷八‧度制》說：

> 凡百亂之源，皆出嫌疑纖微，以漸寖稍長，至於大。

董仲舒認為各種紊亂的根源，源自不明辨相似可疑細微的事，逐漸擴大而成災禍。聖人彰顯是似而非，辨別細微的差異，使人懂得分辨，不會懷疑，而預先周全防備。

俗話說：「瓜田不穿鞋，李下不調整帽子。」瓜田李下，總有嫌疑，君子要避開嫌疑，也要分辨相似可疑細微的事，避免造成錯誤判斷，惹來非議。

五、警造次

程伊川某次渡江，船幾乎翻覆。船上的人哭泣不已，唯獨伊

川正襟安坐，如平常一般不慌張，到了岸上，有老先生問她：「翻船的危險，你不害怕嗎？」伊川說：「只是心存誠誠而已。」

　　許魯齋路過河南，非常口渴，道路旁有梨子，眾人爭相採食，唯魯齋一人正襟危坐。旁人說：「正當亂世，梨園沒有主人。」魯齋說：「即使梨園沒有主人，我的內心仍有主人。」值得注意的是，魯齋的道德修養，正是孔子所說：「君子無終食之間違仁，造次必於是，顛沛必於是。」（《論語・里仁》）的寫照。

六、警乘危

　　阮籍到山中採藥，遇到孫登，想對孫登說話，孫登不語。阮籍說：「先生竟然無言？」孫登說：「你多才藝少社會見識，難免受困於世。」孫登是著名的三國隱士，道教稱孫真人或孫真人先師。阮籍是竹林七賢之一，本有大志，曾任步兵校尉等官，但在司馬集團執政下，唯有飲酒佯狂，得以不遭殺害。

七、警繇徑

　　據《新唐書・盧藏用傳》記載：司馬承禎應唐睿宗的詔書到京城長安，許多人前來求見。三個月後，他要回天台山隱居，左丞相盧藏用也來送行，因盧藏用曾在長安南面終南山暫隱，後來應詔出來當官，對司馬承禎說：「終南山是隱居的好地方。」司馬承禎說：「依我看，終南山離京師近，是仕途的捷徑吧！」這是成語「終南捷徑」的由來，表示易於進入仕途的捷徑。

八、警好閒

邵雍（西元 1011～1077 年），字堯夫，讀書於共城蘇門山，授官均不赴，耕讀自給，自號安樂先生。寒冬不起爐火取暖，炎夏不用涼扇，夜晚不上床就寢，共三年。著有《觀物篇》、《伊川擊壤集》、《皇極經世》等書。

九、警　博

鄭還古之弟齊古，飽食終日，無所用心，好賭博戲，還古任其遊戲。每次外出，必交待家人，準備一些錢，以備償還齊古賭債。齊古感悟，不再好賭。

十、警　弈

王陽明先生〈客座私囑〉說：「但願溫良恭敬之友來此講學論道，敦品勵行，互勉德業，彼此規勸過失；不歡迎急躁懶惰之徒，來此下棋飲酒，文過飾非，迷惑人心。」嗚呼！能夠進德修業，是為良士；喜好下棋飲酒，不知改過遷善，是為凶人。我子弟們如果遠良士而近凶人，是為逆子。

十一、警流連花石

石崇（西元 249～300 年），西晉人，曾任城陽太守、散騎常侍、侍中等官。八王之亂因伎女綠珠之事，遭孫秀所陷，被處死，

母親、妻兒、兄長共十五人同時被殺。石崇有「金谷園」豪宅，宏偉華麗，奇花異石，美冠天下；又有名伎綠珠，孫秀欲奪之，石崇不捨而遇害。相反的，范仲淹欲告老還鄉時，親友請他建造園第養老。仲淹說：「已逾六十歲，來日不多，我怕不能退休，不怕退休後沒地方住。」

十二、警好古玩

《韓非子·喻老》說：宋國有個人，得到一塊未經雕琢的玉石，要送給宋國的賢大夫子罕，子罕不接受。那個人說：「這是珍貴的美玉。」子罕說：「你以美玉為珍寶，我以清廉不貪為珍寶，各自擁有珍寶吧！」誠如岳飛所說：「文官不貪錢，武官不怕死，天下太平。」清廉不貪是為官之道，官員應以子罕為效法典範。

十三、警好書畫

司馬溫公說：「積金以遺子孫，子孫未必能守；積書以遺子孫，子孫未必能讀，不如積陰德於冥冥之中，為子孫長久計。」司馬光強調低調行善的重要性，不要有目的的高調行善，可以影響後代子孫。

十四、警床第私語

北宋原明夫人呂仙源曾說：「與原明為夫婦，六十年沒有爭吵，在臥房或牀上，未嘗戲笑私語。」

十五、警早晚宴起

文公生病，有人勸他晚起一點。文公說：「我不能早睡晚起，雖然生病，稍為晚起，自覺是個懶惰的人，內心不安。必須早起，覺得舒爽。」

十六、警畫居內室

《禮記・檀弓上》認為白天在家裏，親友以為生病，可以去探視他的病。所以，除非是祭祀前的齋戒，或是生病在家休養，不要白天懶惰在家。因此，《論語・公冶長》記述：宰我（宰予）在大白天睡覺，孔子責備他「朽木不可雕」因為宰我言行不一，改變孔子對人的態度要「聽其言而觀其行」。

十七、狎使婢女

北宋大臣韓琦，不好嬉戲，學問過人，待人寬厚。與范仲淹長期防守邊疆，嘉祐三年，出任宰相，家有樂工女伎二十餘人（專業歌舞藝人）。夫人逝世後，全數女樂得到優厚財物後遣送回家。有人勸他留下女樂，韓琦說：「歡樂令人煩勞，不如簡單清靜的快樂。」韓琦對待僕人一向寬厚，他有一個珍貴的玉杯，宴客時賓主共賞玉杯之美。某次宴客，僕人不慎打破玉杯，韓琦沒有責罵僕人，反而關心僕人是否受傷，神色自若地說：「萬物終有毀壞之時。」

十八、警挾妓

二程先生某日赴官方宴會，有官伎（唐宋時期，官場應酬宴會的官方伎女）在場。伊川正經不語，明道神色自若。隔天，伊川對明道說：「昨天的宴會甚無趣！」明道說：「昨天會場有女伎，我心中沒有女伎；今天當下無伎，你心中卻仍然有伎。」伊川自嘆不如明道的坦蕩。

十九、警俊僕

蘇軾某日拜訪司馬光（字君實），君實不在家，僕人應門，說：「君實不在」蘇軾說：「你主人已經入相執政，以後當稱司馬相公。」司馬光回家時，僕人稱他「相公」。司馬光驚呀，僕人說：「不久前，蘇學士教我的。」司馬光說：「一個好僕人，被蘇學士（軾）教壞了。」這則典範表示司馬君實雖然高居相位，對僕人仍然謙沖不傲。

二十、警畜優人

古人說：「唱歌演戲，易生姦盜。」尤其是富貴人家畜優人（優子，以樂舞、戲謔為業的藝人），易生奸惡。因此，王陽明自從立志聖學後，極少看戲聽歌，陽明說：「我已是聖人之徒。」從此，學問精進。

二十一、警觀戲場

黃福（西元 1362～1440 年），字如錫，號後樂，謚忠宣，不妄言笑，清廉寬厚，自奉簡約，任工部尚書等職。某日在朝廷，皇上命他看戲，他說：「臣不好看戲。」命他下圍棋，他說：「臣不會下圍棋。」皇上問為何不會？他說：「幼時父親嚴厲，只教讀書，不學休閒無益之事，所以不會。」

二十二、警行不避婦女

吳訥（西元 1372～1457 年）字敏德，號思庵，為人剛正直廉。初次赴京時，有寡居少婦，半夜拜訪吳訥，吳訥冒雨外出，不與少婦見面，隔天遷離寓所。

二十三、警暑月袒

呂大臨在扶溝時，雖然六月酷暑炎熱，仍然儀容端莊，正襟危坐。伊川欽佩說：「與叔可以為人表率，敦厚教化。」

二十四、警科跣

「科跣」是科頭跣足，不戴帽子，不穿鞋子，生活散漫。王澄（西晉人，字平子）、胡母彥國等人，不拘小節，放縱形骸，性嗜酒，常與朋友濫飲、裸體。樂廣（西晉人，字彥輔，官至尚書令，生性淡泊儉約少欲。）說：「名教（禮教）中自有快樂，何必

如此放縱？」

二十五、警衣冠異製

張九成（西元 1092～1159 年），字子韶，自號橫浦居士，宋高宋時狀元。早年貧寒，衣服單薄，有人要送他外套上衣，卻予婉拒。他說：「士處貧苦，更要砥礪自己，如果心生貪念，喪失廉恥，如何做工夫？」

二十六、警懷居

「懷居」意指貪戀安逸生活，《論語・憲問》子曰：「士而懷居，不足以為士矣。」張九成的節儉生活，可以為典範。張九成的執扇，使用數年，破了又補，生活非常節儉，筆用到禿，紙用舊紙，重複使用，衣服、飲食，簡單素樸，不穿華服，不吃美食。有人問他原因，他說：「自己志於道，用心修德，不在意穿不好、吃不好。」

二十七、警輿馬

韓康，漢朝人，字伯休，出身豪門，不願入仕，隱居霸陵山中。桓帝準備豪華禮車聘任他，使者奉詔前來，韓康不得已，乘坐簡陋的牛車，先使者出發。亭長派人整修道路橋樑，又見韓康乘坐簡陋車子，以為是鄉村老夫，扣留牛車，使者以為不敬，欲上奏殺亭長，韓康說：「這是我的責任，亭長無罪。」

二十八、警饕殄

《論語・里仁》子曰：「士志於道而恥惡衣惡食者，未足與議也。」石介，字守道，生於農家，宋仁宗天聖八年進士，任國子監直講等職，與胡瑗、孫復為宋初三先生。石介讀書準備考試時，南都王濟聽聞王介窮苦，送他豐盛美食，石介婉拒，說：「今日享受大餐，明天如何呢？」仍然清貧苦讀。

二十九、警憎食

梁朝昭明太子吃飯，常有蠅蟲在食物中，他把蠅蟲置於盤子邊，不使人知道。北宋大臣王旦，字子明，諡文正，景德三年拜相。生平未嘗見他發怒，若飲食不清潔或不合口味，不憎不怒，只是不吃或少吃而已。

三十、警縱飲

范仲淹每次飲酒，問夫人：「飲酒前後有何不同？」夫人說：「飲酒後沒有失禮，更加拘謹。」仲淹認為「更加拘謹」是飲酒的反應，不是常態，從此戒酒。

三十一、警深夜飲

戰國齊威王淫樂失政，喜好長夜飲宴。一日，淳於髡侍宴，威王問：「先生能喝多少酒？」淳于髡回答：「臣喝一斗也醉，喝

一石也醉。如果大王賜酒，有御史在後，恐懼飲酒，一斗即醉。如果賓主同樂，男女雜坐，杯盤狼籍，燈火熄滅，男女盡歡，臣能飲一石。所以說：「酒後亂性，樂極生悲，酗酒亡國。」齊威王聽到淳于髡的婉言忠諫，停止宴會，不再飲酒。

三十二、警市飲

宋代呂公著，字晦叔，家教嚴謹，其子希哲（字原明，《宋史》卷336有傳）甚有禮法，不進茶樓酒肆飲酒，品德修持，勝於同輩。

三十三、警輕赴人席

李見居與包孝肅年輕時同住佛舍讀書，出入必經一富人家門，富翁盛情邀宴，包孝肅對李見居說：「現在接受富翁邀宴，總是人情，如果以後我們在地方服務，成了人情之累。」後十年，兩人先後在鄉郡為官，成為美談。

三十四、警宴會侈靡

章懋（西元1436～1521）字德懋，號闇然翁，為官清貧廉潔，累官禮部尚書，一生奉行「以便民為法，以利民為論。」他說：「待客之道，當存古禮，今人多以大魚大肉請客，並非古意。聽說薛瑄（西元1389～1464年，字德溫，號敬軒，累官禮部右侍郎、左侍郎，明初著名理學家，平生兢兢檢點言行，著有《薛文清公集》二十四卷等書。）在家宴客，只有一雞一菜，少量飲酒，吃飯而已。」

三十五、警輕諾

薛瑄說：「一字不可輕與人，一言不可輕許人，一茶不可輕飲人。」這就是兢兢檢點言行，謹言慎行，不隨意說話，不隨意答應人，不隨意接受招待。

三十六、警輕假

《顏氏家訓》卷三〈勉學〉說：梁朝全盛時期，貴族子弟多不學無術，造假不實，考試找人代考，賦詩假手他人。改朝換代以後，當權者非舊屬，無所依靠，也全無能力，真是駑才。

三十七、警輕施

杜衍（西元 978～1057 年）字世昌，為官清廉，不置私產。雖然樂善好施，卻不妄施捨，這不是一般好施者所能及。

三十八、警與人期爽約

春秋吳王壽夢第四子吳季札，人稱延陵季子，品德高尚，廣交當世賢士。當他路過徐國，徐國國君喜愛季子身上佩帶的寶劍，雖然徐君沒有開口，季子心中允許贈劍，為了出使列國，當下沒有獻上寶劍。當他返回徐國，徐君已死，季子解下寶劍，掛在墓旁樹上。隨從說：「徐君已死。」季子說：「當初我心已經許諾，豈可背信爽約？」

三十九、警多取

衛國人用一大塊豬肉為餌，在河裏釣魚，釣到一條很大的魚。子思說：「大魚貪食大餌而死，士貪得厚祿而死，哀哉！」莊昶（西元1436～1499年），字孔暢，號定山，成化二年進士。巡撫王恕送他白金十五鎰（一鎰是二十兩，或說二十四兩。），整修簡陋住家，定山婉拒，認為不可用官銀修建私宅。

四十、警濫受

《韓非子‧外儲說右下》記述：公儀休任魯國相，國人知道他愛吃魚，爭相送魚給他。公儀休都婉謝不受，其弟問為什麼？公儀休認為如果接受別人贈魚，會有卑下而枉法的罪過，將會免去相位，屆時別人不再送魚給他，他又沒有俸祿可以買魚，不如靠自己的俸祿買魚，心安理得。（此事亦見於《淮南子‧道應訓》，詮釋老子「知足不辱」的思想。）

另據《說苑》卷四記載：曾參穿著破舊衣服耕田，魯國君王派人賜他一塊土地為封邑，曾參婉拒，他說：「『受人者畏人，予人者驕人。』我接受封邑，能不怕魯君嗎？」孔子聽到此事說：「曾參足以保全他的節操。」俗話說：吃人的嘴軟，拿人的手軟。

四十一、警居間為利

薛瑄說：「雖小事，不可幫人居間協調公務或求人事升遷而謀利，雖不至於有患難，卻有損自己的廉恥。」

有人拿白金請託呂柟涇野先生居間協調人事，呂柟說：「人心如青天白日，光明磊落，為何以事託人？」

四十二、警獻媚當塗

楊國忠與楊玉環堂兄妹，唐玄宗時任宰相，兼文部尚書，身兼四十餘職，傾權一時。有人勸張彖投靠楊國忠，富貴可立至。張彖說：「別人以楊國忠為泰山，我以楊國忠為冰山，太陽一出，冰山融化，無可依靠。」不久中進士，短暫為官後隱居不仕。

四十三、警躁進

李潛，字君實，宋治平四年進士，累官司空、中書令等職，生性耿介，愛民如子。某次，李潛入京師，暫留泗州，子弟們要求先到開封，取得開封戶籍。李潛不允許，他說：「你們是虔州人，而入開封籍，是欺君行為，如何事君？」

四十四、警交易不公

司馬光閒居西京時，某日命部屬賣掉乘用的馬，他說：「出售時，要向買方說明這匹馬夏天有肺病，不要隱瞞。」部屬暗自取笑司馬光的誠實。

四十五、警拾遺不還

羅倫，字應魁，號一峰，明憲宗成化二年狀元，家貧好學，

為人剛正，視富貴名利如浮雲。以孝廉赴考，夜宿山東旅館，僕人在庭院拾獲一只金環，沒有告知羅倫。隔兩天，羅倫在路途中得知，要求僕人歸還金環，僕人擔心誤了考期，羅倫說：「金環必是主人不慎遺失。」果然，主人以為婢女偷竊，鞭打婢女，流血不止。羅倫歸還金環，主人感激，親友無不稱讚羅倫誠實不欺。

四十六、警持籌

石崇（西元 249～300 年）字季倫，西晉著名官吏、盜匪，為人殘暴好殺。生活奢侈，飲食山珍海味，豪宅「金谷園」宏偉華麗，妻妾數百，珍寶無數，伎女綠珠美艷動人，孫秀獨掌大權後，垂涎綠珠而不得，懷恨在心，後遭孫秀所陷，遭誅殺，石崇感嘆：懷寶取禍。

四十七、警田宅方圓

有人想幫范仲淹買下「綠野堂」名宅，范不肯，他說：「綠野堂原是唐・裴度所有，裴度是可尊敬的人，不忍擁有古厝，心所不安。」

四十八、警嫁娶侈靡

范純仁，字堯夫，范仲淹次子，以「責人之心責己，恕己之心恕人。」為學之道。娶媳婦時，聽說媳婦娘家以羅綺細綾（華貴絲綢）為結婚禮車的帳幕，純仁不悅，說：「吾家樸素生活，敢用羅綺為車帳，當庭燒毀。」

四十九、警誅求親故

北宋胡安國，福建人，家甚貧，但從不說家境貧窮，並告誡子女：「對人說自己窮，是否有求於人？你們謹記。」

五十、警窮追遠年債負

隋代李士謙，家境富裕，生活節儉，樂善好施。借給鄉人稻穀甚多，新穀欠收。士謙召集債務人，燒毀借據，說：「你們不必還了。」隔年豐收，債務人爭相償還，士謙不接受。鄉人說：「你多積陰德。」士謙說：「你們都知道的事，就不是陰德，我沒有積陰德。」

五十一、警違例取息

唐・劉伯芻，字素芝，累官刑部侍郎左散騎常侍，住家邑，巷口有人賣餅，唱歌解悶。伯芻知道賣餅的人貧窮可憐，給他一萬錢。之後，不再聽到歌聲，問他何故？賣餅的人說：「現在本錢夠了，盈利也多了，無暇唱歌了。」

五十二、警謀風水

東漢吳雄，字季高，事親至孝，母喪，家境貧窮，不看風水，不看時辰，喪事簡單。風水先生直言吳雄會有滅族的大禍。之後，吳雄位至司徒，子孫三代都是廷尉。

五十三、警有恩不報

《史記》卷八十六〈刺客列傳〉記載：豫讓是春秋晉國人，深得智伯禮遇與重用。之後，趙襄子滅智伯，豫讓身上塗漆，吞食木炭，使聲音沙啞，多次謀刺趙襄子，沒有成功，自刎死，他說：「士為知己者死」報答智伯的知遇之恩。

五十四、警拒人乞貸

阮裕，字思曠，東晉人，官至侍中。曾有一輛好車，欲借者皆可借，有人葬母，想借不敢開口，阮裕聽到，感嘆說：「為什麼我有車而使人不敢借？」遂將車燒毀。

五十五、警事不行方便

朱軌家貧，在鄉里以教書為業，年終得到束脩，回家途中，遇上農民因欠稅被官方拘捕。朱軌憐憫農民，以全部束脩代繳稅金，該農民得以釋放。

五十六、警橫逆相報

薛蕙，字采君，號西原，明正德九年進士，他說：「受辱一事，最難忍耐，自古多少豪傑自覺受辱，有所反抗而失敗。個人如果自覺受辱，要明白是受誰侮辱？如果是小人侮辱我，正直在我，何必與小人計較；如果是君子羞辱我，自己理虧，如何生氣呢？」

五十七、警宿怨

北宋大臣韓琦，不與人結怨，心中沒有宿怨，說到小人忘恩負義時，語氣平和，沒有怨恨。

五十八、警武斷鄉曲

王烈，字彥方，東漢末年北方名士，人品端正，在鄉里興辦學校，教育人民，行善遠惡。有人偷牛，被牛主人逮到，偷牛賊說：「甘願受刑，請不要讓王烈知道。」王烈知道後，送偷牛賊一匹布，鄉人不解其意，王烈說：「偷牛賊怕我知道他的過錯，是有羞恥心，善心仍在，送布給他，以為勸善。」之後，有人在路上遺失寶劍，傍晚回來尋找，看見有人持劍在路邊守候，就是從前的偷牛賊。偷牛賊受王烈感化，已經改過遷善。

五十九、警設誓

祖逖是東晉初期著名的北伐將領，字士稚，性格豁達，「聞雞起舞」，北伐成功，一度收復黃河以南土地，他「中流擊楫」，慷慨壯烈，誓言：「如果不能掃平中原，如江水一去不返。」

六十、警咒詛（罵詈）

漢成帝原本寵幸班倢伃，她貌美有德，後因趙飛燕姊妹入宮而失寵。窈窕秀美的趙飛燕深得成帝寵愛，使成帝廢許皇后，立

趙飛燕為皇后。趙飛燕在成帝面前詛咒班倢伃，倢伃得知後說：「如果鬼神有知，不受邪佞的讒言；如果鬼神無知，詛咒何用？」

六十一、警習市語

宗周認為粗俗的話，近於市場的吵雜叫賣；說悄悄話，近於娼妓的言語；開玩笑的話，近於演戲的台詞。學者有此習慣，不僅有損人格，也難趨吉避凶。

六十二、警稱綽號

《韓詩外傳》卷七說：「人之利口贍詞者，人畏之。」因此，君子要避開三端：避開文人的筆鋒，避開武夫的刀鋒，避開善辯者的獰牙利嘴。

六十三、警造歌謠

明儒薛瑄，字德溫，號敬軒，諡文清，平生兢兢檢點言行，他認為隨意戲謔開玩笑，最害正事，即使說笑，別人也會相信，之後誠實坦白，別人已經不相信了。

六十四、警傳流言

《抱朴子》卷十九說：「諺曰：書三寫，魚成魯，虛成虎。」文字寫了三遍，魚寫成魯，虛寫成虎。比喻流言不實，傷人不淺。

六十五、警稱人惡

馬援，字文淵，東漢光武帝時，官拜伏波將軍，封新息侯，著有《誡兄子嚴、敦書》，其中名句「畫虎不成反類狗（犬）」流傳至今。馬援侄子馬嚴、馬敦，喜歡譏笑、議論人的過失。馬援在交趾（今越南北部），寫信勸誡說：「你們聽到別人的過失，如同聽到父母的名字，只可聽聞，不可說出。喜歡評論別人的是非，妄自論斷他人的得失功過，我認為是很大的罪過，不希望子孫有此言行。」

六十六、警暴人陰事

北宋大臣韓琦，待人寬厚，任宰相時，凡見文書中有揭發某人不為人知的過惡，他親手封存，不使他人看見。

六十七、警面訐

宋末抗蒙英雄陳瓏，字瑩中，號了翁，諡忠肅，《宋史》卷345 有傳。性情謙和，與人議論，取人優點，雖見其過，未嘗當面指責，僅示意而已，人多有愧，省過而改。

六十八、警譏議前輩

程伊川每次見人評論前輩的缺點與過失，就說：「我們應該吸取前輩的優點，不要批評前輩的缺失。」

六十九、警　訟

朱子每見門人與人辯論是非時，責備說：「這是私欲氣盛，使人昏蔽不明而忘義理，好爭、好訟，會有怨恨仇敵。」

七十、警終訟

范仲淹為開封尹時，作〈百官圖〉，譏諷宰相呂夷簡不能選賢，引起呂夷簡不悅。（夷簡字坦夫，曾任宰相，主持中書省二十年。）不久，西夏開國皇帝元昊，侵犯邊境，夷簡仍派范仲淹經略西方邊境，仲淹也樂於接受，不因被貶為饒州令而有怨，世人稱讚兩人化解不悅的怨恨，公而無私。

七十一、警主訟

唐朝有名孝子王漸，著《孝經義》五十卷，推廣孝道，凡鄉里子弟有爭鬥訴訟者，王漸登門，以孝道曉以大義，爭訟子弟慚愧感謝。

七十二、警失盜窮治

「樑上君子」意指竊賊，源自《後漢書‧陳寔傳》，陳寔是東漢官員、學者，字仲弓。有一年，歲荒民窮，有盜賊夜晚潛入陳寔家，躲在樑上，陳寔看見，呼喚子孫，訓勉說：「年輕人不可不自強、不自勉勵，不善的人本性未必邪惡，只是習慣成自然，逐

漸養成惡習，可以稱為『樑上君子』。」盜賊害怕，向陳實自首，承認錯誤。

七十三、警捐棄故舊

　　王庭禮與陸某人是好友，陸某家貧，向人借錢五十券，借據寫王庭禮的姓名。不久，債主要求王庭禮還錢，庭禮知道是陸某所借，以太太的耳環珠寶償還，不讓家人知道。

七十四、警疏九族

　　北宋大臣范仲淹，字希文，官至「參知政事」（副宰相），憂國憂民，他說：「先天下之憂而憂，後天下之樂而樂。」輕財好施，悉心照顧范氏家族的人。富貴以後，在姑蘇郊外，買田數百畝，建造「義莊」，讓貧窮的族人居住與耕種。他訓勉子弟說：「以范家祖先而言，族人都是子孫，應該妥當照顧。祖先積德百餘年，我得到的福報最多，如果不體恤宗族，以後如何見祖先？又如何進家廟？」

七十五、警薄三黨

　　范仲淹父親早逝，母親改嫁朱氏，范仲淹在朱家成長。范仲淹富貴以後，對待同母異父兄弟如同手足，不分彼此。

七十六、警欺鄉里

　　徐孝祥住江蘇吳江，隱居好學，粗茶淡飯，布衣生活。有一天，在後花園散步，看見一樹下淺埋一石甕，打開一看，都是白金，徐孝祥一毫未取。過了三十幾年，荒年歉收，民不聊生，孝祥每天取出白金數錠，購買糧食，救濟貧窮無數，白金全數救人，女兒出嫁，僅以粗布為嫁妝。

七十七、警侮鄰右

　　曹州于令儀，市井百姓，家境富有，性情敦厚。有一夜晚，盜賊侵入，被捕，是鄰居之子。令儀說：「你平生無大過，何苦為盜賊？」因經濟困難，令儀給盜賊一萬錢。盜賊感謝慚愧，誠心改過，成為良民。

七十八、警慢流寓

　　韓信懷才不遇時，流浪江湖，生活貧困，一洗衣婦女時常接濟他，給他食物，史稱「漂母進飯」。韓信對漂母說：「以後報答妳。」漂母說：「只是憐憫你，不望回報。」之後，韓信被封為楚王後，回到淮陰，送給漂母一千兩黃金，以為報恩。

七十九、警虐使僮僕

　　漢代的劉寬，字文饒，官至光祿勳，封侯。為人仁厚寬恕，

涵養深厚，性情溫和。有一次，客人來訪，劉寬叫僕人去買酒，
許久僕人大醉返家，客人不悅，責罵僕人畜生，劉寬認為客人罵
得太重，害怕僕人自殺，安慰僕人。

八十、警欺陵寒賤

明代魯鐸，字振之，官至南京祭酒。當舉人時，有一次遠行
遇上大雪，投宿旅館，憐憫馬夫衣被不暖，與馬夫同睡一床，他
認為人人都是父母所生，皆應憐惜。

八十一、警擠無告

羅倫，字彝正，號一峰，明成化二年狀元。在路上，看見餓
死的人，就脫下衣服覆蓋屍體；遇到乞丐，慷慨解囊。

八十二、警遇死喪不恤

范雲，字彥龍，南朝梁國文學家，自幼與王昳友好。後來，
范雲新居落成，剛搬完家，王昳死於官方宿舍，范雲在新家東廂，
辦理王昳喪禮，難能可貴。

八十三、警見骼不掩

明代李昆，字承裕，官至兵部侍郎。在甘肅為官時，視察監
獄，見牆邊一堆白骨，是很久以前的遺骸，李昆認為死已償罪，
豈可暴露遺骸？遂在城外作新墓掩埋之。

八十四、警特殺

宋真宗在汾陰祭祀地神時，在走道見一母羊，問左右，左右說：「今日膳食，殺小羊。」真宗不樂，從此不殺小羊。

八十五、警食耕牛野禽

田子方，名無擇，子貢學生，道德學問聞名諸侯，初事魏文侯，後任齊相國，齊國大治。他在路上，見一老馬，得知是賣給人的家畜。感嘆說：「牛、馬終生辛勞，老了再被宰殺，於心不忍。」遂買下老馬，畜養終老。

值得注意的是，台南柳營設有「老牛之家」安養中心，收養年老耕牛。又有人不吃牛肉，認為耕牛為人辛勞，不忍吃牛肉。

八十六、警殺起蟄

北宋初期大將曹彬，字國華，嚴於治軍，以不濫殺著稱。一日，住家牆壁損壞，子弟請予修繕，曹彬認為正值寒冬，牆壁瓦石之間，有許多昆蟲冬眠，不忍傷害，暫時不要修葺。

八十七、警無故拔一草折一木

司馬光告誡僕人說：「庭院草木太長，妨礙行走，剪短些，其他任其自然生長，生機活潑。」猶如周茂叔窗前草不除，說：「與自家生意一般。」程明道也是窗前茂草不除，欲常見造化生意。

八十八、警暴殄天物

南宋張子韶，戒殺生，楊龜山門人高抑崇，喜歡吃蟹。龜山認為聖人未嘗戒殺，例如周公平定五十個國家，行仁道。朱子也認為上古聖人飲食不外禽獸的肉，只是君子遠庖廚，培養仁愛之心，不暴殄天物，不浪費自然資源，更不浪費食物而已，沒有戒殺生。

八十九、警瀆神社

朱子說：祭祀燒紙錢，起於唐玄宗時的王璵。「紙錢」是「明器」，「明器」是沒有實用的陪葬物，孔子贊同送死者「明器」，又如漢代祭河，用木製的御龍、御馬，也是一種「明器」。

九十、警訶風怨雨

明儒薛瑄說：「一念之善，景星慶雲（祥瑞的徵兆）；一念之惡，烈風疾雨（不祥的徵兆）。」

九十一、警棄毀文字

司馬光的書房，有一萬多卷的書，數十年的閱讀，完好如初，嘗告誡子弟，要珍惜愛護書籍，小心翻閱，不可污損聖賢經典。

九十二、警雌黃經傳

陸九淵曾說：「顏子（顏回）悟道，後於仲弓（孔子弟子，以德行著稱。）」又說：「《周易・繫辭傳》決非孔子所作。」又說：「孟子對告子（嘗學於孟子，主張『食色，性也。』、『性無善無不善』、『性可以為善，可以為不善。』、『有性善、有性不善。』）也無可奈何。」朱子對陸九淵的看法，不以為然。

九十三、警讀書無序

朱子說：從前，陳烈先生以記性不好為苦，有一天，讀到孟子說：「學問之道無他，求其放心而已矣。」陳烈恍然大悟說：「我沒有收心，讀書不專心，如何能記得？」他一人獨處，靜坐收心，一個多月以後，讀書過目不忘。

九十四、警作字潦草

程明道先生寫字相當敬慎，他說：「寫字不是要字體好看，寫字只是做學問的工夫。」

九十五、警輕刻詩文

朱子認為以簡單平淡數句作一首詩，疏解心懷，也無妨。如果是堆積文字，長篇詩作，便是陷溺詞章。

九十六、警近方士

有人講行氣導引養生術，問程明道是否也有養生術？明道說：「我節制嗜欲，平定心氣，適應季節，飲食規律，如此而已。」行氣導引是道家的養生術，儒家注重養心、養德、養性，而非養體。

九十七、警禱賽

東晉劉惔，字真長，官至丹楊令。臨終時，聽見門外有鑼鼓聲，告誡子弟說：「不必為我淫祀祭神祈福！」

九十八、警主創菴院

唐代名臣狄仁傑，任武周時宰相，巡撫江南時，禁毀「淫祠」一千七百多間祠廟，僅存夏禹、吳泰伯、季札、伍子胥四個祠廟。值得注意的是，《禮記・曲禮下》說：「非其所祭而祭之，名曰淫祀，淫祀無福。」「淫祠」意指非官方祀典所認可的祠廟，多由民間自行設立，有惑民詐財之嫌。

九十九、警拜僧道

韓愈上書〈諫迎佛骨表〉，忤怒唐憲宗，貶到潮州，與當地禪宗大顛和尚（法號寶通）友好，引人側目，韓愈作〈移孟簡書〉表白說：傳說韓愈近信佛教，是虛妄之言，兩人思想不盡相合，只是大顛難得之輩，有所往來而已。

一百、警假道學

　　王陽明先生晚年居家時，誹謗譏諷四起，門人認為陽明功高遭忌，或以為陽明學說不合當局主流。陽明認為自己從前仍有鄉愿心態，現在只信「良知」二字，沒有遮掩，是個狂者。當時徐愛在坐，說：「知道良知，方知聖賢真血脈。」《論語・陽貨》：「鄉愿，德之賊。」鄉愿是昧於是非，討好他人，媚世之人。《論語・子路》：「狂者進取，狷者有所不為。」狂者是勇於進取，志向遠大，有所必為，標舉理想典範的人。

　　以上簡述百行叢過及其改過典範，宗周認為百行百事，其實只是一事，要點只在慎獨。

第六節　作聖篇

　　「作聖篇」相應「遷善改過以作聖」《尚書・多方》云：「惟聖，罔念作狂；惟狂，克念作聖。」即使聖人，無念於善，則為狂者；即使狂者，能念於善，則為聖人。只要心生妄念，聖人成為狂者；狂者只要克制妄念，可以成為聖人。因此，王陽明強調「謹於一念」，一念之正否，只在頃刻之間，如果一念不正，頃刻知道，立即改正。正念即是善念，妄念即是惡念，改過遷善，只在一念之善。擇要簡述〈作聖篇〉的改過典範如下：

一、曾子臨終易簀

　　據《禮記・檀弓上》記述：曾子病危時，他的弟子樂正子春及兩個兒子曾元、曾申在旁服侍。一位童子在房間角落，說：「好亮麗的席子，那是大夫用的吧！」曾子嘆一口氣，說：「是的，那是魯國大夫送我的，曾元，你把席子換掉。」曾元說：「您的病情危急，暫時不要移動，明天早上再更換。」曾子說：「你愛我的心比不上這位童子，我現在無所求，只希望死得合禮。」於是，他們抬起曾子，更換席子，還來不及放得安穩，曾子就往生了。

　　曾子認為魯國大夫送的華麗席子，不適合他現在的身分，他睡在華麗的席子上不合禮，這是他的過錯，臨終時仍要改過，這是曾子平日反省改過的結果。宗周認為曾子「臨終易簀」是千古改過榜樣，曾子已至聖人地位。

二、王韶多殺伐，晚年悔之，不自安

　　王韶，字子純，北宋名將，富於韜略，曾收復被吐蕃侵佔二十萬平方公里故土，官至樞密院使。晚年後悔征戰多殺伐。嘗遊金山寺，以因果報應問眾僧，僧人說：「以王法殺人，如車輪壓死蟲蟻，自是無心。」王韶仍然存疑。某日，與前輩刁約（字景純，宋天聖年間進士，與歐陽修、富彥國聲譽相當。）逢於金山寺，王韶問刁約以王法殺人之果報如何？刁約說：「只要心安即無妨。」王韶心更不安，幾年後，背部長很多腫瘡，異常疼痛而死。宗周認為王韶後悔多殺伐，心有不安，便是聖人真種子，可以悔改已過。

　　另據宋人魏泰撰寫《東軒筆錄》卷十五：王韶在熙河，多殺

伐，晚年學佛，事長老祖心。一日問祖心：「未信佛前，罪孽業障眾多，現今信佛，罪孽業障是否消除？」祖心說：「有人以前貧窮而負債，現在富貴而遇見債主，欠債要償還嗎？」王韶說：「必還清債。」祖心說：「雖然現在信佛，奈何債主不放棄債務。」王韶內心不悅，不久，發病生疽而死。

三、陽明五溺，終歸聖賢之學

據湛若水作〈陽明先生墓誌銘〉說：「陽明先生初溺於任俠之習，再溺於騎射之習，三溺於詞章之習，四溺於神仙之習，五溺於佛氏之習，正德丙寅，始歸正於聖賢之學。」另據〈年譜〉記載：陽明少年時，即有經略四方的大志，十七歲奉命結婚，婚後與夫人拜訪理學家婁諒（字克貞，號一齋，為學以主敬、窮理為主，以收放心為居敬之門。），教勉陽明「聖人必可學而至」，雙方頗契合，從此仰慕聖賢之道，舉止端坐寡言。師友王冕不信，陽明嚴肅地說：「吾昔放逸，今已知過而改。」可知，陽明勇於改過。

三十七歲，龍場悟道，深信聖人之道，吾性自足，向外求理於事物者，誤也。因此，提出〈教條示龍場諸生〉，以立志、勤學、改過、責善四事相規勸。

（一）立　志

陽明強調立志的重要，不立志，將隨俗習染，苟且偷生，茫然不知所向，猶如無舵的船，不知漂泊何方？無銜的馬，不知奔走何處？他說：「志不立，天下無可成之事……故立志而聖，則聖矣。」務必要立個成為聖人的心志，世俗功名將不足以累其心。

（二）勤　學

門人問：讀書記不得，怎麼辦？陽明回答說：「只要曉得，如何要記得？」他強調「學貴自得」。所謂勤學，是勤於聖人之學，不是知識技能的學習，勤於去人欲存天理，去人欲存天理纔是真正的為學工夫。「去人欲」是去人欲的迷妄，例如：見利忘義、臨難苟免、見色思淫等等；「存天理」是存養本心而不迷失，使本心時常為一身之主，使心純乎天理而無人欲之蔽。

（三）改　過

陽明認為聖賢難免有過，但不害為聖賢，因為聖賢能改過[2]，所以，他說：「不貴於無過，而貴於能改過……但能一旦脫然洗滌舊染，雖昔為寇盜，今日不害為君子矣。」所謂改過，是內省克己，革除過去寡廉鮮恥、薄於孝友、狡詐刻薄、不忠不誠等等的習染。因此，陽明說：「改過為聖賢之學。」[3]

（四）責　善

責善是朋友相處之道，陽明強調「凡攻我之失者，皆我師也。」朋友以善相規勸，責善的方法是「須忠告而善道之，悉其忠愛，致其婉曲，使彼聞之而可從，繹之而可改，有所感而無所怒，乃

2　陽明說：「人皆曰：『人非堯舜，安能無過？』此亦相沿之說，未足以知堯舜之心。若堯舜之心而自以為無過，即非所以為聖人矣。」（《王文成全書》卷四〈寄諸弟〉）朱熹以為聖人沒有過失，陽明認為堯舜、孔子難免有過失，如果堯舜、孔子自以為無過，就不是聖人。人不求無過，貴於能改過。

3　《王文成全書》卷二十一〈答徐成之〉（二），〈寄諸弟〉說：「本心之明，皎如白日，無有有過而不自知者，但患不能改耳。一念改過，當時即得本心。」聖賢能得本心之明是知過、改過的成果。

為善耳。」朋友責善，不可以惡意批評，揭發朋友隱私，沽名釣譽的心態；必須出於忠愛，婉約善導，有同理心，使對方可以接受意見，樂於改正，有所感悟而不生氣，否則，不免激怒對方，惱羞成怒，產生憤恨之心而為惡，如何責善？

總之，陽明五溺而歸聖賢之學，即是他的改過之道。

四、上蔡去矜，切問近思

據《宋元學案》卷 24〈上蔡學案〉記載：謝良佐，字顯達，學者稱上蔡先生，程顥門人，為學主張「敬是常惺惺法」。「常惺惺」是宋明儒者修養工夫，上蔡認為敬能使心志常保清明，不昏昧。

謝上蔡 29 歲時，拜時任知縣的程顥為師，將他安置在一個小屋居住，小屋簡陋，時值寒冬，上蔡夜晚沒有燭火照明，白晝沒有炭火取暖，又吃不飽飯，但他並不以為苦，在艱困環境中勤學一個多月，大有所得。

他嚴以自律，反求諸己，以禮克己，認為要克己改過，必須從自己性情中最難克制的地方徹底克服，反省改過的最大障礙是「矜」，剛愎自用，驕傲自大，自尊自負，自以為賢能。上蔡的改過工夫，就是「去矜」，「良佐去矜」成為千古佳話，是改過的典範。

五、南大吉以慎獨改過為致知工夫

據《明儒學案》卷 29：陽明門人南大吉，字元善，號瑞泉，累官紹興府知府等職。為學以致良知為宗旨，以慎獨改過為致知工夫。大吉時常反省為政的過失，對陽明說：「大吉為政多過失，先生為何無一言指點？」陽明說：「有何過失？」大吉詳述其過，

陽明說：「我已經說了。」大吉說：「先生沒有說呀！」陽明說：「我沒說，你如何知道為政的過失？」大吉說：「良知自知。」陽明說：「良知確實人人本具，良知知是知非。」大吉拜謝而去。隔數日，又以為多過，對陽明說：「與其犯過悔改，不如先生預先指點，以後比較不會犯過。」陽明說：「別人指點，不如自己真切悔過。」大吉感悟而去，又數日，大吉對陽明說：「身過可免，難免仍有心過。」陽明說：「昔鏡未開，可以藏垢，今鏡明矣，一塵之落，自難住腳，此至入聖之機也，勉之。」陽明以明鏡比喻良知，良知蔽於習染，藏污納垢，不知有過，如果良知清明，知過、知改、致良知就是改過之道，也是入聖、成聖的契機。因此，南大吉以慎獨改過為致知工夫。

六、王艮知過，勇於改過

王艮（西元 1483～1541 年），原名王銀，字汝止，號心齋，陽明門人，泰州學派創始人。在王門之中，十分特別，個性高傲，他不僅思想獨特，時常與陽明爭論，言行也十分獨特。未見陽明前，他依《禮經》制作五常冠、深衣、大帶、笏板，時常穿戴古衣冠，時人以為奇裝異服[4]。38 歲時，他穿著一身古服，求見陽明，陽明對他冷淡，入門三天不與他見面，心齋趁陽明送客出門時，長跪石階下，說：「我知過了！」陽明不理他，他尾隨入廳，跪著大聲說：「仲尼對人的指責也不會太過分。」陽明扶他起來，門人欽佩心齋勇於改過。

心齋勇於改過，《心齋語錄上》說：「若說己無過，斯過矣；

---

4 兩年後，王艮又自制蒲輪（用蒲草包裹輪子，轉動時震動較小，古代常用於封禪或迎接賢士，以示禮敬。），俗稱招搖車，在路上行駛，比較招搖。

若說人有過，斯亦過矣。君子則不然，攻己過，無攻人之過，若有同於己者，忠告善導之可也。」

黃宗羲認為「自然」、「樂學」是心齋的思想特色。簡言之，泰州學派的核心思想是：百姓日用即道；知之為知之，不知為不知，是天德良知也。

心齋的樂學精神，源自於孔子的悅樂精神與快樂學習的心境，他有一首著名的〈樂學歌〉，最能詮釋與融會貫通孔子的快樂學習與王陽明的良知之樂，他認為人心本來快樂，只因私欲習染而不樂，只要消除私欲的蒙蔽，勇於改過，良知朗現，清明自覺，人心依舊快樂，快樂學習，學習快樂，臻於孔子的悅樂境界。他說：

> 人心本自樂，自將私欲縛，私欲一萌時，良知還自覺，一覺便消除，人心依舊樂，樂是樂此學，學是學此樂，不樂不是學，不學不是樂，樂便然後學，學便然後樂。嗚呼！天下之樂，何如此學，天下之學，何如此樂。（《明儒學案·泰州學案》）

易言之，勇於改過，清除私欲的束縛，良知朗朗，是樂學的最高境界。

七、錢一本善於補過

錢一本（西元 1539～1610 年），字國瑞，號啟新，萬曆十一年進士，曾任廬陵知縣，東林八君子之一。他強調「人言知過、悔過尚是虛事，須是補過。補得一分方改得一分，補得二分方改得二分。」

「補過」源自《左傳》的退思補過與《周易》的「無咎，善補過。」《左傳》卷十二〈宣公十二年〉記述：荀林父因打敗戰，

請求死罪，晉景公想要同意之際，士貞子（士渥濁）忠諫說：「林父之事君，進思盡忠，退思補過，社稷之衛也，若之何殺之。」士貞子強調荀林父盡忠事君，退朝時常思補救過失，他是國家的棟樑，為什麼要殺害忠臣？晉景公接受士貞子的忠諫，赦免荀林父。

《周易‧繫辭上傳第三章》說：「吉凶者，言乎其得失也；悔吝者，言乎其小疵也；無咎者，善補過也。」吉凶是吉祥或災禍，表示成功（得）或失敗（失）的結果；悔吝是說明有小過失，表示憂心顧慮的情形；無咎是要人善於補救過失，改過遷善的意思。雖有小過失，只要改過自新，勤於補過，就不會釀成大禍，即可無咎了。

以上簡述《人譜雜記》的大要，晚明社會流傳各種勸善書，一般勸善書主張行多少善，有多少功，得多少福報，為勸善的誘因，而且功過可以折抵。例如袁黃為了求子的心願，誓行三千件善事；易言之，如果沒有求子的心願，是否就可以不行善？又為了想要中進士，許下行一萬件善事，祈求天地鬼神的賜福，這種求神的行為，無異是一種「淫祀」；易言之，如果不想考取進士，是否就可以不行善？或不遵守社會規範？

宗周痛心這種近似買賣交易的「淫祀」行為，更反對以功抵過。如果可以功過折抵，一生可以不必改過，如此，過惡依然存在，不斷積過，必成大惡，如何改過遷善？如何修養道德人格？因此，臨終前仍然念茲在茲，發揚儒學，駁斥異端，並且提出古聖先賢的改過事蹟，樹立道德人格的典範，證成人之所以為人的本質。這種證人思想，與他的道德生命相結合，最後，以身證道，臻於聖人之境。

第五章 《七克》信主改過之法

前 言

一、生 平

　　《七克》的作者是龐迪我，1571 年 4 月 24 日，龐迪我生於西班牙，原名 Didacues de pantojfa（或 P. Did, de pantoja），18 歲時加入耶穌會，1599 年到廣州，1601 年 3 月獲得「觀見」神宗皇帝的殊榮，萬曆准予龐迪我和利瑪竇在北京居住，並給予生活津貼，兩人開始進行「迎合儒學」、「補儒」、「超儒」的任務。1603年前往保定地區傳教，1610 年 5 月利瑪竇病逝，龐迪我任北京會院代理監督，並向萬曆皇帝上疏，申請利瑪竇墓地並獲准，1614年《七克》付梓，徐光啟曾為之筆削（修飭潤色增刪），並撰〈克罪七德箴贊〉。

　　值得注意的是，梁家勉著《徐光啟年譜》1604 年（萬曆 32年甲辰）條云：「此頃，西洋人龐迪我撰《七克》，公為之筆削，並撰〈克罪七德箴贊〉[1]」《四庫全書總目》也說《七克》成于萬

---

1 〈七罪七德箴贊〉云：「凡遏橫流，務塞其源。凡除蔓草，務鋤其根。君子
　式之，用滌其心。人罪萬端。厥宗惟七，七德克之。斯藥斯疾。如訟必勝，

曆甲辰，徐宗澤《明清間耶穌會士譯著提要》52 頁也說《七克》
刻於萬曆甲辰。不過，龐迪我《七克・自序》題為萬曆甲寅，即
1614 年。或許，《七克》成書十年後才刊刻。）

　　1616 年 5 月，爆發「南京教案」，7 月徐光啟上呈〈辨學章疏〉，
闡明「天學」有「補儒易佛」的功用。12 月萬曆下達「禁教令」，
龐迪我等人被驅逐出境，1617 年抵澳門，1618 年 7 月 9 日病逝於
澳門，得年 47 歲。(《明清間耶穌會士譯著提要》卷九〈譯著者傳
略〉云：1618 年 1 月葬香山澳。）

二、著　作

　　龐迪我著有《七克大全》七卷，《人類原始》，《天神魔鬼說》
一卷，《龐子遺銓》二卷，《實義續編》一卷，《辨揭》一卷（1616
年教難時的辯護書，1618 年刻於澳門。），《耶穌苦難禱文》等書。

　　其中，以《七克》影響較為深遠，先後共出刊 11 次，1614
年（萬曆四十二年）初版，1629 年（崇禎二年）收入李之藻輯《天
學初函》，1643 年（崇禎十六年），1778 年（乾隆四十三年）收入
《四庫全書總目》卷 125〈子部・雜家類存目二〉，1798 年（嘉慶
三年），1843 年（道光二十三年），1849 年（道光二十九年），1873
年（同治十二年），1910 年（宣統二年），1922 年（民國十一年）
在上海重印。

　　1965 年（民國五十四年）臺灣學生書局出版《天學初函》此
外，1857 年（咸豐七年）出版《七克真訓》，有顧方濟的序，顧
方濟於 1856 年見《七克真訓》，已是一個刻本，顧主教再加以校

如戰必捷。有佑自天，勿諉勿怯。七克既消，萬端並滅。」可知，徐光啟閱
讀過《七克》，而且修飾潤色之，又有「箋贊」讚美之詞。

訂,隔年出版;1962 年(民國五十一年)臺灣光啓社重印《七克真訓》。比較而言,《七克》文言撰寫,較難理解,《七克真訓》白話易懂,兩書的內容大同小異,只是,不知《七克真訓》的編著者是誰?雖然,署名龐迪我。

三、士人的序

《七克》一書有楊廷筠、曹于汴、鄭以偉、陳亮采等人的序,熊明遇的引。楊廷筠〈序〉云:「欽崇天主即吾儒昭事上帝也,愛人如己即吾儒民吾同胞也。」「昭事上帝」出自《詩經‧大雅‧大明》:「昭事上帝,聿懷多福。」意指周文王勤於侍奉(祭祀)上帝,得到天賜的百福萬祥。「民胞物與」,源自張載《西銘》:「民吾同胞,物吾與也。」人人都是同胞骨肉,以手足之情對待全體人類,以關照朋友的情誼對待萬物。《西銘》發揮孟子「親親而仁民,仁民而愛物。」的仁愛胸懷。

不過,必須分辨的是,《詩經》的上帝與耶教的天主(God)有本質上的差異,應予辨別。天主是全知全能全善的唯一尊神,創造宇宙萬物及人類;《詩經》的上帝沒有創造人類及宇宙萬物,並非全知全能全善的唯一尊神。此外,儒家的「民胞物與」應是有差等的推恩擴充之愛;耶教的「愛人如己」比較近似墨家的天志兼愛,是沒有差等的博愛。

鄭以偉的〈序〉認為《七克》「用於世教,不無大補也。」意指《七克》有益於世俗教化,值得肯定教化人心的功用。熊明遇的〈引〉說:「《七克》一書,順陽所著,大抵遏欲存理,歸本事天,澹而不浮,質而不俚,華而不穢……不意西方之士,亦我素王功臣也。」「順陽」即龐迪我的字,「遏欲存理」近似宋明儒的

「遏人欲，存天理。」「西方之士」即龐迪我，無異儒生，龐迪我如同宋明儒者，成了孔子之教的功臣。

陳亮采的〈序〉說：「其書精實切近，多吾儒所雅稱，至其語語字字刺骨透心，則儒門鼓吹也……則儒門羽翼也……故四勿也，七克也，其義一也。」陳亮采認為《七克》所言，多儒家所雅言[2]。尤其所謂「七克」（謙讓以克驕傲，仁愛人以克嫉妒，捨財以克慳悋，含忍以克忿怒，淡泊以克飲食迷，絕欲以克色迷，勤於天主之事以克懈惰於善。）與克己復禮，非禮勿視、聽、言、動（《論語・顏淵》的意義相似，龐迪是儒門輔佐之人，《七克》是儒門輔佐之書。

曹于汴的〈序〉認為驕傲、嫉妒、慳悋、忿怒、迷飲食、迷色、懈惰於善等七者，是人情的流弊，稱為七罪，遵循天命之性以克七罪，是中西（儒、耶）相同的克己工夫，自化其情，自盡天命之性，遵循上帝之命，則知天矣，知天之人，纖細私欲一一俱絕。

四、龐迪我歿後，《七克》仍受重視

《七克》一書，在龐迪我歿後，仍然受到重視，例如崇禎十四年（1641）山西舉人韓霖所著《鐸書・毋作非為》即推崇《七克》：「克七罪有七德；傲如猛獅，以謙伏之；妒如濤起，以恕平之；慳如握固，以惠解之；忿如火熾，以忍息之；迷飲食如壑受，以節塞之；迷色慾如水溢，以貞防之；怠如駑疲，以勤策之。有《七克》一書，其中微言奧義，即未深領其旨者，皆喜讀其書焉。」

---

2 「雅言」出自《論語・述而》：「子所雅言：詩、書、執禮、皆雅言也。」意指通行常用的語言或稱「官話」，如現今所說的國語。

顯然，韓霖喜愛閱讀《七克》，推崇《七克》精深切要的義理。

乾隆四十三年（1778）敕修《四庫全書》，《七克》收入〈子部雜家類存目二〉，《四庫全書總目卷 125》評說：「其言出於儒墨之間，就所論之一事，言之不為無理，而皆歸本敬事天主以求福，則其謬在宗旨，不在詞說也。」《總目提要》認為如果《七克》不以「敬事天主以求福」為宗旨，七德克七罪之說，不無道理。不過，對於守貞不婚，人類將滅的質問，龐迪我答說天主必有辦法，我們不必擔心。這種說法已是巧辯搪塞、詞窮理屈、故意閃躲的遁詞[3]。

民國初年，英斂之先生（大公報創辦人、輔仁大學前身輔仁社創辦人）自號萬松野人，作《萬松野人言善錄・再論入手工夫》說：「野人細想生平所見的各書，以修德改過當作性命交關的，莫過於《七克》一種……推論人性下份的私欲七罪……復推論人性上份的彝良七德……既痛言七罪之醜惡，復盛陳七德之美好。以七德克七罪，故曰《七克》。當時的士大夫贊為語語刺骨，字字透心，其痛切也可想見了……後人有將此書演為白話的，其間略加增減，與原書大同小異，名之曰《七克真訓》。人果能平心靜氣的一讀，真是驚心動魄，神味無窮。」

英斂之認為《七克》是改過遷善、修養道德最好的勸善書，人性私欲有七罪，人的良善之性有七德，以七德克治七罪，名為《七克》，字字中肯痛切，深得士大夫的贊同。後人改寫為白話文，內容略有增刪，名為《七克真訓》。值得平心靜氣的詳閱，對改過修德大有助益。

---

3 《孟子・公孫丑上》云：「遁詞知其所窮。」說話閃爍支吾，知道說話者窮於應對。

五、士人的批判

雖然，少數士大夫對《七克》的評價頗高，認為與周孔儒教（儒學之教化）頗多契合[4]，耶教可以合儒補儒，如龐迪我之友彭端吾讚美《七克》為：「洗心之聖水，對症之要方。」[5]。

不過，在「南京教案」後，也有批評的聲浪，許大受批判說：「彼之為教，亦無非導人為善耳，人莫過於無君臣、父子、夫婦。故大處一不善，小處之善，惄不蓋也。有意為善，雖善也私……彼籍《七克》，首貴克傲，又〈曲禮〉『傲不可長』一句，足以盡之。」[6]。

許大受認為耶教雖然勸人為善，不過，行善為了一己之私，為了上天堂而行善，是有意為善，也是一種私慾的罪過，《禮記・曲禮上》所謂「傲不可長」，不可起傲慢之心，足以涵蓋《七克》首章〈伏傲〉的內涵。可知，許大受對《七克》持否定的態度。

黃問道在《明朝破邪集》卷五〈闢邪解〉中說：「今閱客之書，大率以天主為宗旨，以七克為條件，以悔過邀福為祈禱，以天堂地獄為究竟……祀有等不容越也，今欲人人奉一天主，塑一天像，日月禱其側而乞憐焉，不其邀天褻天僭天瀆天者乎？其所謂七克

---

4 如福建名士李嗣玄與艾儒略相識，艾儒略送他一部《天學初函》，李嗣玄對《七克》的讀後心得頗多感觸，他說：「愛仇奧義，喟然嘆曰：至哉言乎，夫以德報德，報施適足相償，何功之有？必愛仇庶克當主心耳，乃懲忿熄傲。」（《泰西思及艾先生行狀》）又如清初孫柳庭所著《輿地隅說》認為《七克》無異孔門所謂克己復禮。
5 方豪《中國天主教史人物傳》上冊，第 144 頁。
6 許大受在《明朝破邪集》卷四中認為儒家以孝順父母為百行之本，但是，耶教輕父母，傳教士的著作不談一個孝字。不愛父母而愛他人，不敬父母而敬他人，聞所未聞。

者……雖修身之條件，祇克復之粗跡。夫子告顏子之旨，大不如是，以仁為宗，以禮為體，仁存則不仁自退，禮復則非禮自除……大抵或可行於彼土，斷不可行於中國。能惑于愚夫愚婦，不能惑於高明俊哲。」

黃問道認為耶教與儒家大相逕庭，兩者的思想差異極大，不可不辨，雖然有人以為儒耶差異不大，其實是為了傳揚耶教而排佛、斥老、抑儒。耶教為了崇奉天主而主張不必祭祀祖先，認為天地不靈，山川社稷是邪魔，實在有違傳統的祭典。又要對天主神像祈禱乞福，不顧天地山川宗廟，是褻瀆上天，不尊敬天地及祖先，為了一己私利而僥倖求福，企求非分意外之功利或免除災禍，是不當僭越之舉[7]。

雖然，龐迪我所謂七克，看似修身的工夫，卻遠遠不如孔子「克己復禮」非禮勿視、聽、言、動的教化，克治自己的私慾，不放縱一己之私，使言行舉止合於禮節。只要有仁愛之心，則不仁之邪念自退；只要言行有禮有節，非禮之亂行自除，這才是修身的不二之道。或許，耶教可行於西洋，斷不可行於中國。耶教也許可以迷惑愚夫愚婦，斷不能迷惑高明之士。

六、傳教策略：合儒斥佛

值得注意的是，黃問道點出或許有人主張耶教與儒家差異不大，主要目的是為了傳教，例如徐光啓於 1616 年 7 月上書《辨學章疏》，闡述「天學」為「以昭事上帝為宗本，以保救身靈為切要，以忠小慈愛為功夫，以遷善改過為入門，以懺悔滌除為進修，以

---

7 依禮：天子祀天地，諸侯祀封內山川，大夫祀宗廟，士庶人祀祖先，不可僭越。耶教徒只崇奉天主，有僭越之嫌。

升天真福為作善之榮賞，以地獄永殃為作惡之苦報，一切戒訓條規，悉皆天理人情之至。其法能令人為善必真，去惡必盡。」

　　「天學」可以補益王化、左右儒術、救正佛法，有「補儒易佛」的功用。這是耶穌會在中國傳教的「適應」策略：「合儒斥佛」，為了迎合儒學、駁斥佛教，龐迪我的《七克》，儘量使用儒家的術語，傳達基督宗教的教義思想，近似「格義佛教」的情形。

　　所謂「格義佛教」意指佛教東傳中國之初，為了傳教需要，竺法雅、康法朗等人，常引用老子、莊子、《周易》的術語，闡述佛教義理，竹林七賢亦常以老莊思想，詮釋般若的空，這種過渡時期的佛學，稱為「格義佛教」。

　　《七克》不僅大量使用儒家用語，如：君子、小人、仁者、聖賢、仁義、天道、仁、克己、寡欲、格物窮理、聖人、仁愛、恕、天命、私欲、乾坤、天道福善禍淫、作善降之百祥、作不善降之百殃、上帝、哀矜[8]、佞人[9]、悔過遷善等，更將儒、耶兩者視為相同義理，如《七克》卷二說：「愛人者，恕而已。己所不欲，勿施於人，即天主所謂愛人如己是也。」又如以亞里斯多德為西洋格物窮理的學者，更常以天主上帝或上帝稱謂「God」。「上帝」常是《尚書》、《詩經》的用語，例如《尚書・湯誓》說：「夏桀的罪惡多端，上帝命令我（商湯）去討伐他。」又如《詩經・大雅》說：「偉大的上帝，顯赫威嚴，監視天下。」

　　值得注意的是，「愛人如己」和「愛上帝」是基督宗教最重要的兩條誡命，《聖經》常出現「愛人如己」的話，《舊約・利未記》第 19 章第 18 節說：「要愛自己的同胞，像愛自己一樣。」《新約・馬太福音》第 12 章第 31 節說：「沒有其他的誡命，比『愛上帝』

8　《論語・子張》：「如得其情，則哀矜而勿喜。」
9　《論語・衛靈公》：「放鄭聲，遠佞人。」善於諂媚的小人，稱佞人。

和『愛人如己』這兩條更重要了。」《新約‧加拉太書》第 5 章第 14 節說:「全部的律法都綜合在『愛人如己』這條誡命裏面。」

《新約‧羅馬書》第 13 章第 9 節說:「不可姦淫,不可殺人,不可盜竊,不可貪心。這一切以及其他的誡命,都包括在『愛人如己』這一條誡命裏面了。」《新約‧馬太福音》第 19 章第 19 節說:「要孝敬父母,要愛別人像愛自己一親。[10]」《新約‧馬可福音》第 12 章第 33 節說:「要以全部的心志、理智和毅力,愛上帝也要愛別人一樣。遵守這兩條誡命,比你獻祭物重要多了。」

為什麼要「愛人如己」?因為你願意別人怎麼對待你,你也要怎樣對待人[11],這是摩西律法和先知教訓的真義。因此,與人相處,要有同理心,幫助一切有需要幫助的人,更要化敵為友,愛自己的仇敵[12],為那些迫害你的人禱告,這是愛的最高境界,寬恕、原諒仇敵,不要憎恨仇敵。這種愛看似不易,不過,只要虔誠信上帝、愛上帝,謙卑地在上帝面前,只有看見自己的罪過和上帝的愛,就不會仇視敵人。

可知,所謂「愛人如己」,與「己所不欲,勿施於人。」有所差異,不可不辨。易言之,「愛人如己」是基督宗教信仰的誡律;「己所不欲,勿施於人」是儒家人倫道德的自覺。

康熙 36 年（1697）曾至臺灣開採硫磺的郁永河更批評天主教是邪說,他在《裨海記遊》中對《七克》的評論說:「所言雖孝悌慈讓,其實似是而非,又雜載彼國事實,以濟起天主教之邪說。中國人士被惑,多皈其教者。」

---

10 《新約‧馬太福音》第 22 章第 29 節又說:「你要愛別人,像愛自己一樣。」《新約‧雅各書》第 2 章第 8 節說:「你們若遵從聖經上所記『愛人如己』那新國度的誡命,就對了。」
11 見《新約‧馬太福音》第 7 章第 12 節。
12 見《新約‧馬太福音》第 5 章第 44 節。

　　郁永河的批評，正是龐迪我及其他傳教士的適應策略，他們
為了傳教的目的，學中文，穿儒服，遵守當時禮節，看似「儒生」，
自稱「西儒」，與士人往來，推動教會本土化。另一方面，《七克》
批判佛教的因果報應和六道輪迴的謬誤，使讀者歸信天主，臻於
天堂的永年福樂，最終目的是：排佛斥老，貶佛毀道，陽闢佛而
陰貶儒，驅佛補儒，合儒抑儒而超儒。

七、七罪宗

　　綜觀《七克》一書，所謂驕傲、嫉妬、慳悋、忿怒、迷飲食、
迷色、懈惰於善等七罪，源自於天主教的七罪宗（seven deadly
sins），所謂七罪宗，意指早期天主教隱修院根據教宗額我略一世
（約540～604年）的分類法所規定的七種重大罪過，即：貪圖虛
榮、嫉妬、忿怒、懶惰、慳悋（吝嗇）、貪饕、迷色。在教宗的影
響下，七罪宗成為一般教徒的道德修養。中世紀，因但丁的《神
曲》而廣為流傳。[13]

　　須知，所謂罪宗，意指足以引生其他罪過的罪因和惡習，不
僅是其他罪過的根本，也是它們的領導者和推動者，七罪宗足以
使人的靈魂死亡。七罪宗源於人類的原罪（original sin），原罪是
與生俱來的宿罪和罪性，因人類始祖亞當犯罪，傳至後代子孫。
因此，人生來即有犯宗教與道德之罪咎的傾向，英文稱
transgression，可歸納為七罪宗。不過，值得注意的是，原罪使人
有羞恥心和分別善惡的能力，只要能夠反省和懺悔，遵守摩西十

13　聖多瑪斯《神學大全》第五冊：論德性與惡習及罪，頁387，所列的七罪宗
　　也是：貪圖虛榮、嫉妒、忿怒、懶惰、慳吝（吝嗇）、貪饕、迷色。中華道
　　明會、碧岳學社聯合發行。

誠和信望愛，力行四樞德（明智、正義、節制、勇敢），以善行贖罪，使靈魂戰勝肉體的各種欲望及其七罪宗，即可贖罪及成為有德的善人。

必須說明的是，驕傲與貪圖虛榮的關係，根據聖多瑪斯（約1225～1274）《神學大全》第二集第二部第 132 題：論貪圖虛榮的觀點[14]，驕傲是萬惡之首，諸罪之母，驕傲是普遍性的惡習。教宗額我略一世在《倫理叢談》卷三十一第四十五章裏，把驕傲推舉為「萬惡之首」，並把由驕傲直接所生的貪圖虛榮，列為一種罪宗，並沒有把驕傲列為罪宗之一。驕傲一旦將人心完全拘束之後，立即把它（人心）交給七個主要的罪，從而產生許多的罪過。可知，驕傲與貪圖虛榮關係密切。

不過，根據但丁（1265～1321，義大利中世紀詩人）《神曲》的煉獄思想，煉獄共有七層，七層煉獄為亡魂洗條七罪宗，第一層是洗滌驕傲者的平台，第二層是洗滌嫉妒者的平台，第三層是洗滌憤怒者的平台，第四層是洗滌懶惰者的平台，第五層是洗滌貪婪者的平台，第六層是洗滌貪饕者的平台，第七層是洗滌邪淫者的平台。亡魂在煉獄中懺悔改過，不肯懺悔改過的罪魂下地獄，受到地獄之苦的懲罰；真誠懺悔改過的亡魂，即可上天堂，得享永久之福樂。顯然，《神曲》直接把驕傲列為罪宗之首。

八、自　序

《七克・自序》云：

　　凡惡乘乎欲，然欲本非惡……此根潛伏于心上，而欲富、

14　《神學大全》第 11 冊 97 頁，中華道明會、碧岳學社聯合發行。

> 欲貴、欲逸樂三巨幹勃發於外，幹又生枝，欲富生貪，欲
> 貴生傲，欲逸樂生饕、生淫、生怠……故曰去私欲而獄火
> 自無矣。

　　龐迪我指出人犯罪過的源由是「私欲」，一有私欲，遂蒙蔽內心的清明，私欲是心之邪情，也是性之邪情[15]。此一私欲之說，近似宋明儒學，也接近宋明時期流傳的勸善書，《七克》也是一種勸善書，罪過與德行對舉，並以修德克治罪過，比較像是儒門的勸善方式，只是儒門的勸善書沒有信天主、天堂與地獄之說。綜觀全書，所列舉的罪過，除了輕天主、惡天主外，其他幾乎可以在晚明勸善書或功過格中找出來。

　　私欲猶如樹根，有了私欲，遂生富、貴、逸樂三大樹幹，又生貪、傲、饕、淫、怠、妬、忿等樹枝，就是七罪宗，再生各種罪過，表現在言行念慮上，成為地獄之火。因此，只要去私欲，地獄之火自然消失，這是修德克己的工夫。然而，為何不能去私欲？為何不能克己修德呢？主要有三個蒙蔽，〈自序〉云：

> 一曰不念本源，二曰不清志嚮，三曰不循節次。

　　人的本源是上帝，世人都是天主上帝所生、所愛、所賜、所贖。不念本源的人，認為天主所賜的福樂，是自己所獲得，與天主無關。所謂不清志向，是修德的人，沒有專心信愛上帝，而雜有世俗榮華富貴的追求與享樂，這是人欲之私。唯有立志修克，不求現世生活的享樂，死後永駐天堂，與上帝為伴，才是真正的志向。所謂不循節次，是人欲之私，必須一一克除，猶如拆除舊屋，若先拆樑柱，將使屋子倒毀，壓傷拆屋的人；應該要先拆屋頂，最後再拆除樑柱。因此，修德克己，必須循序漸進，一一分

15　《七克》卷七：「我性邪情」（頁613），「心之邪情」（頁620）

別攻克。〈自序〉云：

> 夫人心之病有七，而瘳心之藥亦有七，要其大旨，總不過
> 消舊而積新。積之之極，以積永樂永慶；消之之極，以消
> 永苦永殃焉。

人心之病有七種，即七罪宗：驕傲、嫉妒、慳悋、忿怒、迷飲食、迷色、懈惰于善。而療心之藥也有七種，即：謙讓以克驕傲，仁愛人以克嫉妒，捨財以克慳悋，含忍以克忿怒，淡泊以克飲食迷，絕欲以克色迷，勤于天主之事以克懈惰于善。克己的要旨，不外乎消除舊惡，累積新德，不斷地積德消惡去私欲，可以消除永遭殃苦之禍，可以累積永樂永慶之福。

易言之，消惡積德可以免除地獄之苦，更可以永享天堂之樂。這是宗教勸善書的立言宗旨，既勸善，又勸人信教，要人崇信天主上帝，更以天堂地獄之說，勸誘人信服天主上帝，這是宗教的善惡報應思想。換言之，沒有天主恩寵的補救幫助，人絕對不能改過遷善，克己自新。

第一節 伏 傲

一、傲如獅猛

驕傲是七罪宗之首，《七克》列為第一卷，驕傲猶如猛獅，何謂傲？龐迪我說：

> 傲者，過分之榮願也……《聖經》云：一傲之子，萬罪宗，
> 蓄之者，必滿其禍災。（《七克》卷一，頁522）

　　驕傲是貪求過分的尊榮，從何而來？有四個源由：一、認為自己的善德，都是自己修德的結果，不肯歸於天主。二、雖然知道善德的根源是天主，卻當作自己的功德。三、誇耀自己的聰明能力而輕視別人。四、自認異於眾人，表現自滿、自恃、自狂、自誇、好勝心、好名聲、侮慢人、與人爭鬥、不恭敬、不孝順、掩飾罪過、詐善等，都是驕傲的根由。所以，《聖經》認為驕傲是萬罪之根，傲藏在心中，必定生出許多災禍。

　　《七克》大量引用《聖經》的話，以為佐證，例如《舊約‧箴言》第 16 章第 18 節說：「驕傲導向滅亡，傲慢必然衰敗。」〈箴言〉第 29 章第 23 節說：「狂傲使人敗落，謙虛受人敬重。」

　　聖額我略認為傲是百罪之王，傲藏在心中，萬惡皆隨之而來，諸德隨之而去。反之，謙為萬德之根。因此，凡要修德的人，當克治私慾，涵養謙德。值得一提的是，王陽明在《傳習錄》下說：「謙者，眾善之基；傲者，眾惡之魁。」兩者皆強調驕傲是最大的罪過，謙虛是最好的善德。

　　基督宗教有路西法的故事，路西法（Lucifer）原是上帝最寵愛的美麗天使，由於驕傲，背叛上帝，挑戰上帝的權威，成為墮落天使（demon）；或稱惡魔。心理學有所謂路西法效應（The Lucifer Effect）。因此，教徒要培養謙虛的美德，據傳奧古斯丁（中世紀著名的哲學家和神學家）有一次，有一位敬仰他的人問他：「身為教徒，最重要的美德是什麼？」奧古斯丁說：「謙虛」；那個人又問第二重要的美德是什麼？」奧古斯丁說：「謙虛」；那個人又問第三重要的美德是什麼？奧克斯丁說：「謙虛」。那個人問為什麼都是謙虛？奧古斯丁說：「麥子愈成熟，麥穗愈下垂，教徒必須謙虛。」

　　龐迪我說：

> 傲入於心，心目遂翳，正平之義，忽盡亡失。他人為善，
> 雖大必厭；惟己所為，雖小自喜。人有功輕之，抑之；己
> 有功，張大之。（《七克》卷一，頁523）

人有了驕傲之心，清明的理性被蒙蔽了，看見別人的大善行就厭惡，自己的小善，得意自喜；見人有功就輕視，自己有功就誇大。總認為自己比別人好，自己沒有錯，都是別人的錯，自視過高，自以為是，這是自欺欺人的傲者之心。

二、克傲難

傲念蒙蔽內心，所以很難克治，傲人行傲事，不以為惡，反以為善。奧古斯丁認為驕傲往往都是從善德生出來，反害了美德，例如生得美貌，就有傲念；有聰明才幹，更能生出傲念；幫助別人，也會生出傲念，所以說：「以德生傲，甚害於德。」（《七克》卷一，頁523）

傲念隨善行，無所不在，無時不在，如影子隨人，很難克服。個人的能力有限，不能克傲，唯有一心向善，純為天主，敬信天主全知全能全善，始能克除傲根。

三、戒以形福傲

人生在世，不值得驕傲，何不想你生從何來？死歸何處？我們的生命，都是天主所造，雖有一點聰明才幹，都是天主所賜；有一點幸福生活，也是天主所賜，有何驕傲？試想人未生之前，只是一個空虛；死後是一堆白骨，入於塵土；現在是一個罪人，尚未改過除罪，有何驕傲呢？

　　因此，只要我們上、下想，內、外想，平等對境想，即可去傲存謙。向上想，上有天神，又有天主，全能天主，無人可比；向下想，下有地獄、魔鬼，罰我罪惡；向內想，我有罪過，天主所厭，又有許多的私慾邪情，時時難防；向外想，別人有智能才德，我比不上人；平等對境想，人類甚多，人與人相處，陰謀算計，憂患不斷，無處可逃，無計可施。種種不幸遭遇，讓人內心悔過，去傲存謙。

四、戒以心德伐

龐迪我說：

> 虛伐有三端：隱而自喜一也；顯而自譽二也；過甘言受之，三也……人最善，不以善歸上帝，乃最惡也（《七克》卷一，頁 525）

　　自誇有三種：一是暗中沾沾自喜，自以為有智能，無人能比；二是公開讚美自己，炫耀自己的能力；三是喜歡聽別人讚美自己。這三種自誇，都是大罪過，因為不把美善歸於天主，而歸於自己，成了大惡。

　　可知，人不能自誇，原因有四：一、人作的善事，全靠天主的保佑，何況人情向惡，如水下流，如果沒有天主的佑助，人不能行善，所以，人的善德美名，應該歸於天主，不可自傲傲人。二、人所作的善行，或真或假，難以自定，唯有天主的最後審判，可以斷定。三、人所作的善行，不是全善，必是善惡摻雜，若有一點惡念或惡行，就不是善。易言之，沒有全善之人，如何自誇？四、人的一生，善德不全，功過不定，沒有天主的審判，誰敢斷定真善？既不能斷言真善、全善，如何自誇？

五、戒好異好名

驕傲的人，自認為異於常人，人就是人，怎能異於人？因為人之上有天神，與人不同；人之下有禽獸，也異於人。人不是天神，也不是禽獸。常人追求身體的安逸快樂，這是禽獸追求的快樂，既然人異於禽獸，不該追求禽獸的逸樂。易言之，人不該追求身體的快樂，應該追求精神的快樂，就是修德行善，行善不圖美名，才是異於常人的善德。

何謂行善不圖世俗美名？就是暗中行善，不使人知道，不可張揚。例如你救濟貧困，你的左手都不知道你右手所作的善行，暗中救助貧苦的人，必得天主的報賞。這種暗中行善必得天主的報賞，近似中土有陰德者，當得善報的思想。換言之，若行善好名，無善報。

凡真能修德行善者，雖不求世俗名譽，美名卻如影隨形；反之，有心求名的人，他重視的是世俗的虛名，卻喪失真正的德行。所謂避譽存德，德存而名自來；逐譽敗德，喪德而名不存。唯有避譽存德，是天下的至寶。

六、戒詐善釣名、聽譽

唯有真正的善德，是天下的至寶，詐善欺人，不僅非善，更甚於惡。詐善欺人，是最大的惡，猶如死海海邊有一種樹，所結的菓子，外表鮮美，人見人愛，摘下來菓子就破，菓肉臭腐，令人厭惡，以假善詐名者，無異此菓。可知，以假善釣名者，外貌似善，卻不是真正的善。

龐迪我說：

> 智者傾耳以聽譽則愚，既聽而自善則狂也……其譽我，欲
> 毀我也；我愛譽，彼以是毀矣。（《七克》卷一，頁530）

人喜歡聽奉承的好話，雖是聰明的人，一聽好話，心就愚迷；若聽而欣欣自喜，就成為狂人。當面奉承說好話的人，口是心非，背後下毒手，喜歡聽好話的人，必受其害。猶如《伊索寓言》第9卷「狐狸與烏鴉」的故事，話說有一隻烏鴉嘴裏銜著一塊肉，停在樹上休息，樹下有一隻狐狸，想吃牠口中的肉。狐狸奉承牠說：「別人都說烏鴉很醜，但我看烏鴉很美，可算是百鳥之王，但我從未聽聞烏鴉美妙的歌聲。」烏鴉很喜歡狐狸奉承的好話，就張開口唱歌，請狐狸聽牠的美妙歌聲。一張開口，肉掉落在樹下，狐狸輕鬆的得到肉，看著烏鴉大笑，笑牠醜又愚蠢，對牠說：「我不奉承說好話，怎能得到肉。」

可知，當面說好話的傷害，更勝於當面批評人。當面批評使人自知己過，自謙自改；當面說好話的傷害，使人不僅不知己過，更使人自傲自是。所以說，使人失德者，莫過於當面奉承說好話。

七、戒好貴

龐迪我認為世上最易改變者，莫過於高貴的職位，因此，居高位者，不可自恃傲人。世俗的高貴職位愈大，愈令人追求，誤以為是「真福」，殊不知真福唯善人能得，唯善人在天上得真福，世俗的尊貴榮華，不是真福。

好尊貴的人，無時不憂慮；未得高位之先，千方百計，惶惶不安；既得高位之後，心神不寧；失位之後，痛苦不堪。遂不知天主，不知人，不知己，成了一生的大患。例如《伊索寓言》有

一則「各種樹與橄欖樹」的故事說：各種樹欲推舉一位樹王，管理眾樹。盛產食油的橄欖樹和能結甜美菓實的葡萄樹都謙虛地推辭婉拒這個「高位」，唯有能當柴燒的荊棘願意擔任樹王這個高位。接著，龐迪我評論說：

> 夫有德者，滿于膏，豐於實，懼因貴任而散也。微特不喜，且畏之；微特不求，且避之。愚者拙者，無美可懼散，不畏不避，則辣末而已。（《七克》卷一，頁534）

有德的善人，不願追求世俗的「高位」，唯有愚蠢無德又無才的人，不避「高位」的風險，實在是可笑可憎可愧的人。他們往往以小功而貪求「高位」，豈不可笑？得到高位，也是僥倖而已，豈不可憎？或一時得之，轉眼失之，豈不可愧？所以，持守謙卑，修養道德，不貪不求，聽從天主安排，是得到高位的方法。

八、論謙德

謙是道德的根本，自居卑下，崇信天主至善，自己渺小。沒有天主，我不能自生，不能自長，不能成賢，不能成聖。人要行善，當先修謙德，否則，行善容易引生驕傲，驕傲一生，善德滅矣。位居高位的人，更應當謙遜，方能得天主的保佑。謙虛的人，不與人相爭，心神安寧，處境安全；驕傲的人，常與人相爭，心神不寧，處境危險。

唯有謙德能感動天主至高無上的仁慈；也唯有謙德能消除天主的威怒。可知，修善謙德的人有真福，這種真福，稱為「神貧」。何謂「神貧」？龐迪我說：

> 不以功德自歸，悉歸天主，不自滿足，不恃己，不凌人。身居人上，心居人下，此神貧也。存此謙心，心上昇受享

天國。(《七克》卷一,頁536)

值得注意的是,「神貧」源自《新約・馬太福音》第五章耶穌的山上寶訓:「承認自己靈性貧乏的人多麼有福啊!他們是天國的子民。」又說:「謙和的人多麼有福啊!他們要承受上帝所應許的產業。[16]」所謂「神貧」,意指不以功德自居,不自以為有功,不自滿,不輕視別人,不驕傲。雖居「高位」,仍然謙虛不已,這就是「神貧」,必得天國高位。

唯有謙德,能勝魔鬼,魔鬼只怕謙虛的人。謙德使人成為天神;反之,驕傲把天神變成魔鬼。天主厭惡驕傲的人,喜歡謙虛的人,天主助佑謙虛的人。所以說:謙虛的人有智慧;反之,驕傲的人愚蠢。

九、識己保謙

如何修養謙德?首先要認識自己,不認識自己,容易生出驕傲。其次要常交謙虛的人,不可交驕傲的朋友。又該常常想到自己的罪過,不可常想他人的罪過[17]。真正明智有謙德的人,始於認識自己,知道自我的過錯,終於認識天主。真正認識自己的人,必能謙虛為懷,這是眾善的開始,真正認識天主的人,對天主滿懷敬畏,這是眾善的完成。若不認清自己,必生驕傲之心,這是眾惡的起源,若不認清天主,必無敬畏之心,這是眾惡的終了。誠如聖若望(又稱金口若望或聖基所,John Chrysoston 344～407)

16　《新約・馬太福音》所謂「真福八端」,見於耶穌的山上寶訓。

17　龐迪我所謂「常想自己的罪過,不想他人的罪過。」近似六祖慧能《六祖壇經・般若》無相頌說:「常自見己過,與道即相當……不見世間過。」古德禪師也認為「若見他人過,自己就是錯。」

說：「若能每天自省一天的罪過，可保終身的謙德。」(《七克》卷一，頁 538）

涵養謙德有七等級：一、認清自己是罪人，自覺卑下。二、真心痛悔自己的罪過。三、誠實告解。四、願他人知道我的罪過。五、忍受別人的譏笑，甘心接受他人的輕慢。六、別人羞辱我、輕視我，我怡然不生氣。七、深願接受更多的侮辱。[18]真正有謙德的人，一知己過，即刻追悔，決定改過。又明言己過，使人相信自己是一個罪人，樂於接受別人的羞辱，這才是謙虛之德。

傲生於德，路西法的故事，就是最好的例子，一生驕傲，天神變成魔鬼，失去永福，永得苦難。人往往愛比較，一有比較之心，即生驕誇之心。因此，聖伯爾納告誡徒弟說：

> 爾非但不可自上，亦且萬勿自比，勿比大者，勿比小者，勿比相等者，比之情萌於心，傲矣，危之機矣。(《七克》卷一，頁 540）

不但不可自比於天主，也不要與人相比較，我比你多錢，我就有驕傲之心；你的職位比我高，你就有高傲的心態，高高在上，不能謙下；他比我有錢，我就有嫉妒之心，他就有傲慢之心，如何謙虛待人？

總之，修養謙德，除了不比較，不自誇，不自滿，不炫耀，不聽好話，自識己過，懺悔改過，更以「忘善」為貴，不要記住自己先前的善德，忘了從前的善德，自以為無德，自然奮力修德，不斷修養謙德，天主不會忘記，必得天主的助佑。

---

18 《七克》卷一「登謙德有七級」，《七克真訓》卷一「登謙德有五級」第五級是：不管什麼好事，都歸於天主，絲毫不歸於自己。」《七克》沒有此內容。

第二節　平　妬

一、妬如濤起

　　嫉妒是七罪宗之一，基督宗教相呼應的魔鬼是「利維坦」（Leviathan）。何謂嫉妒？龐迪我說：

> 妬者何？人福之憂，人禍之樂是也。妬者，傲之密侶，相求不離。計念人惡，訾毀人非，幸人之有災。（《七克》卷二，頁 541）

　　嫉妒由驕傲而生，是喜歡別人有災難，擔憂別人有喜慶，願天主只照顧他一個人。只喜歡自己，不喜歡別人，獨厚自己，不願別人分享。誹謗別人的是非，記念別人的過錯，不肯原諒別人，與人斤斤計較。內心時常憂悶痛苦，精神毫無安樂。因此，嫉妒的人，嫉妒天主，有兩個地獄，生前一個地獄，是自己活得很痛苦；死後一個地獄，是嫉妒之魔折磨自己。反之，有愛德的人，不僅愛天主，更能愛人如己，見人有禍，如己之禍，發揮同情心，極力救助；見人有福，如己之福，內心喜悅。能夠與人同憂同樂，同好同惡。

　　嫉妒的人，常要勝過別人，若有一人勝過他，他就嫉妒，因此，常與人為敵，沒有朋友，沒有快樂，只有痛苦。不僅不讚美天主，反而怨恨天主，殊不知讚美天主，是福德的根本，不讚美天主，豈有福德可得？

二、戒記念人惡

　　善人是眾人的借鏡，人用善人的道德典範，對照自己的罪過，是消除自己罪惡的方法。嫉妒的人則不然，見人有惡，他就譏笑；見人有小過，他以為是重罪；見人有善行，他就懷疑不信。別人有真善，他說是假善；有服務熱心，他說是別有用心；有廉節，他說是沽名釣譽；有節儉，他說是吝嗇；和善待人，他說是逢迎阿諛；好施救濟，他說是亂花錢；能忍耐，他說是懦弱；保持緘默，他說是愚蠢；辯才無礙，他說是強詞奪理；謙虛為懷，他說是卑下。總之，嫉妒的人，以小人之心度君子之腹，所有善行，都成了罪過。

　　其實，眾人的善惡，很難斷定，唯有天主能夠審判善惡的真假，誠如《新約‧啟示錄》第二十章說：「死的人都是照著他們的行為，根據這些案卷所記錄的，接受審判。」我們不能審判別人，任意斷定別人的善惡，算是僭越天主的最後審判權。

　　然而，人為何喜歡記念別人的罪過呢？因為自以為沒有過惡，不用心反省自己的罪過，誠如《新約‧馬太福音》第 7 章第 3 節說：「為什麼只看見你弟兄眼中的微塵（mote），卻不管你眼中的樑木（bean）呢？」「微塵」意指小過失，「樑木」意指大罪過。自己不知有大罪過，卻時常批評別人的小過失，武斷別人的善惡。自己有大罪過，如何有閒工夫去審定別人的罪過呢？[19]猶如明儒吳康齋說：「日夜痛自點檢且不暇，豈有工夫點檢他人邪？」

---

19 古修會有人違犯規矩，把他抓到會長梅瑟面前，眾人要求梅瑟處罰他，梅瑟即刻背起很重的沙袋，對眾人說：「這個沙袋象徵我的罪過，我有很多的罪過，都已經改不完了，如何有閒工夫，去審判別人的罪過呢？」

（《明儒學案》卷一）

三、戒讒言

　　喜歡毀謗別人的人，對人的傷害重於盜賊，盜賊只是偷取人的財物，毀謗是傷害別人的善德。讒言一出，同時傷害三人，毀謗者，聽謗者，受謗者。所以說，讒言如刀如槍，傷人無數；喜歡毀謗的人，自己污染內心，傷害自己的靈魂，因此，必定不能上升天堂。

　　毀謗的人本要傷害別人，卻往往傷害自己，《伊索寓言》第8卷有一則故事說：有一頭獅王生病了，除了狐狸之外，動物們都去慰問獅王。野狼趁機在獅王面前毀謗狐狸，誣陷狐狸藐視獅王，竟敢不來問候。正在此時，狐狸來看獅王，聽到野狼說牠壞話。獅王一見狐狸就發出怒吼，狐狸馬上解釋說：「牠是所有動物之中最熱心最忠誠的朋友，牠四處奔走遍訪名醫，尋找密方，找到最有效的特效藥，就是把野狼皮活剝下來，趁熱披在獅王身上，病就好了。」結果野狼立刻成為一具沒有皮的屍體。狐狸得意的說：「野狼不應該在獅王面前毀謗牠。」這則寓言故事說明毀謗別人，往往傷害自己。

　　毀謗人有七端：一是無故顯露他人的隱惡；二是喜歡聽聞別人的過錯；三是故意傳揚他人之過，又添油加醋，無中生有；四是別人善惡難分的言行，妄自評定為惡事；五是隱藏別人的美德善行；六是別人的真善，妄說是假善；七是不認同別人的陰善，妄說不是陰善。

　　有一則故事說，從前有一位賢臣，深得國王的寵愛。有一天外出，見窮人乞討，賢臣慷慨救濟，窮人說：「我不要錢財，只求

大人收留我，為您效命。」賢臣果然收留他。之後，國王更寵信賢臣，引起小人的嫉妒，在國王面前毀謗說：「陛下寵信的人，是要篡位的奸臣，如果不信，明天詔他晉見，陛下告訴他說：『國王要去修道，因此要放棄王位。』（古代歐洲多有賢王棄位修道的例子。）如果他想奪權篡位，會贊同國王棄位修道。」結果，賢臣真的贊成國王去位修道，國王懷疑他的忠誠。

賢臣回家之後，驚覺受人誹謗，不知如何是好？過去收留的窮人建議他，脫掉官服，穿上修道者的衣服，散盡家財，救濟窮人，求見國王，國王大感驚奇，賢臣說：「日前陛下說要棄位修道，臣願意追隨，已把家財散盡，不知陛下何時啟程？」國王恍然大悟，終於革除進讒言的奸臣，這也是害人反而害己的故事。

四、戒聽讒

如果眾人喜歡聽讒言，誹謗者就喜歡誹謗別人；如果大家不喜歡聽讒言，誹謗者就不能誹謗別人了。誹謗者在你面前說別人的壞話，也會在別人面前誹謗你，俗話說：「說人是非者，便是是非人。」

有人詆毀別人，有正義感的人應該阻擋讒言；若有人批評你的過惡，你該感謝他。因為自己有過錯，難以知道，有人指責你的過失，你才知過，也能改過，所以要感謝他的指責。人要真心修德行善，必要忍受別人的誹謗，古聖先賢常受讒言，善德已臻不朽，因為耶穌說：「為義而受難的人，有福了，他們是天國的子民。」（《新約‧馬太福音》第 5 章〈山上寶訓〉），《新約‧彼得前書》第 2 章第 20 節也說：「只有因為行善而忍受苦難的人，才能得到上帝的賜福。」

五、仁愛人

　　嫉妒是七罪宗之一，克治方法是仁愛。耶穌「山上寶訓」說：「以仁愛待人的人多麼有福啊！天主也要以仁愛待他們。」（《新約・馬太福音》第 5 章第 7 節）天主所厭惡的罪過，莫過於嫉妒；所喜歡的善德，莫過於仁愛。所以，天主的真理萬端，總歸愛天主和愛人如己。天主創造萬物，特別創生亞當與夏娃，他們是人類的始祖，世人都是情同手足的兄弟姊妹；世人都是天主的子女，彼此應該相親相愛。

　　龐迪我認為人相愛有三種，一是習愛；二是理愛；三是仁愛。所謂習愛，是本性之愛，禽獸也有習愛。大家生活、學習、工作、遊戲在一起，彼此有相同的好惡之愛，以及男女之愛等，這不是上帝要我們愛人的善德。所謂理愛，是恩情之愛，朋友情誼，彼此友愛，別人愛我，我愛別人，這也不是上帝要我們愛人的善德，因為惡人也有理愛。所謂仁愛，是真愛上帝之愛，秉持上帝之愛，人人都是上帝的兒女，所以我們要先愛上帝，並以上帝之愛愛人，恭敬上帝，修德行善立功，以德報怨，以愛報仇，生前常受上帝的大愛，死後得享天堂福樂。

　　必須分辨的是，《七克》所謂的「仁愛」，以天主上帝為核心，「先自真愛上帝，轉以上帝之愛愛人。」（《七克》卷二，頁 548）為了愛上帝而愛人如己[20]；異於儒家倫理道德以五倫為中心。龐迪我所謂的「仁愛」，雖借用儒家的核心德目，卻有不同的內涵，比較近似墨子的天志兼愛，蓋墨子的天志兼愛，具有宗教意識，

20　「愛人如己」異於儒家的仁愛，仁愛是有差等的愛，親親而仁民，仁民而愛物，是推恩擴充之愛。「愛人如己」比較接近墨子的兼愛，是宗教信仰的愛。

儒家是人文主義,《七克》是宗教信仰,強調「死時升享天福」,也異於儒家立功立德立言三不朽。《七克》所謂「仁者」,其內涵也異於儒家之仁者。

以上帝之愛而愛,可分四種:一是愛天主;二是愛自己;三是愛人;;四是愛本身。天主是萬物的大父母,更是萬物美好的根源,我們愛父母,當然要愛天主,愛天主對我們的恩情大愛。所謂愛自己,是愛自己的靈魂,不是自己的肉體,重視修德行善的愛,不是感官慾望的滿足。所謂愛人,是愛人如己,己所不欲,勿施於人。你不要別人傷害你,同理,你不要傷害別人。你不要別人欺騙你,你也不要欺騙別人。所謂愛本身,是要肉體幫助靈魂修德行善,因此要克制人欲,不要滿足私欲,刻苦修德。

六、交　友

儒家重視朋友之道,朋友是五倫之一,孔子說:「益者三友,損者三友;友直、友諒、友多聞,益矣;友便辟、友善柔、友便佞,損矣。」(《論語・季氏》)要交好的朋友,正直的朋友,誠信的朋友,博學多聞的朋友,是有益修德的朋友。逢迎的朋友,獻媚的朋友,巧辯的朋友,是有害的朋友。孔子強調朋友有過失,要忠誠的勸告他,好好開導,朋友如果不接受,便停止勸導[21]。孟子也主張「責善」是朋友相處之道[22],孟子的「責善」,就是孔子「忠告而善道之。」

《新約・馬太福音》第 18 章第 15 節也說:「如果你的弟兄犯罪,你要指出他的錯誤,只是要在你跟他單獨在一起的時候才這

21　《論語・顏淵》子貢問友,子曰:「忠告而善道之,不可則止,毋自辱焉。」
22　《孟子・離婁下》:「責善,朋友之道也;父子責善,賊恩之大者。」

樣做。」近似儒家對朋友的「責善」之道。

龐迪我也認為人應有朋友之愛，有兩種人可以結為好友，一是智友，二是德友。有智慧的朋友和有道德的朋友，可以結為密友。又有兩種人，不宜結為朋友，一是忿怒者，二是驕傲者。常生氣的人和驕傲的人，不宜結為好友。此說近似孔子益友、損友之說。

龐迪我進一步提出九種交友之道：一、心相和；二、心相通；三、行惠；四、勸責；五、於友不求非義，為友不行非義；六、患難不忘棄；七、不露友密；八、隱友惡；九、友所求即予。（《七克》卷二，頁551）「心相和」意指志同道合的朋友，有相同的好惡。「心相通」意指朋友相處沒有私心，有事同商議。「行惠」意指儘量幫助朋友，不可利己損友，惜福感恩。

「勸責」即孟子的「責善」，朋友有過失，須婉言規勸，不可阿諛奉承。從前，亞歷山大國王，有一好友，相處數月，未曾忠諫大王之過。亞歷山大說：「我雖居王位，也是凡人，豈能無過？你不能指出我的過失，是不智；知道我的過錯而不指責，是阿諛奉承。」遂遣散好友。

第五點是不可為了朋友而作不義的事，也不可隨朋友作不義的事。第六點是朋友相交，同甘苦，共患難。第七點是不可洩露朋友的秘密，揭發朋友的隱私，不守誠信。第八點是隱惡揚善，不可揚惡隱善。第九點是儘量及時幫助朋友的需求，不要拖延時間。

第三節　解　貪

一、貪如握固

　　貪吝（Greed）是七罪宗之一，相呼應的魔鬼是瑪門（Mammon）瑪門在《新約‧聖經》中用來描述物質財富或貪婪，財富被當成崇拜的對象和貪婪的追求。瑪門是鷹頭人身的天使，在墮入地獄後和墮落的天使們挖掘財寶，建立勢力，瑪門喜歡用財富引誘人類互相爭執，瑪門象徵對財富的貪婪。因此，《新約‧馬太福音》第 6 章第 24 節說：「你們不可能同時作上帝的忠僕，又作金錢的奴隸。[23]」意指不能同時事奉上帝，又事奉瑪門。事奉瑪門就是為自己積蓄財富在地上（人世間）；事奉上帝要為自己積蓄善德在天上。

　　所謂貪吝，是對財富的不知足，常人不論老少，都很貪心、貪婪，幼童就知道貪心、貪求，多多愈善，年紀愈大，貪欲愈多，老人貪得好利，所以，孔子要老人「戒之在得」（《論語‧季氏》）所以說，貪財是萬惡之根，忿怒、爭訟、欺騙、盜竊、殘酷、邪淫、懈怠等罪惡，都是貪財引生的枝葉。要上天堂的人，不可以為自己積蓄財富在地上，這種貪財的人，不能上天堂。

　　從前，亞歷山大國王，富可敵國，有一天，突然放聲大哭，眾臣驚嚇，亞歷山大說：「世界上還有許多國家，我不能成為共主，

23　《新約‧路加福音》第 16 章第 13 節也說：「你們不可能同時作上帝的忠僕，又作金錢的奴隸。」

怎能不傷心？」亞歷山大雖然擁有無比財富與權力，內心卻貧窮如乞丐，可知，知足常樂。誠如奧古斯定認為累積財富給子孫，不如遺留道德給子孫，子孫有德，可以守財；子孫無德，荒淫無度，不能守財。可知，貪財的人，得地獄，是真禍；知足的人，是真福。

　　從前，有一窮人，偶然得到一點錢，他就去賣酒，加入河水，又賣高價。不久，賺了十多兩銀子，裝在牛皮袋內。中午到飯館吃飯，把皮袋放在一旁，忽然被一隻老鷹抓走，老鷹誤以為是一塊肉，窮人大叫，老鷹飛過河，嘴一鬆，錢袋落在河裏，窮人大失所望，徒勞無功，枉費心機。

　　龐迪我說：

> 貪吝者，不止貪吝用而已，亦有智貪吝才者。取非其財謂之貪財，圖知非理之事，測人上之理，謂智貪矣……智貪僭天主之智能……惟從天命最安，勿問星命，勿信夢卜，勿選年月日時。（《七克》卷三，頁560）

　　貪吝有兩種，一種是貪財吝嗇，另一種是貪智吝才。貪財犯罪，貪智更犯大罪。貪財是求取不該得的非分之財，「貪智」是預測人事的吉凶禍福壽夭及各種未來之事。須知，預知人類未來的吉凶禍福壽夭，都是上帝無量智能的工作範疇，不是人類有限智慧所能勝任，要以卜卦、算命、擇日、算良辰吉日、風水、地理、占星術等方法，預知吉凶禍福壽夭，是僭越上帝無限的智能，都犯貪智大罪。

　　惟有順從天命最為平安，不要相信卜卦、算命、擇日、地理、風水等邪說。顯然，龐迪我嚴厲批判中國民間流傳的命理卜卦、風水地理、時日吉凶、陰陽之術，認為預知未來吉凶禍福壽夭，是僭越上帝無限的智能，都犯貪智大罪。主張順從天命，服從上

帝為正途。

　　貪智是僭越上帝的智能，吝才是吝惜自己的能力與學問，藏而不用。有能力可以幫助人，卻不願意幫助人；有學問可以教育人，卻不肯教導人；有技術可以傳授人，卻不願意傳授人；有能力可以出錢出力，卻不願意服務別人，就是吝才與吝財。所以，耶穌說：「神貧的人有福了，他們是天國的子民。」（《新約‧馬太福音》第 5 章第 3 節）

　　所謂「神貧」，意指「精神」的貧乏。有兩種人可以稱為神貧的人，一種人是物質生活窮困，貧窮而不怨天尤人，仍然虔信基督上帝，視富貴如浮雲。另一種人是家財萬貫，但是，並不驕傲自矜，不吝才，並且樂於行善助人，不吝財，興辦慈善事業，幫助窮困的人，仍然虔信上帝，他們自視神貧，也是神貧的人，可以接受上帝的祝福而進入天國。反之，富而貪吝的人，深受地獄之苦。

　　例如，從前有一位貪吝的富人，生有二子，長子認為父親不義之財，必受地獄之苦，遂離家修道。父親死後，次子得到財產，不久，次子也死了。長子憂心父親與弟弟是否受苦？祈求上帝賜他看見地獄，驚見二人深受地獄之苦，彼此怨恨，弟弟怨恨父親留下不義之財，使他受苦；父親怨恨弟弟為了他而累積不義之財。可知，父親與弟弟都不是神貧的人，貪財又吝財；長子是神貧的人，放棄不義之財，虔心修道，信服上帝。

　　從前，有兩位好學之士，要拜訪長老請益，經過天主堂，有三個瞎子祈求上帝憐憫。有一個瞎子說：「因為年輕時懶惰貧窮，之後，有一富人死後的陪葬物豐厚，我半夜盜墓，偷了金銀財寶，太貪心又脫掉死者的錦衣，死者忽然用雙手挖我的眼睛，使我瞎眼。」那兩位好學之士，深切體悟「不可貪財」的教訓，從此虔

心求道。

二、論施舍德

　　施捨有二戒，一戒勉強，二戒延遲。要樂於施捨，不要勉強施捨。更要及時施捨，不可緩慢施捨，延誤救人的黃金時間。施捨的最大功德，是為天主上帝周濟貧窮。當最後審判的時候，天主處罰惡人說：「我在人世間忍受飢渴、寒冷、病痛、貧窮等痛苦時，你們都不願施捨救濟我，判你們下地獄，與魔鬼同受大苦。」惡人答辯說：「在人世間，未曾看見天主受苦。」天主說：「你們不救助貧困的人，就等於不看顧我一樣。」

　　天主對善人說：「我在人世間受苦受難，你們熱心救助我，與我同享天國永福。」善人回答說：「我們沒有救濟過天主。」天主說：「你們施捨窮人，如同施捨我一樣。」可知，哀矜施捨[24]，是上天國的道路，能夠哀矜施捨的人，有真福，將蒙受天主的哀矜，上天國，享永福。換言之，以施捨克治貪吝。不過，施捨不要高調行善，你施捨的時候，要做到連你最親密的朋友也不知道。（《新約‧馬太福音》第6章第3節）

　　上天國的道路有二途，一是貧窮的道路，另一是富有的道路。天主賜你貧窮，要你修養忍受貧窮的道德，安貧樂道，雖然貧苦，仍然樂於修道、信主，這種功德，得到天國永福。天主賜你富有，是要你修養施捨的道德，樂於助人，不吝救助貧窮的人，也仍然

24　「哀矜」源自《論語‧子張》：「哀矜而勿喜。」孟氏任命陽膚（曾子弟子）
　　為典獄官，陽膚來請教曾子。曾子說：「執政的人不以正道治國，已失民心，
　　你審判案子的時候，要了解實情，更要同情他們，不要以為能查出真相而高
　　興。」

虔信天主，這種功德，也得到天國永福之樂。

第四節　熄　忿

一、忿如火熾

　　忿怒（Wrath）是七罪宗之一，相呼應的魔鬼是撒旦（Satan）撒旦又有地獄王的別稱。《新約・啟示錄》第 20 章第 2 節說：「他捉住了那條戾龍，就是那古蛇（引誘亞當與夏娃），是魔鬼，又叫撒旦，把牠捆綁一千年。」

　　龐迪我說：

> 怒者何？復讎之願也。惡言詈語，爭鬥戰伐，傷殺過刑諸情，皆怒之流也。（《七克》卷四，頁 563）

　　所謂忿怒，是報仇洩恨的願望，惡言惡語，咒罵指責，互相戰鬥，殺人犯刑等，都因忿怒而引起的罪惡，容易忿怒的人，易於犯下罪惡。聖額我略認為忿怒是眾惡之門，關上門，眾德安居在心。所以，忍德在內心，猶如家長在家，家人平安。忍德不在內心，易生忿怒，猶如家長不在家，家人不得平安。

　　偶而生氣，人之常情；若時常生氣，累積忿怒，就成罪人。容易生氣的人，如住在草屋，草屋一失火，即刻燒成灰燼，猶如怒火自焚，必生大禍。尤其是非義之怒，如禽獸之情，不能以忍克治怒火，往往以毒牙螫人，利齒傷人，銳角刺人，這是禽獸的報復行為。人是萬物之靈，本性善良，有理性思考，應以本性天理熄怒，若以禽獸之情復仇，是自願淪為禽獸。

　　魔鬼常找機會陷害人，最好的機會，就是仇怒，魔鬼最喜歡人忿怒，忿怒害人害己，因為忿怒必有敵對者，若同時忿怒，會傷害不少人。從前，有一名士，名叫斯德，有人忿怒他，燒他的莊稼，佃農告訴他，某人燒他的農作物，實在可恨。斯德說：「我的傷害，只是莊稼，我內心不受傷害。某人對我懷恨在心，內心忿怒，傷害在內心，你們該憐憫他。」所以說，怒氣傷人，如蜜蜂螫人，人受皮肉之傷，蜜蜂自己卻要喪命。

　　聖伯爾納臨終前，弟子問他修德入聖的方法，他說：「捨己從人，受害不怒，不思復仇。」

　　瑪加略小不心殺害一蚊蟲，自責不能忍受皮肉之痛而殺死蚊蟲，遂脫了上衣，走入林野，任憑蚊蟲虰咬，旁人問他原因，他說：「學習忍耐不發怒。」過了數年的修習忍德，忽聞空中天主啟示：「某處有二女，精修忍德。」瑪加略前往求教，二女說：「我們是妯娌，同住十五年，不求榮華富貴，沒有貪念，不分彼此，和平相處，不吵不怒。」因此，龐迪我強調：

> 怒時宜自禁，且勿思，且勿言，且勿行所以怒事，且勿責所怒人……故怒時特務醫己，勿務醫人。（《七克》卷四，頁565）

　　因為忿怒最能蒙蔽人心，當自己發怒時，要先克己，不說話，不罵人，不再爭論。否則，不當怒而怒，就是罪過，仁者愛人，只是責善，責其改過，嘉善而矜不能，不恨犯過之人，能夠寬恕犯過之人，何怒之有？

二、愛　讎

　　基督宗教的道德特徵是「愛仇」，《新約・馬太福音》第5章

第 44 節說：「要愛你們的仇敵，並且為那些迫害你們的人禱告。」耶穌寬恕了出賣祂和背叛祂的徒弟茹達斯、伯多祿等人，祂在十字架上，為殺害祂的人，求天主赦免他們，因為他們不知道自己做了什麼事[25]。《舊約‧創世記》第 37 章至 45 章記述約瑟被他哥哥賣往埃及，卻對他們以德報怨的愛仇故事，最後，約瑟當了埃及的首相。

耶穌要我們愛仇人，不要以眼還眼，而要彼此相愛，因為耶穌眼中沒有仇敵，祂已學會了寬恕。常人是別人愛你，你愛他；或是你愛別人，別人也愛你，這是人情之常。唯有真心寬恕仇敵，能為天主而愛仇敵，能得天主的大愛與赦免。

為何要寬恕仇人？因為只有仇恨你的人，真能直言你的罪過；巧言令色的朋友，不會直言你的過錯；怕你的下屬或僕人，更不敢直言你的過失。仇人直言你的罪過，讓你知道自己的過錯，人能知過，方能改過遷善。所以說，仇人幫助我知過改過，豈不感激？

從前，有一惡人，殺害一位寡婦之子，官府要捉拿他，寡婦知道兇手躲藏的地方，不但沒有報警，還派人送他一匹馬和銀子，叫他快逃，兇手果然逃避遠方。忽然，寡婦之子顯靈，感謝母親說：「生前有許多罪過，該受多年煉獄之苦，幸得母親以愛報仇，感動天主，免除煉獄之苦，現已升天永享福樂，特來感謝母親大恩。」言畢不見。

從前，有一個人，欲殺仇人，遍尋不得，適逢大瞻禮日（如復活節、萬聖節、聖誕節等）入天主堂，驚見仇人在堂內，正要殺之，忽然轉念自思：「人人都來悔過遷善，求天主赦罪，我豈能

25　《新約‧路加福音》第 23 章第 34 節。

殺人，得罪天主。」即刻與仇人共向天主請罪，願為天主，彼此不再仇恨。天主神像突然伸出手臂，擁抱兩人。可知，天主最重視愛仇人的品德。

三、以忍德敵難

龐迪我說：

> 夫忍者，善人之甲冑也。以當世變，勝鬼魔，攻諸私，保諸德，防怒，羈舌，禦心，養安，鎮怖，袪憂，絕爭。(《七克》卷四，頁 568)

忍德能使人轉禍為福，因為忍德是善人的武器，能夠戰勝魔鬼，防止怨恨，克治私欲，禁止惡言惡語，解除憂悶，保平安，防禍患，可以抑制富人的驕縱。唯有忍者能夠勝於強者；也唯有忍者，無人能勝於他。忍者看似柔弱，卻能勝剛強，人要修德行善，應以學習忍耐為優先。

人世間的各種苦難，大都是天主降罪的處罰，受苦的人，如果生氣，將觸怒天主降罪，受苦愈重。反之，能夠忍受苦難，感動天主，赦免罪罰。更何況，君子以罪惡為真正的恥辱，別人的欺侮，不以為恥辱。

值得一提的是，所謂「別人的欺侮，不以為恥辱。」近似先秦宋牼所提倡的「見侮不辱」[26]，宋牼為了「救民之鬥」、「救世之戰」而主張「見侮不辱」。《荀子‧正論》反駁「見侮不辱」之說，荀子認為人之所以相鬥，是起因於嫌惡對方，如年輕人互看

---

26 《孟子‧告子》作宋牼，《荀子‧非十二子》及《莊子‧天下》作宋鈃，《韓非子‧顯學》作宋榮。宋牼是遊學稷下學官的學者，授徒講學，反對戰爭，主張國際和平。

不順眼，或厭惡對方的言行，不是起於感到羞辱。不過，「見侮不辱」也有幾分道理，因為「辱」是主觀感覺，自己感覺受辱，往往也有個人面子問題，為了顧面子而鬥。

龐迪我認為修德可分三等，一是初等修德者；二是中等修德者；三是修德精進者。忍德也可分三等，一是遭遇困難勉強忍受；二是遭遇困難樂於接受；三是為了天主而樂於接受困難。能夠為了天主而樂於接受苦難的人，已是天堂之人。因為人愈有忍德，愈像天主，天主有無限的忍德，容忍世人犯罪，希望犯罪的人改過遷善，能夠改過遷善，則免於天主的重罰；不能改過遷善，將受天主的重罰。

著名的《舊約‧約伯記》就是記述約伯彰顯忍德的故事：西元前一千多年，在約旦河東方，有一個義人，名叫約伯（job），他有七個兒子，三個女兒，眾多的僕人，七千頭羊，三千頭駱駝，一千頭牛，五百頭驢子。他正直、謹言慎行，敬畏天主，不做壞事，沒有大的罪過。有一天，他突然失去所有的財產和兒女，接著全身長滿毒瘡。朋友安慰他，但也指責他一定是犯罪的結果。

雖然，約伯遭受各種苦難，他仍然不埋怨天主，永遠讚美天主，自認己過，真誠悔改，祈求天主赦免，謙虛承認天主無限的智能和偉大，真愛天主而樂於忍受苦難。最後，天主賜福給他，比他早年所得還多，得以回復尊榮與富貴。這是義人受苦，彰顯忍德的故事，也是真福八端所謂「為了實行天主的旨意而受窘難的人，多麼有福啊！他們是天國的子民。」（《新約‧馬太福音》第 5 章第 10 節）

像約伯樂於忍受苦難，誠屬不易，常人遭受苦難，總是怨天尤人，如果想到世上還有比你更苦的人，比較容易忍受苦難。《伊索寓言》有一則寓言故事說：一群野兔聚在一起，為自己的膽小

無能而悲傷，牠們常被人類、狗、鷹和許多動物殺害。與其一生忍受無數苦難，不如集體自殺，一死百了。牠們決定一齊奔向池塘，投水自盡。這時候，許多青蛙在池塘邊，看到兔子忽然跑來，立刻紛紛跳下池塘。有一隻帶頭的聰明青蛙說：「大家別跳水自殺，青蛙比我們更膽小無能。」

四、窘難益德

《尚書‧湯誥》說：「天道福善禍淫。」《尚書‧伊訓》說：「惟上帝無常，作善降之百祥；作不善降之百殃。」雖然，〈湯誥〉和〈伊訓〉認為為善得福，為惡得禍。可是，現實生活常見善人得禍，惡人得福的情形，這是許多人的疑惑。龐迪我認為人的真善或真惡，唯有全能無私的天主能夠判決。一個人的言行思想，都符合天主的誡命，纔算真善，若有一些過失，就不是真善。可知，人世間沒有全善的人，何況，我們自認為善，天主或許審判為惡。

人世間沒有絕對全善或全惡的人，一個人雖有大惡，應有小善，小善應該得到小的善報。人世間的榮華富貴，不算是真福，因為不能永遠享受，人一死就沒有了。天主用短暫人生的榮華富貴，報償惡人的小善，死後深受地獄的痛苦，處罰惡人的大惡。這是惡人得福的情形，常人不明白禍福的真假，而妄自怨恨天主沒有至公無私。

龐迪我說：

> 世間之事，不過三種：真福；真禍；非福非禍者。一生積德，則死永樂，真福也；一生作罪，則死永苦，真禍也……貧富賤貴病安壽夭等，斯本非禍非福也。（《七克》卷四，頁575）

　　龐迪我強調天主的審判至公無私，一生能夠行善積德，遵守
誡命，死後得享天堂永樂，稱為真福。一生作惡多端，不守天主
誡命，死後應受地獄永苦，稱為真禍。至於人世間短暫的貧賤富
貴壽夭等，稱為非禍非福。世人不知禍福的真義，見有惡人富貴，
就批評天主不公；見有善人貧賤，就怨恨天主無情。殊不知善人
得享死後天堂永樂，短暫的貧賤不是真禍。短暫的富貴，亦非真
福，惡人忍受地獄永苦，纔是真禍。

　　從前，有一位賢人外出，看見一位盛德善人，被獅子咬死，
曝屍野外。又見一惡人的喪禮非常盛大。賢人深感疑惑，為何善
無善終，惡有善終？忽然出現一位天神，對他說：「這個惡人，曾
有微善，天主以『微榮』（盛大喪禮）報償他，他的神靈現在地獄，
永受大苦。這個賢人，曾有微過，天主以橫死野外處罰之，他的
神靈現在天堂永享福樂。世人對天主的善惡報應，只可信服，不
可懷疑。」

　　值得注意的是，龐迪我強調「對於天主的善惡報應，只可信
服，不可懷疑。」這是宗教信仰的本質，宗教信仰是思想上的信
仰，無論遭受任何苦難，仍要堅信天主無限的智能、大公無私的
大愛，使真善得真福，真惡得真禍，相信虔誠信仰的力量，誠如
《新約・希伯來書》第 11 章第 29 節說：「以色列人因著信，過紅
海如走陸地。《新約・馬太福音》第 21 章第 22 節說：「只要信，
你們禱告，無論求什麼，都會得到。」《新約・馬可福音》第 16
章第 16 節說：「信而受洗的，必須得救；不信的，必被定罪。」

第五節　塞　饕

一、饕如壑受

　　貪饕（Gluttony）是七罪宗之一，相呼應的魔鬼是別西卜（Beelzebub），《新約》耶穌稱他為鬼王[27]。所謂貪饕，就是飲食沒有節制的嗜好。因貪食所造成的流弊甚多，諸如：酒後多言，忿怒，酒醉鬧事，酒後亂性，淫慾，懶惰等。因此，克己修德，應以戒除貪食為始。

　　天主造人，有形體有靈魂，靈魂能明道理，力行善德，因而敬事天主，死後得享天國的永樂。形體受靈魂的支配，輔助靈魂修德行善。人靠飲食養身，飲食以節制為度[28]，適當飲食可以保養身體，如果過度飲食，貪圖美味，是違悖天主的旨意。

　　飲食過度、貪圖美味，傷害身體健康，肥甘厚味吃太多，容易得到糖尿病，所以要食飲有節，謹和五味，身體健康平安。可知，貪圖美食，是耳目感官的私欲，順從私欲，傷害身體，折損生命。反之，飲食節制，淡泊滋味，是克己寡欲，修德事主。所以，凡要克己修德，當以戒除貪饕為先，猶如《論語・衛靈公》孔子說：「君子謀道不謀食。」

---

27 見於〈馬太福音〉第 12 章第 24 節，〈馬可福音〉第 3 章第 22 節，〈路加福音〉第 11 章第 15 節。
28 《黃帝內經・素問・上古天真論》主張「食飲有節」，就是節制飲食。

二、飲酒有節

戒飲酒是佛教五戒之一，儒家和基督宗教沒有戒飲酒，不過，都強調節制飲酒。龐迪我認為貪食以貪酒為最大，飲酒最容易沒有節制，造成酒醉亂性，善念全消，惡念叢生。所以，俗話說：酒是無舵之物。無舵之船，頓失方向，隨風漂盪，險象環生，生命不保。反之，適量飲酒，能養氣血，增強體力，消除憂愁，靈魂和形體都受益。

飲酒過度，時常酒醉的人，上辱天主，下辱父母，侮辱親人，自己受辱，使人性變成獸性，成為邪淫的禽獸，死後下地獄，不能上天堂。因此，凡要克己修德，成為聖賢，得享天國永樂的人，必先戒除飲酒過度的罪過，否則，天國無望矣。

三、論節德

節德是四樞德之一[29]，飲食的節德，有四個要點：（一）時，就是飲食要定時，三餐定時，不合時間不要進食。（二）味，就是不挑食，不求美味。（三）幾何，就是飲食節制，均衡營養，除了養形體，也要養精神，誠如呂坤所謂：「以食淡為二陳。」（《呻吟語》卷二）「食淡」就是飲食清淡，少油、少糖、少肉、少鹽是「食淡」的不二法門。「二陳」是中藥的二陳湯，主治健脾胃。（四）狀貌，飲食注重餐桌禮儀，不要狼吞虎嚥，容貌失態。

節德是智慧之母，是貞德的旌旗，能夠消滅淫火，拒絕邪魔，

---

29 四樞德是基督宗教的根本美德和基本德行，包括智德（明智）、義德（公義）、勇德（勇敢）、和節德（節制）。

去除私欲，抑制驕傲，長養謙德，懺悔罪過，克制怠惰，消除諸惡，增長諸德，使人服從道理，常保身心的安康；反之，貪饕是淫欲之火，是萬罪之毒。

節德的真諦是齋口也齋心，齋口是節制飲食，不要吃太多，也不要吃太少，中庸之道，是節德的不二法門。齋心是目不邪視，耳不妄聽，口不妄言，行不妄動，心無邪念，敬事天主，以淨心信奉天主，纔是節德真精神。

四、批判佛教

耶穌會在中國傳教的適應策略是「合儒斥佛」，龐迪我在《七克》卷五批判佛教的戒殺生和輪迴之說，佛教主張戒殺生、不吃葷、不吃肉、不喝酒。戒殺生可以培養慈悲心，戒殺生是五戒之首，殺生是佛教徒的罪過，不殺生是遵守戒律的美德。不過，龐迪我認為不殺生不是美德，殺生不是罪過。真正的美德是以愛天主為主，其次是愛人，再其次是愛物。龐迪我說：

> 夫鳥獸疑為人類轉生，愛不忍殺，斯因矜愛人，故矜愛鳥獸也，則其矜愛人，必倍至矣。今不忍殺生者，皆然乎？甚不然也，憐恤鳥獸，酷虐人民……至小民之困苦饑寒者，行乞者，曾不反顧，跡之甚遠，乞之甚悲，恬然漠然，莫捐半菽也。（《七克》卷五，頁588）

龐迪我認為佛教徒既然認為禽獸是人類輪迴轉生，不忍殺生，不忍殺害禽獸，更應該愛人。其實不然，有錢人家對貧困百姓或乞討的人，漠不關心，甚至常有虐待僕人的事，或長官虐待部屬、強暴女職員的罪惡，從人道的立場而言，這是假慈悲，真殘暴的罪過。他又說：

> 凡信輪迴之處，貧人生子，或慮養育之難，嫁娶之費，輒
> 殺之。曰：吾生爾貧爾，願爾死，早託生貴富家，正爾福
> 也，痛哉！（《七克》卷五，頁589）

中國傳統迄今重男輕女，有殺害剛出生女嬰的惡習，尤其是
貧苦人家，擔心無法養育，或考慮嫁娶的費用，在不得已的情況
下，殺害女嬰，或販賣女嬰，或送人領養。為什麼要對自己親生
子女殘酷，而對動物慈悲不殺生呢？這不是違反人道主義嗎？

龐迪我又說：

> 夫信輪迴轉生之說，既不足迪善懂惡，亦反逆阻行善之途，
> 平開恣惡之路。何者？欲為惡者，持此言懲之，不欲為善
> 者，持此言勸之。彼將曰：為惡無他殃，為善無他酬乎。
> 禽獸者，方其為禽獸也，自適其性已矣，安樂於我矣。夫
> 安知前身之為人，后身之為禽獸，而以為苦？亦順其性已
> 矣。縱轉為鳥獸，曷足畏哉！若是，行善益怠，行惡益無
> 忌矣。（《七克》卷五，頁589）

龐迪我認為輪迴報應勸善教化，一般人應該不相信，依佛教
的輪迴之說，人今生為惡，投胎轉世為禽獸，作為惡報的懲罰，
可是，既然生為禽獸，牠們甘為禽獸，非常適應自己的生活環境，
也自得其樂，沒有什麼痛苦可言。何況他們不知道上一輩子是人，
不知道由人轉生禽獸是惡報的懲罰，如何有勸善教化的作用？牠
們又怎能悔改罪惡？又怎能行善積德？又如何對禽獸勸善教化？

禽獸之中，有草食和肉食之分，肉食動物必須獵殺其他動物，
又以獅子和老虎最為凶猛，也最為殘暴，可是，獅子和老虎過得
最悠閒，比人類還要輕鬆自在。反觀牛和馬，牠們是草食動物，
不殺生，可是，還要為人類效力，工作辛苦，老了還要被人類宰
殺，這種輪迴報應非常不公正。

　　有趣的是，龐迪我以牛、馬和老虎、獅子作比喻，說明輪迴
報應不公正，近似何承天的思想，他認為在池塘裡悠遊自得其樂
的鵝，牠只吃草不吃肉，素食而不殺生，可是，等牠長大了，就
被人宰殺。反觀燕子，築巢在屋樑上，以小昆蟲為生，只吃肉不
吃草，殺生而沒有素食，百姓都以為吉祥而喜愛之。萬有眾生，
往往如是，由此可知，殺生者無惡報，不殺生者無善報。[30]

　　龐迪我又說：

> 世之富貴、安樂、貧賤、苦難，悉屬形物，故皆為形軀之
> 禍福，非靈神之禍福也……以世之富貴安樂，定善德之報，
> 則令行善作德者，因而冀望之，是其善德，徒善德之貌，
> 實貪傲之性也……若輪迴之變，實天主所設，用以勸善懲
> 惡，必也令人憶樂而望之，憶苦而畏之，其善與惡，乃能
> 勸懲矣。若令全不能記憶，善亦不足勸，惡亦不足懲，終
> 何益於我耶？（《七克》卷五，頁590-591）

　　信佛的人認為富貴安樂是善報的結果，貧賤苦難是惡報的結
果，就像竟陵王蕭子良，他是齊武帝二子，深信佛教。蕭子良問
儒家學者范縝，為什麼人世間有人生而富貴？有人生而貧賤？蕭
子良提出這個問題，目的是為了說明佛教的因果報應。范縝回答
說：人的出生，猶如一棵樹上的花朵，當風一吹來，花瓣紛紛隨
風飄落，有的花朵被吹落在富貴人家的大院，如殿下生在富貴人
家；有的花朵被吹落在糞坑裏，像我出身貧窮。社會上有的人富
貴，有的人貧賤，只不過是偶然的遭遇而已，沒有什麼因果報應。[31]

　　龐迪我主張富貴安樂或貧賤苦難，只是形體短暫的禍福，不

30　參見（《廣弘明集》卷20，〈報應論〉）及拙作《魏晉南北朝形盡神滅或形
　　盡神不滅的思想論證》頁377。
31　參見《南史》范縝本傳。

是靈魂永遠的禍福，真正的禍福，是死後靈魂上天堂或下地獄。如果希望以人世間短暫的富貴安樂，作為行善的福報，只是貪求驕傲的表現，以富貴安樂傲人，如現在富二代的炫富。如果說輪迴報應是勸善教化，也應該讓我們知道上一輩子的善惡，如果完全不記得上一輩子的善惡功過[32]，如何勸善懲惡呢？無益於今生的改過遷善、行善積德，如何有教化功用呢？

換言之，禽獸也不知道牠們是上一輩子為惡的惡報，牠們不知道是上一輩子犯罪的懲罰，要牠們如何悔改？禽獸只是自適其性，自生自滅，自然生態而已，牠們有牠們的快樂，如何要牠們修德行善呢？因此，龐迪我說：

> 今人之苦，永久不釋，惟得福者，即謂德之報應。得難者，
> 或曰無幸而偶值禍災；或曰前世往因，今生果報，未嘗反
> 思目前之罪詿，迄不悛改，艱難往往相繼，永久不息，何
> 足異哉？（《七克》卷四，頁577）

龐迪我認為相信因果報應的人，往往將今生的貧富貴賤，以為是上一輩子的善惡，反而不懂得反省，不知道珍惜，或自認倒楣（倒霉），運氣不好，生不逢時或好運氣、好命等，不知反省改過，修德行善。反之，信天主的人，遭遇困頓苦難，會自我反省，是天主以苦難懲罰我的罪過，嚴厲督促人改過遷善，終究可以使人勸勉於善。

---

32 龐迪我認為輪迴轉生的說法，沒有明顯的跡象可以證明輪迴的事實，沒有一個人親眼看見某一個人的輪迴更生，都只是聽聞傳說，甲聽乙說的，乙又聽丙說的，丙又聽丁說的。他說：「所言輪迴顯跡者，此人言又據彼人言，彼人又聞之他人言，展轉相信，實無有明視一人之輪迴者也，此獨耳為證，又何嘗以目證耶？」（《七克》卷五，頁591）

五、生死正理與天堂地獄

　　批判了佛教的輪迴報應思想之後，龐迪我提出耶教的生死觀和報應思想，他說：

> 人有靈神，有形軀，靈神者，天主自無中造有之，與父母無預也……人既死後……其靈神萬世不能散滅，又不能轉生輪迴，乃隨死候所就或善或惡，遂入其報應之境耳，既入此境，永不能復出，所受苦與樂，甚大無極……蓋乾坤有主宰人物之主，世間有善惡之人，必有賞善罰惡之定法定所，所謂天堂地獄是也。（《七克》卷五，頁592）

　　耶教的生死觀認為人有形體和靈魂，靈魂是天主自無中生有所創造，與父母沒有關係，只有骨肉形體，是由父母精血所造，所以，此生的形體，不同於上一輩子的形體。此肉身之前，沒有此身的靈魂，因此，人出生時，絕無知識，後隨耳目感官所認知而有知識。

　　人死後，靈魂永遠不能散滅消失，又不能輪迴更生。唯有依照生前的善惡，進入報應的地方，就是天堂或地獄，進入天堂或地獄，永遠不能復出，天堂所受的樂或地獄所受的苦，不是我們能夠想像、理解或論述。天堂永遠非常快樂，地獄永遠非常痛苦，這是天主的最後審判，天主是天地人物的主宰，人世間有善或惡的人，天主定有賞善罰惡的法則，善人入天堂永樂，惡人入地獄永苦，具有勸善教化的作用，使邪惡之人篤信天主報應之理，必能反省改過，為善去惡。不像佛教主張捐多少財物布施或作各種法會，即可僥倖進入天堂，僥倖免除地獄之苦，這是功利之說，誘人相信佛教而已。

第六節　坊　淫

一、淫如水溢

淫欲是七罪宗之一，相呼應的魔鬼是阿斯莫德（Asmodeus）祂是色慾魔神的始祖，情欲的惡魔。龐迪我說：

> 淫者何？樂穢娛而不自禁之勢也，心盲不度，輕變無恆，急趨如崩，縱己情，惡天主，厭德義及身後事，皆從于淫之惡。（《七克》卷六，頁593）

淫欲是喜愛感官肉體的快樂，樂此不疲，情不自禁。淫欲之人，內心迷惑，不明正道，善變沒有恆心，縱容自己的情感慾望，厭惡天主、道德義理和身後事。淫欲是內心的慾火，一發不可收拾，一切善念、道德的志願、正義的言行等，都棄毀不存。

犯了淫欲好色的人，必有同伴，犯別的罪過，不必有同伴。阿斯莫德邪魔喜歡用淫欲引誘人，引誘一人就可以連帶引誘別人。好色對人的傷害甚大，不但喪盡清明的靈魂，蒙蔽心靈，使人昏愚；又損害身家性命，喪盡家財，使人生病，失去健康。

龐迪我認為凡是智者的行為，必符合四個階段，第一是明照，明智的人明白所要做的事，是否合於義理；好色的人，迷情最深，不能明白想做的事，是否合於義理。第二是量議，明智的人，會自己再三斟酌，或與別人商量；好色的人，淫亂毫無節度，無法冷靜思量，更不能與別人商議。第三是決定，明智的人自己決定主意，決定力行義道；好色的人，一心淫樂，不見道義，不能決定行義之事。第四是命令，明智的人明白義理，決定主意之後，

勇於力行，恆心毅力，永不退縮；好色的人，不行道義，喪失道德，妨害智慧，荒廢事業，損失財物，傷害健康等罪過，卻不知其害，真是可悲。

好色的人，情慾沒有節制，荒淫無度，比禽獸還不如，禽獸有固定時間的發情期。人是有靈性、有理性的，可以克制情感私欲；好色的人，情慾勝於理性，違背天主造人的本意，天主造人的靈魂，與天神類似；造人的形體，與禽獸相似。人若捨棄理性靈魂，追逐情慾享樂，死後將入地獄永受苦難，若不肯勇於改過，比禽獸還愚蠢！

須知，天主無所不知，無所不能，能夠明察人心的貞節或淫亂，可以透視人心裏的祕密[33]。因此，耶穌說：「凡看見婦女就動淫念，這人心裏就已經與她犯姦淫了。」（《新約‧馬太福音》第5章第28節）可知，必須內心貞節，形體也貞節，纔是貞德。有貞德的人，能夠克己節欲，少私寡欲，減少耳目感官的娛樂，專心修德，敬奉天主，彌補從前的罪過，這是貞德的功德，也是基督宗教十誡第七誡：「不可姦淫」的真諦[34]。姦淫的人，絕對不能得救，斷不能進天國。

天主造人，賜我傳宗接代，生育子孫，一夫一婦，方為正道，除此之外，都是邪淫不正，例如中國傳統社會有人一妻多妾，妻妾成群，都犯邪淫不正之罪。雖然只是一夫一妻，也要節欲，為了生子可以適當行樂，若只為快樂而行樂，也是邪淫之樂。

邪淫之罪以男同性戀為最大罪，同性戀違反人類生理，違背人道，人道是一夫一妻，同性戀是罪中之罪。在《聖經》記載中，

---

33 參見《聖經‧舊約‧詩篇》第44章第21節。
34 參見《舊約‧申命記》第5章第18節、21節及《新約‧馬太福音》第5章第27節。

瑣多瑪原是富足的府城，盛行同性戀，天主等待他們悔改，卻執迷不悟，終被天主消滅，因為鎖多瑪人非常邪惡，在天主面前罪大惡極[35]。《新約‧猶大書》第 7 節說：「住在鎖多瑪和蛾摩拉及附近城市的人民，他們行為淫亂，放縱反自然的性慾，因此，受那永不熄滅之火的刑罰，這些事可以作為人人的鑑戒。」[36]

至於如何使邪淫惡念日消，正道善念日增呢？祇靠自己的道德力量，很難克己修德，必須祈求天主助佑，自己勉強努力，始能消除邪淫，精進善道。

二、貞　德

何謂貞德？龐迪我說：

> 貞者何？絕淫慾之願也。其級有三：下則一夫一婦之貞也，中則鰥寡之貞也，上則童身之貞也。（《七克》卷六，頁 600）

龐迪我認為貞德是斷絕淫慾的心願，貞德分為三等，下等是一夫一婦的貞德，夫妻行正道，不行邪樂，生育子女，家庭和樂，沒有婚姻外的淫樂。中等是鰥寡的貞德，守寡守鰥，配偶死後，不再嫁娶，身心言行，不再淫慾。上等是童身的貞德，沒有結婚，自生至死，時時刻刻，內心貞潔，沒有邪淫妄念，言行高潔。若有一生為天主堅守貞德，一心修德，雖無人世間短暫的夫妻之樂，卻有死後天堂永遠的真樂，這就是真福八端之六：「內心純潔、有貞德的人，多麼有福啊！他們要看見天主。」（《新約‧馬太福音》第 5 章第 8 節）

有人質問：如果人人都守童貞，都不結婚，人類將在地球上

---

35 又參見《舊約‧創世紀》第 13 章第 13 節。
36 又參見《新約‧彼得後書》第 2 章第 6 節。

消滅，如何是好？龐迪我認為這種事凡人不必操心，何必憂慮呢？天主一定有好的辦法，天主可以無中生有，人類也是祂所創造的生命。[37]

　　或許有人認為堅守貞德很難有始有終，但想到天堂永遠的福樂，應該容易始終如一，因為在天堂可以活得像天使和復活以後的耶穌，雖然在天堂沒有婚嫁，也不娶，也不嫁[38]，但仍然擁有無罪的感情和快樂的感受，沒有怨恨，只有愛，就像耶穌沒有結婚，沒有子女，但祂生前和死後復活，仍然深愛祂的母親瑪利亞及其親友。

三、婚娶正議

　　《聖經‧舊約‧創世紀》第 2 章記述天主創生人類始祖亞當和夏娃，從此，男人要離開自己的父母，跟他的妻子結合，成為一夫配一婦的傳統，太太如果死亡，先生可以再娶，但不得娶妾，夫妻結為伉儷，是結婚的正道。如果是一夫配多婦，妻妾成群，都是邪淫罪過，違背天主創生亞當和夏娃的宗旨。

　　明顯的，龐迪我批判中國社會的一妻多妾的風俗，他認為如果以多育子孫為藉口，也是謬論。何況妻妾總會爭寵，彼此嫉妒而成仇敵，妻妾所生的子女豈能安和？雙方所演生的仇恨罪過，都由娶妾而來，而使父子、夫婦、兄弟三大人倫俱廢。可知，娶妾不是人倫正道。

　　或許有人認為如果妻子沒有生育，不孝有三，無後為大[39]，

---

37 參見《舊約‧創世紀》第 1 章。
38 參見《新約‧馬可福音》第 12 章第 25 節。
39 參見《孟子‧離婁上》。

為了家庭生命的生生不息，可以娶妾生子。龐迪我不贊同這種觀點，他認為結婚而沒有生育子女，不完全是妻子的責任，也許是丈夫的問題。以現代醫學的看法，丈夫精蟲太少或沒有精蟲，也是不能生育的原因，豈能將責任完全推給妻子嗎？

第七節　策　怠

一、怠如怒疲

懶惰是七罪宗之一，相呼應的魔鬼是貝爾芬格（Belphegor），祂會使用「怠惰」的方法誘惑人，使人不能全心信奉天主，不能全心敬愛天主。龐迪我說：

> 怠者何？德行之厭憂也。恣諸欲，自諉不能，善無恆毅，須暇閒遊，多寐，皆其支也。淫慾，饕餐，盜竊，妬嫉，戲言，浪笑，惡謀，訕誹諸情，皆其流矣。（《七克》卷七，頁606）

懶惰的人，無心於克己修德，隨意散漫，遊手好閒，整天昏沉，邪淫多慾，貪吃懶作，偷盜、嫉妒，戲言，毀謗，貪睡等罪過，都是懶惰所生的惡果。懶惰的人，要學習螞蟻勤勞、遠見、合群的智慧，牠們沒有領袖，沒有長官，沒有統治者[40]。可是，牠們在夏天儲備糧食，準備冬天的需要[41]。

---

40 一個螞蟻家庭，以蟻后為中心，負責產卵，但不是指揮者，雄蟻負責與蟻后交配，數量最多的是工蟻，是沒有生殖能力的雌蟻，負責覓食，清理蟻巢，照料蟻后，餵養幼蟻蟲，也是防衛者。

41 參見《舊約‧箴言》第6章第6、7、8節。

　　我們人類有靈明的本性可用，有天主的默啟，有古聖先賢的箴言可行，有古人的典範可效法，有地獄永遠痛苦使人畏懼，有天堂永久福樂可以盼望，尚不肯勤於修德，坐失今生積德立功的機會，豈不是比螞蟻更愚蠢麼？

　　世人只是勤於追求名利，安於享樂，而不勤於事奉天主。反觀古聖先賢，敬奉天主，克己修德立功，戰勝魔鬼的誘惑，忍受小人的嫉妒毀謗，甘受貧窮困苦，克己無欲，淡泊飲食，遠離世俗享樂，改過遷善，愛人如己，敬愛天主，纔能得到天堂的福報，免除地獄的痛苦。我們不能以聖賢為學習效法的典範，豈不覺得羞愧？

二、論恆德

　　有恆為成功之本，恆心毅力能夠成就萬事；反之，懶惰必然挫敗各種美德，尤其是有空閒又懶惰的人，容易自招魔鬼的誘惑，易生邪惡淫亂的罪惡。因此，我們行善積德，不可延遲等待，今天不作，明天就會後悔。所以，有了罪過，如果等待明天再改，這是魔鬼的引誘，造成一罪難改，再添新罪，日積月累，習以為常，遠離天主的寵佑，走入地獄的苦痛。可知，改過遷善要及時，及時勤於改過，及時行善積德，及時歸依天主，及時勤於克己修德。

　　人的耳目感官有情感慾望的需求，龐迪我稱為「我性邪情」[42]，這是人性軟弱幽暗的部分，開始克己之初，必覺艱難，若能克除懶惰的習性，又依靠天主的助佑，邪情逐漸消融，道德之路日漸開展，德行日積，終能樂於克己修德，勤於行善積功。

---

42 參見《七克》卷七；頁 613。

　　為何世人勤於世俗的功名享樂，而怠忽修德行善？龐迪我認為有三個原因：一是心中沒有敬從天主；二是沒有踐履天主的正道；三是沒有盼望天主的報賞，又不畏懼地獄的惡報。

　　不相信天主是天地萬物的主宰的人，就像是無舵的船，航行在大海，沒有方向，不知道進退，唯有敬信天主，人生纔有方向和意義。不信天主的人，不踐履天主的道，喪失天主的美德，也喪失天主的報賞。

　　何謂無罰可畏，無賞可望？就是不相信天主的報應，認為行善沒有善報，為惡沒有惡報。如果不相信天主賞善罰惡，不相信善者上天堂享樂，惡者下地獄受苦，必難甘於忍受人生的貧困，不能樂於行善，行善有始無終，卻勤於為惡。如果讓人知道死後必有天主的最後審判，天主必能賞善罰惡，可以勉勵世人向善，不怕苦難，這是修己進德的方法，因為遵守誡律，克己伏慾，進德修業，都不是容易的事，何況，人心懶惰，不易持續不斷地改過遷善，克己修德。因此，要讓世人知道天主報賞善人上天堂的福樂無限，非言語所能形容。

三、論勤德

　　人的邪情私欲，猶如田裏的野草，今天拔除，明天又長，若不勤於拔除，田必荒蕪。人的私欲邪情，今日克除，明天又有，若不勤於克除，邪情必然妄生。因此，必須勤於克己，尤其不可輕忽小罪過，不斷克除，勤事天主，至死方休，纔能得到天主的報賞。誠如耶穌訓勉宗徒說：「你們要警醒，不斷地禱告，避免陷於誘惑，使你們有力量忍受一切要發生的事，得以站在人子面前。」（《新約‧路加福音》第 21 章第 36 節）要克治邪情私欲，除了勤

德，必備勇德，不畏世俗艱險，不求世俗吉福，輕忽身命，勤事天主。

人為何有邪情私欲？完全是由肉身所產生，靈魂（靈神）本自向善，人因受肉身誘惑，而甘於沉淪罪惡。易言之，人有靈魂和形體，靈魂是一身的主宰，統攝耳目感官，靈魂有兩個功用，一是明悟，二是愛欲。所謂明悟，是能辨別是非善惡的能力，使人知道趨吉避凶，洞見真理，追求真、善、美。所謂愛欲，是在明悟之後，喜愛真、善、美，例如靈魂明悟天主是全真、全善、全美、全能，愛欲便喜歡天主，喜歡敬奉天主，也喜歡追求真善美。

人的肉身只有短暫的壽命，命終之後，肉身雖然腐朽，信天主的人，可以復活，因為耶穌被釘死三天後復活升天，耶穌復活的事蹟，〈馬太福音〉、〈馬可福音〉、〈路加福音〉、〈約翰福音〉、〈使徒行傳〉、〈哥林多前書〉等都有記載[43]。復活是基督宗教重要的信仰，現今天主教和基督教都相信人死後，靈魂和肉體都會復活到天堂或地獄，誠如《新約・哥林多前書》第 15 章第 17 節說：「要是基督沒有復活，你們的信仰就是幻想，你們仍然迷失在罪中。」基督從死裏復活，這是要保證已經死了的人要復活[44]。復活的是屬靈的身體，是不會腐壞的永恆不朽的生命。

龐迪我認為復活有四大美好：一是無損，二是明光，三是神速，四是神透。無損意指復活以後，不能復死，生命不朽。明光是指屬靈的身體，所發出的光明照耀天地。神速是指復活的身體，可以無翼而飛，不行而至。神透意指屬靈的身體，可以穿透堅硬的實物，無所阻礙。

---

43 參見《新約・馬太福音》第 28 章第 5-20 節》，《新約・馬可福音》第 16 章第 9-20 節》《新約・路加福音》第 24 章第 1-53 節等。
44 參見《新約・歌林多前書》第 15 章第 20 節。

以上簡述《七克》的內容大要，人有七罪宗，以七美德克之，以謙讓（humility）克治驕傲（pride），以仁愛人（kindness）克治嫉妒（envy），以捨財（charity）克治慳悋（greed），以含忍（patience）克治忿怒（wrath），以淡泊（temperance）克治飲食迷（gluttony），以絕欲（chastity）克治色迷（lust），以勤于天主之事（diligence）克治懶惰于善（sloth），這是一種改過遷善的修養工夫。

這種改過遷善的道德修養，首先必須認清自己是一個罪人（sin，非 crime），罪人是指道德、宗教的過失（fault），意指偏離天主（God）的準則（猶如射箭偏離紅心標的，off the target）。易言之，人有原罪，源自於亞當夏娃偷吃禁果。因此，我們都需要天主的憐憫和寬恕，因為我們的罪，應得永久的懲罰。[45]

其次，必須祈求天主的助佑，勤事天主，因為人有缺失、不完美，而天主是全知、全能、全善、全美；自己勉強戮力，認罪悔改，纔能克制私欲邪情，使善德日進，罪過日消，纔能得到天主的善報，因為天主要按照每一個人的善惡行為報應他[46]，這是天主賞善罰惡的大能，大公無私的善惡報應。

易言之，人類只可堅信、不可懷疑天主的最後審判（last judgment），認罪悔改，行善積德，遵守誡命，虔信天主，敬愛天主，愛人如己，得享天堂永樂真福；反之，必得地獄永久的痛苦懲罰。

此外，《七克》批判佛教不殺生、因果報應和六道輪迴，批判中國社會一妻多妾，批判同性戀，批判中國民間流傳的卜卦、算

---

45 參見《新約‧提多書》第 3 章第 5-7 節。
46 參見《新約‧羅馬書》第 2 章，天主是伸冤的神（《舊約‧詩篇》第 94 章第 1 節，祂是公義的神，不會放過任何的善惡，所以說是公義報應（retribution）。

命、風水、地理、擇日等，這是龐迪我傳教的適應策略：合儒、補儒、超儒、斥佛道，彰顯基督宗教的信仰和勸善教化，可謂晚明時期耶穌會的勸善書。

第六章　結　論

前　言

　　以上簡述《菜根譚》、《呻吟語》、《了凡四訓》、《人譜》、《七克》的改過思想，比較而言，《菜根譚》是一本兼顧當時環境與思潮的知過、改過之書，洪應明認為世人只認得自我太真，而有「我執」和「法我執」，這是主觀的偏見，又有七情私慾的貪念，遂生過失與罪惡。

　　改過之道有：反己、責己、自新、知足、不貪，不昧己心，慎獨不欺，不可恕己之過，心無染著，心志澹泊，主人翁（本心）惺惺不昧，慈悲為懷，多存一點素心（真誠純樸之心），降服自心等方法。

　　《呻吟語》是一本士人處事為人知過、改過之書，呂坤認為人有氣質的偏差，物慾的蒙蔽，不良的習染；又不內省，不檢點，不收斂，不防欲，遂有身口心的各種過失。改過之道有：自反、自責、檢點、省察、敬慎、克己、慎獨、率真、守禮敬身、謹言慎行、窮理盡性、變化氣質、執中、持敬、寬恕等工夫。

　　《了凡四訓》是一本求福改過之書，屬於民間信仰的勸善書，了凡為了求功名、求子女而改過行善，力行功過格，是有意為善的功利信仰。改過之道有：發恥心、發畏心、發勇心，最好的改

過方法就是修心養性，涵養靈明本心，使邪念、妄念自然消失。一個人真心改過，除了要有良師的教導和益友的相互勉勵外，也要有鬼神的明鑒，一心懺悔，日夜不鬆懈，必能真正改過。

《人譜》是一本儒者修養道德，改過成聖之書，宗周認為過由妄生，妄生於人心受形體耳目感官的蒙蔽，而有妄念、妄心、妄想、妄情，這是造成過惡的原因。因為人生而有身，即有物慾之累、私慾之蔽、習染之害，放縱私慾、妄念，即有過。改過之道有：主敬（修己以敬，修身以禮）、慎獨、誠意、靜坐、知幾、慎動、小心窮理、克己、自省、內自訟、存天理遏人欲、勤學去蔽、克治妄念、化念歸心、化念歸思、化思歸虛、證人盡性等修養工夫。

《七克》是一本信主改過之書，也是一本耶穌會基督宗教信仰的勸善書。龐迪我認為人犯罪（sin）的主因是私欲，人的邪情私欲猶如田裡的野草，今日克除，明日又長，因此要勤於克除，不使邪情私欲妄生。改過之道是以謙讓（humility）克治驕傲（pride），以仁愛人（kindness）克治嫉妒（envy），以捨財（charity）克治慳恪（greed），以含忍（patience）克治忿怒（wrath），以淡泊（temperance）克治飲食迷（gluttony），以絕欲（chastity）克治色迷（lust），以勤于天主之事（diligence）克治懶惰于善（sloth）。其次，必須認清自己是一個罪人（sin，非 crime），必須祈求天主的助佑。

此外，值得一提的是，沙門袾宏的《自知錄》。袾宏又稱蓮池大師，晚明著名僧人，《自知錄》源自功過格的形式，他在序言中說：「予少時見太微仙君功過格而大悅」，不過，他將道教的功過格，改為佛教的善過格，例如：三寶功德類：造三寶尊像，所費二百錢，一善等。他將功過改為善過，善即功，意義相同；善過

量化 （一日一善或一事二善等），象徵對世人言行的價值判斷，其實，很難有標準可言。

《自知錄》分善門與過門，善門包括：忠孝類，仁慈類，三寶功德類，雜善類；過門包括：不忠孝類，不仁慈類，三寶罪業類，雜不善類。例如：忠孝類：事父母致敬盡養，一日一善；守義方之訓不違犯者，一事一善；敬兄愛弟，一事一善等等。依儒家之教而言，孝敬父母是子女應盡的職責，何善之有？何功之有？敬兄愛弟也是人倫應盡之事，何善之有？何功之有？總之，《自知錄》是佛門的勸善書。

總結以上五章所言，綜論何謂過？過的由來，改過的意義與典範如下。

第一節　何謂過

一、過是道德之惡

《淮南子·氾論訓》認為從古至今，五帝三王等所有人，沒有人是德行完備的。因此，《周易·小過》以為小過失無傷大雅，仍能亨通、有利，利於德行端正。只要約束自己的言行，使言行更恭敬，喪事更哀傷，生活更節儉。易言之，人難免有過失，只要改過遷善，避免釀成大的過錯，即可亨通吉利。

至於何謂過呢？以道德哲學而言，「過」是一種違反倫理規範或道德之惡，而非「自然之惡」。所謂「自然之惡」，意指先天本然的缺陷，無關人倫道德，例如先天的身障或智障，而「道德之

惡」是違背人倫規範或道德之善。包括：不忠、不孝、不仁、不義、不恭、不敬、不公、不恕、不誠、不謙、不內省、不克己、不自訟、不修慝、無恥、無禮、見利忘義、遷怒、貳過、文過等，都是人倫道德之過惡。人倫道德之過，往往出於私意（偏私、溺愛），誠如王陽明說：

> 父之愛子，自是至情，然天理自有個中和處，過即是私意。
> （《傳習錄拾遺》44 條）

這些人倫道德之過，往往是人心所不能免，明儒聶雙江說：「過者，人心所不能免，或生於氣稟，或生於習俗，或生於聞見，或生於時位，或生於天理，或生於念慮。凡非本心有意為之，而有所不能免者，皆曰過。故無過，聖人有所不能；改過，愚人有所不知；見過，賢人有所未精。」（《聶豹集》卷 14）人往往在不知不覺之下而犯過，或生於氣質之偏、習俗之染、聞見之蔽、念慮不周、不明天理、時空差異，所以說聖人有過，愚人不知改過，賢人見過不精。

明末清初儒者張履祥說：「人不能無過，但期於改，蓋人生氣稟既已不齊。有生以來，復為習染所錮，義理之心喪失者多矣。一息不簡點，視聽言動已不可知，小則九容受之，大則人倫事務隨接而見。不可不省察也，然亦有自己以為無過而不知，已為大失者，正此心陷溺之深而可哀痛者也。」（《張園先生全集》卷 36）張履祥認為人不能無過，但因習染所限，不自省，不省察，而自以為無過。因此，孔孟只教人切己自省，不能反躬自省克己，是學者第一病。

人倫道德之過，或出於無心而放縱所造成，誠如王龍溪說：「夫所謂過者，無心而致之者也……有心則謂之故，故斯惡矣……聖賢之學不貴於無過，而貴於能改過，過而憚改，斯謂之惡。」（《王

畿集・龍溪會語・自訟問答》）無心之過雖然不是故意而為，但是，如果疏於注意而造成他人的損失或傷亡，構成違反法律的事實，以過失論罪。如《中華民國刑法》第十四條：「行為人雖非故意，但按其情節應注意，並能注意，而不注意者，為過失。行為人對於構成犯罪之事實，雖預見其能發生而確信其不發生者，以過失論。」

二、過乃欲而縱

劉宗周說：「生機之自然而不容己者，欲也，欲而縱，過也。甚焉，惡也。」（《明儒學案・蕺山學案・原心》）又說：「吾儕日用之間，一揚眉瞬目，無非護持此己，過惡皆從此生。」（〈學言上〉）宗周認為自然本能是天生的人欲，放縱人欲，恣肆人欲，不能節欲、寡欲，即是過。何況，日常生活，人與人相處，常人總是保護自己，自以為是，遂生過惡而不知。有過不能改，不能改過遷善，不能克己復禮、內省自訟，必將積過而成眾惡。如《人譜・紀過格》有微過、隱過、顯過、大過、叢過、成過為眾惡。[1]

三、聖人不自以為無過

清儒李二曲說：「苟有一念未純於理，即是過，即當悔而去之……必至於無一念之不純於理，無一息之或開於私，而後為聖人之悔過。」（《二曲集・改過自新說》）李顒強調堯、舜、禹、湯、

---

[1] 唐君毅《中國哲學原論原教篇・劉蕺山之誠意靜存以立人極之道》說：「一切惡之原始，只是過而不改，更自順其過、護其過、以自欺，遂至於惡積而不可掩，罪大而不可改。」這是「由過以成惡」的原因。而過只是心有所偏而滯住，此心偏向即是過。

文、武、周、孔等，未嘗自以為無過，只要有一念不合天理，有所偏私，即是過。天理是道德法則，朱熹〈答何叔京〉說：「天理只是仁義禮智之總名，仁義禮智便是天理之件數。」

例如《說苑·君道》記載：夏禹出巡，看到罪人，下車探問，傷心而哭。夏禹認為百姓有罪，是君王缺少教化所造成，表示悔過之意，他說：「百姓有罪，在予一人。」另據《荀子·大略》記述：商湯遭受七年的乾旱，為百姓祈雨，反省自責為何長年乾旱不雨？是否政治不清明？社會不和諧？是否不行仁政，使人民生活太痛苦？是否宮室太華麗？是否後宮干政太多？是否賄賂盛行？是否小人讒言興盛？都是我一人的罪過。也表示悔過之意。孔子更說：「假我數年，五十以學易，亦可以無大過矣。」（《論語·述而》）這表示孔子自以為有過，因此，不斷地學習，不斷地思考，學不厭且發憤忘食，樂學以忘憂，可以無大過。

四、身口意三過

至於佛家之過，主要是身、口、意三過，包括十惡：殺生、偷盜、邪淫（非夫妻而行欲）、妄語（虛誑語）、兩舌（離間語）、惡口（惡語）、綺語（雜穢語）、貪欲、瞋恚、邪見（不信因果）。分別而言，身過有殺生、偷盜、邪淫；口過有兩舌、惡口、妄言、綺語；意過有貪欲、瞋恚、迷痴。佛家的各種戒律，主要防治身口意三過。

值得注意的是飲酒戒，佛陀認為飲酒之後，容易違犯各種戒規，因此，禁止弟子飲酒。飲酒的罪過很多，《長阿含經》記載飲酒有六種過失：失財、生病、鬥爭、惡名流布、恚怒暴生、智慧日損。《四分律》飲酒有十大過失：顏色惡、少力、眼視不明、現

瞋恚相、能壞田業資生法、增致疾病、能益鬥訟、名稱惡名流布、智慧減少、身壞命終墮三惡道。《大智度論》更記載飲酒有三十五過，《沙彌泥戒經》認為飲酒有三十六種過失。

五、飲酒三十六過

《佛說分別善惡所起經》佛陀開示，飲酒有三十六種過失：一、人若飲酒，子女不孝敬父母，臣不忠敬君，君臣、父子沒有上下之分；二、言語多錯亂；三、醉者多話，搬弄是非；四、醉者容易揭發他人隱私；五、醉者罵天罵地，無所不罵；六、醉者睡臥路旁，回不了家；七、醉者站立不穩；八、醉者容易落水而喪命；九、醉者跛行，傷害身體；十、醉者買賣生意，必有謬誤；十一、醉者易失事；十二、所有財物耗減；十三、醉者不顧妻子饑寒；十四、醉者與人爭吵，不避王法；十五、醉者解衣脫袴，裸體而行；十六、醉者妄入別人家，牽人婦女，言語騷擾；十七、醉者人過其旁，欲毆打人；十八、大呼小叫，驚擾鄰居；十九、醉者妄殺動物；二十、醉者打破家中器物；二十一、醉者視家室如囚房，言語衝動；二十二、醉者往來朋友，必是惡人；二十三、醉者疏遠賢善之人；二十四、醉者睡醒時，身體不舒服；二十五、醉者口吐穢物，妻子憎惡之；二十六、醉者到處遊蕩，不避猛獸；二十七、醉者不敬賢者，不敬佛門；二十八、醉者淫亂，無所顧忌；二十九、醉者如狂人，別人避而遠之；三十、醉者如死人，沒有知識；三十一、醉者皮膚得病，或得肝病；三十二、天龍眾神，皆以酒為惡；三十三、親朋好友，疏遠醉者；三十四、醉者自以為王，不敬官吏；三十五、命終之後，當入地獄受苦千萬年；三十六、來世為人，生性愚癡。飲酒有以上三十六種過失，佛教

徒不應飲酒。因此，有飲酒戒。

　　可知，飲酒為諸罪過的惡門，飲酒是犯罪之因，不善、諸惡之根，如能戒除飲酒，則遠眾罪。因此，《俱舍論》卷十四說：「諸飲酒者，心多縱欲……令離飲酒。」不過，《四分律》認為以酒為藥，不犯戒律。雖然以酒為藥不犯戒，但必須是醫師的處方，方可飲用，不可假借治病而真享飲酒之樂，則犯飲酒戒。[2]

第二節　過的由來

　　人為什麼會犯過？為何有過失？茲舉《孟子》、《荀子》、《禮記》、佛家、基督宗教等思想論述過的由來。

一、《孟子》

（一）從其大體為君子，從其小體為小人

　　儒家有君子小人之分，君子代表道德人格的典範，反之，小人代表道德人格的過失。《論語》有十四則君子與小人的對比，彰顯君子的美德與小人的過失，並勉人改過自新。如《論語・衛靈公》子曰：「君子求諸己，小人求諸人。」孔子強調君子反求諸己，責己之過；小人不反省，自以為無過，責人之過。

　　孟子有大人小人之分，大人近似孔子的君子，又有大體小體之別。小體是耳目感官之情欲。大體是仁義禮智之善性，「從其大體」是心思禮義，擴充善端，以心制欲，寡欲，不動心。「從其小

────────────

2 飲酒戒進一步引申，應包含禁止吸毒、吸菸、興奮劑等違禁品。

體」是耳目感官受外物的引誘而縱恣情欲，是自作孽之過。因此，
孟子主張「寡欲」，養心莫善於寡欲，因為太多情欲蒙蔽人人皆有
的惻隱之心、羞惡之心、恭敬之心、是非之心。清明不昧的良知
良能被耳目私欲蔽塞，使人成為無理性的禽獸，豈能無大過？易
言之，嗜欲陷溺本性的善端，不能以大體制約小體，使人犯過為
惡。易言之「從其大體」是君子，「從其小體」是小人，是自作孽
之過。所以，孟子強調「先立乎其大者，則其小者不能奪也。」
《孟子‧告子上》曰：

> 從其大體為大人，從其小體為小人……耳目之官不思，而
> 蔽於物；物交物，則引之而已矣。心之官則思，思則得之，
> 不思則不得也……先立乎其大者，則其小者不能奪也。

　　值得注意的是，孟子以牛山茂盛的草木，譬喻人本然之善心。
牛山原有茂盛的草木，只因為常遭百姓砍伐及牛羊放放，成為「牛
山濯濯」。猶如人的本然善心，被私欲蒙蔽，喪失仁義之善端，淪
為禽獸而不知矣。

（二）富歲子弟多賴，凶歲子弟多暴

　　孟子認為人無有不善，猶如水的本性往低處流，但是，如果
重擊水流，可以激起水浪；阻塞水道，使水漫延，四溢橫流或逆
流。更可怕的是，海底發生大地震，造成海嘯，海水湧上陸地，
摧毀建築物，生命嚴重傷亡，這也是外力（大地震）所造成的結
果，並非海水本性。易言之，不良環境的影響，能使人為非作歹，
這是常人犯過的原因之一。若有不善朋友的引誘，更易結夥犯過
而為惡。

　　人需要基本的物質條件，維持簡單的日常生活，嚴重缺少物
質或食物，使人無法生活，例如當朝政不綱，小人得寵，凶年沒

有收成的年歲，百姓生活貧窮困苦，在社會上就會發生許多混亂、搶奪、暴戾的罪過，造成天下大亂，甚至革命起義，改朝換代。反之，在穀物豐收的年歲，農民不需勤勞耕種就可以生活無缺，無憂無慮的快樂休閒，容易使人變成懶惰，好逸惡勞成性，猶如富貴紈絝子弟。這些都是環境影響人心，驅使人犯過作惡。

（三）若乎為不善，非才之罪

《孟子‧離婁上》曰：

> 自暴者，不可與有言也；自棄者，不可與有為也。言非禮義，謂之自暴也；吾身不能居仁由義，謂之自棄也。

孟子強調人禽之辨，人有不忍他人受害之心，譬如常人突然看到一個小孩要掉入水井時，都有憐憫心油然而生，想要救他，不計安危或利益，這種救人的義舉，時有所聞，甚至犧牲自己性命，例如健康幼稚園火燒車林靖娟老師英勇救童而殉命，即是道德人格的典範。

因此，孟子說：「無惻隱之心，非人也；無羞惡之心，非人也；無辭讓之心，非人也；無是非之心，非人也。惻隱之心，仁之端也；羞惡之心，義之端也；辭讓之心，禮之端也；是非之心，智之端也。」（〈公孫丑上〉）「非人」即是禽獸，人天生具有四個善端，猶如四肢一樣，這是上天給人類最珍貴的善性。往往因為個人的疏忽，有意或無意放棄自己的善性，自暴自棄，沒有擴充天生行善的潛能，私欲作祟，人欲橫流。

因此，孟子說：「人之所以異乎禽獸者幾希，庶民去之，君子存之。」（〈離婁下〉）又說：「若乎為不善，非才之罪也。」（〈告子上〉）所以，為人之道無他，求其放心而已，由仁義行，非行仁義，不可自暴自棄。換言之，自暴自棄，使人犯過為惡矣。

二、荀　子

（一）人心易受本能欲望蒙蔽

　　孟子有人禽之辨，荀子也有人禽之別。人和禽獸有何差異？這是每一個人應該慎思明辨的重要課題。人和其他生物有何不同呢？生物之間又有何差異呢？《荀子‧王制》認為水火只有氣體而沒有生命現象，花草樹木有生命現象而沒有知覺，禽獸有本能欲望、感官知覺而沒有道德禮義，人類有呼吸之氣、有生命現象、感官知覺、本能欲望，又有道德禮義，所以人為最靈。易言之，人有道德善性，禽獸沒有道德善性。人雖有道德善性，卻易遭本能情欲所蒙蔽，犯下禽獸不如的過錯。換言之，人心之善若遭本能欲望所蒙蔽，即是人之大過。因為人性充滿情欲，使人趨向邪惡而犯過。

　　所謂本能欲望，意指人生而有好利之性，有耳目之欲，更有「五綦之性」：目極色、耳極聲、口極味、鼻極嗅、形極佚，也就是耳好美聲（包括讚美之詞），口好美味，心好大利，身體好安佚。順此欲望，必生邪淫、爭奪、暴亂之大過。易言之，人性充滿情欲，容易使人犯過。

（二）蔽於一曲

　　《荀子‧解蔽》說：

　　　凡人之患，蔽於一曲，而闇於大理。治則復經，兩疑則惑矣。

　　荀子認為人的情意常有偏私、偏好，久而久之，積習成性，偏執所愛，自以為是。一般人的過失，即蒙蔽於偏隅的一曲之說，

而不明白天下的大道理。例如：夏桀被妹喜（又稱末喜）等佞人所蒙蔽，而不知道關龍逢之忠賢；商紂被妲己與飛廉、惡來等佞人所蒙蔽，而不知道徵子啟的賢能。桀、紂蔽於佞人之諂諛，忠臣被戮，賢良隱退，喪失天下，這是君王蔽塞之大過。

荀子進一步指出造成蒙蔽的原因：蔽於情意之所喜好，蔽於情意之所厭惡，蔽於先入為主的主觀印象，蔽於最後得到的結果（只求結果好壞，不論動機善惡，不擇手段得之），蔽於疏遠的人、事、物，蔽於親近的人、事、物，蔽於廣博而不專精，蔽於膚淺之見，蔽於知古而不知今，蔽於知今而不知古。萬事萬物各有不同的道理，大千世界，凡人僅見其中之一，不知全體大道，造成蒙蔽此心之過。

值得注意的是，《荀子·解蔽》所謂「凡人之患，蔽於一曲，而闇於大理。」的思想，近似莊子所說的「一曲之士」（曲士），《莊子·秋水》說：「夏蟲不可以語於冰者，篤於時也；曲士不可以語於道者，束於教也。」

莊子認為一般人都有偏好、偏惡、偏私、偏見、偏知，猶如井裏之蛙無法談論海洋的事，是由於受到地理的限制；夏季生長而死的蟲，無法談論寒冬冰冷的事，是因為受限於季節的差異；一曲之士無法談論真正的大道，是因為受到所學知識的束縛。我們一般人都是「曲士」，只知道部份的真理，不知道全部的真理，所以，不能通達道理。真正認知大道的人，一定可以通達萬事萬物的道理，通達道理的人，一定可以明白宇宙和人生的變易，明白宇宙和人生變易的人，不會執著相對是非、相對善惡、相對價值，不會造成「小行」和「小識」的過失。[3]

3　《莊子·繕性》說：「道固不小行，德固不小識。小識傷德，小行傷道。」

《莊子‧天下》說：

> 天下多得一察焉以自好，譬如耳目鼻口，皆有所明，不能
> 相通。猶百家眾技也，皆有所長，時有所用。雖然，不該
> 不遍，一曲之士也。

「一察」即是「一曲」，一般人都固執一端以自誇，只知其一，
自以為是。猶如耳目口鼻，各有功用，卻不能通用，口鼻不能看
東西，耳朵不能吃東西，好像各種技藝一樣，各有所長，各有所
短，既不兼備，又不周遍，偏執「道」的一端，而不明白「道」
的全體。[4]

值得注意的是，莊子「一曲之士」和荀子「蔽於一曲，而闇
於大理。」的思想，近似黑格爾（G. W. F. Hegal，1770～1831）
的名言「真理即是全體」的哲學。黑格爾認為人類歷史充滿諸子
百家的一偏之見，科學和宗教的偏見與矛盾，道德與藝術的偏見
與衝突，各家學說充滿各種形式的偏見與愚蠢，這是一切衝突與
戰爭的主因，也是人類的悲劇。因為每一偏見都自以為真理，然
而，每一偏見都不是完全的真理；每一曲士之見，只是部份的真
理，卻冒充無限而完全的真理，豈不可笑？又豈不可悲？又豈能
無過？

「小行」意指人世間相對的世俗道德行為，暗指儒家仁義禮樂的德行；「小
識」意指人世間相對的是非善惡的分別。

4 莊子的哲學體系，以「道」為思想的核心，他的天道觀，有六點意義：一、
道無所不在。二、天道是自然的規律。三、至道週而復始，循環運行。四、
至道的精神表現：深遠、沉默、潛藏。五、不能以思慮而得道。六、小行和
小識傷害道的完美。（參閱拙撰〈莊子生死學研究〉空大人文學報第六期，
中華民國八十六年五月出版。）

（三）人之性惡，善者偽也

荀子主張性惡論，何謂性？〈性惡論〉說：

> 不可學，不可事之在天者，謂之性；可學而能，可事而成
> 之在人者，謂之偽；是性偽之分。

「性」是天生自然就會的情感欲望本能；「偽」是出於人為努力學習的成果。荀子認為如果弟弟美食當前，雖然飢餓而讓給兄長先吃，兒子工作勞累不休息而讓勞累的父親先休息，這種辭讓孝悌的美德，是道德教化的結果，不是人性之常。因為人性之常是餓了想吃飽，勞累了想休息。

人為了保全自己的生命，不可能不顧自己的安危，因此，個人總是追求自我的滿足。可知，人的欲望本能，相反倫理規範，如果沒有道德教化，必將犯過為惡矣。[5]

三、《禮記》

（一）飲食男女，人之大欲存焉

《禮記‧禮運》說：

> 何謂人情？喜怒哀懼愛惡欲，七者，弗學而能。何謂人義？
> 父慈、子孝、兄良、弟悌、夫義、婦聽、長惠、幼順、君
> 仁、臣忠，十者，謂之人義……飲食男女，人之大欲存焉。

---

5 荀子的性惡論，近似西洋倫理學的結果論（Consequentism）結果論者以為善惡的標準，由行為的結果而定，雖有善意（good will），而沒有善果，仍不得稱為善。荀子雖然主張性惡，但是，強調人性可化，《荀子‧儒效》說：「性也者，吾所不能為也，然而可化也……注錯習俗，所以化性矣。」百姓積善成德，積禮義成為君子，全盡於善，成為聖人。

　　《禮記》認為人有喜歡、生氣、哀傷、恐懼、愛好、厭惡、
欲想等七種「人情」，簡稱「七情」，或稱情志[6]，就是人的各種情
感反應；人類還有飲食和男女兩種最根本的欲望、人另有十義：
父慈、子孝、兄良、弟悌、夫義、婦聽、長惠、幼順、君仁、臣
忠。聖人以禮、樂教化，調和人的情感欲望，避免彼此爭奪殘殺，
有利於和諧，稱為「人利」；反之，稱為「人患」，「人患」即是情
感欲望所造成的過失。

（二）物之感人無窮，人之好惡無節，滅天理而窮人欲

《禮記・樂記》云：

> 人生而靜，天之性也；感於物而動，性之欲也。物至知知，
> 然後好惡形焉。好惡無節於內，知誘於外，不能反躬，天
> 理滅矣……人化物也者，滅天理而窮人欲者也。

　　《禮記》認為人的天性，原是平和安靜的，因為感官受到外
界各種刺激，而有感性的欲望衝動，表現為愛好或厭惡等情性。
如果七情沒有節制，而外物又不斷引誘刺激，人又不能自我反省、
自律自禁，則人的道德天性就會消失而人欲橫流，所謂「滅天理
而窮人欲」，發生各種詐騙、強暴、違法犯紀的罪過，老幼孤獨者
流離失所，造成社會的大亂，這是過失的主要由來。易言之。如
果只追求「人欲」的滿足，則天理滅矣，人淪為禽獸，這是人之
大過。

---

6 有關人的情志，各家觀點略有差異。《左傳・昭公二十五年》云：「民有好、
　惡、喜、怒、哀、樂，生於六氣。」《荀子・正名》曰：「性之好、惡、喜、
　怒、哀、樂，謂之情。」此外，佛家以喜、怒、憂、懼、愛、憎、欲為七情；
　宋代名醫以喜、怒、憂、思、悲、恐、驚為七情。

四、基督宗教

　　西洋文化有一重要的特徵，就是在傳統文化之中，承認人類有經常做錯事的根源，稱為 original sin。以基督宗教而言，人類經常犯罪（過）的源由就是原罪（original sin），原罪是宿罪，人與生俱來的罪性，因為人類始祖亞當犯罪，傳之後代子孫，人生來就犯罪。不過，原罪使人有羞恥心和分別善惡的能力，只要能夠反躬內省和懺悔改過，以善行贖罪，使靈魂戰勝肉體的各種欲望及其罪過，即可贖罪，成為有道德的善人。

　　原罪使人一生下來容易犯下宗教與道德的罪過，英文稱為 transgression。這些 transgression 可歸納為七原罪（或稱七罪宗）[7]，即傲慢、嫉妒、憤怒、懶惰、貪婪、貪饕、邪淫，七原罪使人的靈魂死亡，中世紀因但丁的《神曲》而廣為流傳。《神曲》有地獄[8]、煉獄（purgatory）、天堂之說，人入天堂之前，在煉獄淨化心靈，改過遷善。煉獄有七層平台，也就是七層煉獄，七層煉獄為亡魂洗滌生前所犯七大罪宗。

　　煉獄第一層是懲罰、洗滌驕傲者的平台，第二層是懲罰、洗滌嫉妒者的平台，第三層是懲罰、洗滌憤怒者的平台，第四層是懲罰、洗滌懶惰者的平台，第五層是懲罰、洗滌貪婪者的平台，第六層是懲罰、洗滌貪饕者的平台，第七層是懲罰、洗滌邪淫者的平台。但丁冀望世人悔過自新，臻於理想至善的天堂境界，這

---

7 有趣的是，美國 CNN 曾經選出亞洲七個城市，代表七罪宗：傲慢（pride）是馬尼拉，嫉妒（envy）是新德里，憤怒（wrath）是平壤，貪婪（gueed）是深圳，貪饕（gluttony）是台北，邪淫（envy）是東京，懶惰（sloth）是首爾。此一報導，應是娛樂新聞。

8 但丁《神曲》的地獄，用來懲罰不肯懺悔改過的罪魂。

也是苦難庶民的信仰。

　　值得注意的是，2008 年 3 月，羅馬梵蒂岡發佈新的七罪宗，包括：吸毒或販毒、汙染環境、從事基因改造科學實驗，還有戀童癖、墮胎，以及導致貧窮或少數人過度累積財富的社會不義行為。比較而言，原有的七罪宗（the seven deadly sins），是針對個人之惡；新的七罪宗主要針對那些會對社會造成深遠而不善影響的人。過去被視為個人罪惡之事，如今確實要考慮對社會造成多少不良影響，甚至人類後代子孫也會深受其害，如環境汙染等罪過。

　　不過，基督宗教有七美德，可以克治七罪宗，謙遜克治驕傲，寬容克治嫉妒，忍耐克治憤怒，勤奮克治懶惰，慷慨克治貪婪，節制克治貪饕，貞潔克治邪淫。晚明耶穌會傳教士龐迪我的《七克》，就是以七美德克治七罪宗的改過遷善之天主教勸善書。

五、佛　家

　　以佛家思想而言，人的各種過失，源自「無明」，無明就是愚痴、無知、闇昧事理，不了解佛教道理的世俗見識，不明白緣起性空、無常、無我的佛理。無明為十二因緣（緣起）之首，眾生因無明而起妄心，妄心分別而有種種差別相，故有諸多煩惱，更因無明而有生死輪迴，唯識宗立無明為心所（心之作用）之一，即稱為痴。

　　眾生因無明而有「我」的執著，以及對五欲（色聲香味觸）的奢求享樂而不知節制，又對外境的溺愛，而有貪、瞋、痴等三毒，以及身、口、意等三過。

　　比較特別的是，佛家強調飲酒的過失，因此，飲酒戒是佛家

戒律的特色，無論大乘、小乘，無不戒酒。《涅槃經》認為酒是不善、諸惡之根，人若飲酒，則開惡門，能害諸善法。其實，飲酒本身原非罪過，但飲酒之後，易犯諸戒，因此，佛陀禁止佛門弟子飲酒，飲酒戒為五戒之一，是唯一的遮戒，其他四戒是性戒，自性是戒。[9]

第三節　改過的意義

一、改過必須知行合一

改過是不斷地自省、自反、自知、知過、自訟、悔過、省過、改過不吝、退思補過、不貳過、自新、遷善、進德、修身、日新、日日新的道德修養工夫[10]。改過必須在「事上磨練」，在日常生活中一一落實與踐履，這是成德之路，也是成賢成聖，由凡入聖之道。誠如劉蕺山自認為「通身都是罪過」，改過前「通身都是罪過」，改過後「通身仍是罪過」。不斷知過、改過、修德、積善，終臻聖境。可知，改過的方法，必須知行合一。易言之，知過必然是改過的一部份，因為，不知過，如何改過？誠如顏習齋認為「惡人之心無過」，惡人之心不知過而自以為無過，或文過飾非，如何改過？修德也是改過的一部份，因為不修德，會有貳過，一犯再犯

9　《論語‧子罕》孔子說：「不為酒困。」〈鄉黨〉云：「唯酒無量，不及亂。」孔子說他不會被酒所困擾，主張喝酒以少量為宜，不可喝醉。可知，儒家沒有飲酒戒。
10　《大學》第二章云：「湯之盤銘曰：『苟日新，日日新，又日新。』」修養德性，要滌其習染而自新，日日新，不可間斷。

而為惡矣。

二、改過不易

　　改過看似容易，其實不然，據《程氏遺書》及《近思錄》卷五記述：程明道先生十六七歲時，喜好田獵，後來拜周茂叔為師，自認已經沒有這種喜好了。周茂叔先生說：「談何容易，只是田獵這個意念潛藏在內心深處，一旦有機會，就會發作而好之。」此後過了十二年，程明道看見他人田獵而面有喜色，才知道田獵的意念還沒有消除。這是成語「見獵心喜」的由來，由此可知，改過不易。

　　須知，改過的最大障礙是蔽於習染、習慣、習氣、習心、習以為常。劉蕺山說：「舊習困人，如油入麵，如水和泥。」（〈會講申言〉）例如飲食習慣，從小養成，積年累月，不易改變。有趣的是，《孟子·滕文公下》孟子講了一個蔽於積習的故事：有一個人，每天偷鄰居一隻雞，有人忠告他：「這不是君子之道。」那人說：「讓我每個月偷一隻雞，到了明年就不偷了。」孟子強調一個人如果知道自己的過失，應該及時改過自新[11]，為什麼要等到明年才不偷鄰居的雞呢？」其實，惡習難改，有些慣竊偷了幾十年，仍然賊性不改，以偷為職業，真是罪過，舊習難改，已成賊性。

三、知過不易

　　值得我們注意的是，不僅改過不易，知過亦不易，宋儒楊庭

---

11 成語「改過自新」，源自緹縈救父（名醫淳于意），終使漢文帝廢除肉刑。

顯即是一例。楊庭顯是楊慈湖之父,生於宋徽宗大觀元年,卒於宋孝宗淳熙十五年(西元 1107～1188 年),享年八十二歲。據《宋元學案》卷五十二〈老楊先生庭顯〉、《慈湖遺書‧紀先訓》及陸象山所作〈楊承奉墓碣〉的記述,其思想以改過為核心,他認為人人有過,未足為患,患在文過飾非。因此,改過是日常生活的道德實踐,不斷反省內訟,痛懲力改。他說:「學者或未見道,且從實改過。」

庭顯少年時期,不知自己有過,常自以為無過,只見他人有過,某日自省:「豈他人皆有過,唯獨自己無過?」於是,反觀內省,終於自覺有過,過惡何其多,乃痛改前非,一改再改,由粗入細,由細入微,微過已不是旁人所能看見,自知微過而改之。他告誡子孫說:「吾家子弟,當於朋友之間,常詢自己過失。」(《宋元學案》卷五十二〈老楊先生庭顯‧慈湖先訓〉)

陽明弟子蔣信,號道林,以磨礱(磨穀取米)比喻知過不易,他說「磨礱細一番,乃見得一番。前日不認得過處,今日確認得是過。」(《明儒學案卷 28‧桃岡日錄》),這是愈檢點愈知有過的修養工夫。顯然,沒有內省檢點,不知有過,知過確實不易。

四、私意即是過

庭顯認為一己私意是過的主因,蔽於一己私意即是過,蓋一己私意、私見,蒙蔽靈明本心與天理,豈能無過?因此,只要消除私意,去蔽、無私,不斷自覺,秉持「公論」,即是改過。何謂「公論」?《慈湖遺書‧紀先訓》109 條云:

> 或無公論,必任私意,順之則喜,不順之則不喜,是使人人皆無公論也……家國欲治,其可得乎?

公論與一己私意相對、相反，不偏私意，即有公論，即有天理。庭顯強調「萬事由理」(〈紀先訓〉173 條)，此理即是公論，即是天理，即是靈明本心，即是改過。由於庭顯以改過為核心思想，楊慈湖亦重視改過工夫。

楊慈湖（西元 1141～1226 年），名簡，字敬仲，世稱慈湖先生，為陸象山（九淵）之高足，是南宋後期著名儒者。《慈湖遺書》卷十云：

> 君子不以過為諱，而以不能改過為恥。人心即道，自靈自明，過失蔽之，始昏始亂，觀過則知仁矣，無過則此心清明廣大如故矣。

「觀過知仁」源自《論語・里仁》子曰：「人之過也，各於其黨。觀過，斯知仁矣。」孔子強調「君子不黨」(〈述而〉)「黨」有偏袒一方之私意。私意即是過，私意蒙蔽靈明本心。易言之，沒有私意即是仁，仁即靈明、清明、廣大的本心。[12]

五、一生學問，只在改過；過是妄生，本無安頓處

知過不易，改過更難，因此，宋明儒者常以改過為一生學問的核心思想，《象山全集》卷 34 云：

> 或問先生之學，當來自何處入？曰：不過切己自反，改過遷善。

象山認為古之學者，為己不為人，為己自反，為己改過，為

---

12 楊慈湖自號其居為「內訟齋」(《慈湖遺書・內訟齋記》)內訟源自孔子的「內自訟」，《論語・公冶長》：「吾未見能見其過，而內自訟者。」「內自訟」成為宋明儒者的重要修養工夫，劉蕺山《人譜》有「訟過法」又名「靜坐法」，儒者的靜坐，非佛、道的靜坐。

己遷善，不是為了別人而切己自反，改過遷善。雖然聖人難免有過，而聖賢之所以成為聖賢，蓋其改過遷善而已。象山強調人要自反省過，不可激烈，一時激動，不能長久，必須在平淡生活中，真實內省，一一改過，纔能落實長久。

王陽明說：

> 吾輩今日用功，只是要為善之心真切，此心真切，見善即遷，有過即改，方是真切工夫。（《傳習錄上》）

王陽明的真切功夫，是即知即行，知行合一，此心能夠真切，自然見善即遷，有過即改。

王龍溪說：

> 吾人一生學問，只在改過，須常立於無過之地……所謂復者，復於無過者也。良知真體，時時發用流行，便是無過，便是格物。過是妄生，本無安頓處。（《明儒學案》卷十二）

王畿，字汝中，號龍溪，生於明孝宗弘治十一年，卒於明神宗萬曆十五年（西元 1498～1583 年），享年八十六歲。龍溪是傳揚陽明學最得力的高足，他認為「良知即是獨知，獨知即是天理。」（《王龍溪全集》卷十）良知本體，至善流行，過惡本不存在，所謂格物，是在「意」上用寡欲工夫，寡之又寡，以至於無欲，何過之有？過只是生於妄，常人遂以為有過，殊不知良知真體至善，過惡本無安頓處，向外求善，便有過。

非常值得注意的是，龍溪的「獨知」、「過是妄生，本無安頓處」，影響了劉宗周的《人譜》，《人譜‧紀過格》提出「微過，獨知主之。」及「妄字最難解，直是無病痛可指，如人元氣偶虛耳。」兩者思想近似，實有相通處。

六、改身之過，遷身之善，謂之修身

（一）惡人之心無過

一生推行「經世致用」的顏元，字易直，又字渾然，號習齋，生於明崇禎八年，卒於清康熙四十三年（西元 1635～1704 年）享年七十歲。他認為自己年近七十而沒有大過，且對孔孟儒學有所得，主要得自於四十年來不斷改過遷善的結果。他說：

> 吾學無他，只遷善改過四字。日日改遷，便是工夫；終身改遷，便是效驗。世間只一顏子不貳過，我輩不免頻復。（《顏習齋先生言行錄・王次亭第十二》）

顏元稱許只有顏回不貳過，一般人不免常犯過，常犯過的主因是「引蔽習染」[13]。「引」是外界事物的引誘，如美食、美色；「蔽」是私意蒙蔽本心；「染」是模擬倣效他人的言行；「習」是習慣，久而久之，習以為常，習過而不知過。習齋有所感悟地說：「惡人之心無過，常人之心知過，賢人之心改過，聖人之心寡過。寡過故無過，改過故不貳過，僅知過，故終有其過，故怙終而不改其過。」[14]（《顏習齋先生言行錄・理欲》）

「惡人之心無過」近似《聖經・新約・馬太福音》第 7 章第 3 節說：「為什麼只看見你弟兄眼中的微塵（mote），卻不管你眼中的樑木（team）呢？」「微塵」是指小過失，「樑木」意指大過失。自己眼中有「樑木」，怎能對你弟兄說：「容我除掉你眼中的

---

13 顏元《存性篇》卷一說：「將世人引蔽習染，好色好貨，以至弒君弒父，無窮之罪惡，皆於習相遠一句定案。」孔子認為「性相近，習相遠。」
14 《尚書・舜典》：「怙終賊刑。」有所恃而終不改過者，刑之不赦。

『微塵』」？應該先把自己眼中的「樑木」移開，才能清楚挑出你弟兄的「微塵」。易言之，要不斷地內省、自訟、反求諸己、知過、改過、始能對朋友勸過、規過。

（二）益友糾過勸善

習齋重視朋友之間的糾過，他說：「知己間盡規過之義，遇過即指，最忌隱忍。」（《顏習齋先生言行錄·學人》）據《顏習齋先生年譜》二十九歲條的記述：顏元與王法乾約定十天會見一次，會面時相互交換「日譜」[15]（個人的修養日記，每天將生活中的一言一行、每一個念頭，都誠實、詳細的記錄下來。），以供自我反省內訟，或是給益友之間相互的糾過勸善[16]，避免自己不知己過，或是良知本心的蒙蔽，益友成為客觀的第三者，這正是對孔子提倡益友的精思力踐，也是明末清初儒者們的修德工夫。

（三）日新之學，改過遷善

習齋對人的過惡，有深切體悟的自覺性，他認為人的各種過失，來自於現實生活和外在環境的習染，並非源自氣質之性，而是蔽於習染而犯過。因此，要有積極的憂患意識，免於自我的陷溺和自甘墮落，向下沉淪而不知過，更不可自滿、自恕、自負、自曠、自怠、自欺、自我感覺良好。自我懈怠則不覺其過，所以，個人必須時時改過遷善，每一家必須時時改過遷善，每一國必須

15　《顏習齋先生年譜》32歲條：「日記纖過不遺……至喜、怒、哀、樂驗吾心者，尤不可遺。」又《顏習齋先生傳》云：「與王養粹共為『日記』，凡言行善否，意念之欺歉，逐時自勘注之。」

16　《顏習齋先生言行錄·學人第五》云：「知己間盡規過之義，遇過即指，最忌隱忍。」另據《顏習齋先生年譜》29歲條記載：「為日記，十日一會……每會，二人規過辯學，聲色胥厲，如臨子弟。」

時時改過遷善，天下人必須時時改過遷善，這是修齊治平之道。《顏習齋言行錄・學須第十三》云：

> 學者須振萎惰，破因循，每日有過可改，有善可遷，即成湯「日新」之學也。遷心之善，改心之過，謂之正心；改身之過，遷身之善，謂之修身；改家之過，遷家之善，謂之齊家；改國與天下之過，遷國與天下之善，謂之治平。
>
> 學者但不見今日有過可改，有善可遷，便是昏惰了一日；
>
> 人君但不見天下今日有過可改，有善可遷，便是苟且了一日。

一日沒有改過遷善，便是因循苟且，昏庸怠惰，豈是「日新」（滌其習染而自新）之學？天下人一日沒有改過遷善，豈是誠意、正心、修身、齊家、治國、平天下之道？可知，顏元的成德工夫，即是改過遷善。

七、悔過自新，乃千聖進修要訣

李顒，字中孚，學者稱二曲先生，生於明天啟七年（西元 1627 年），卒於清康熙四十四年（西元 1705 年），享年七十九歲，是清初著名的思想家。

他認為古今著名儒家學者，提倡救世的核心思想各有不同，或是以「明德」為宗旨，或是以「正修」為宗旨，或是以「主敬窮理」為宗旨，或是以「先立乎大」為宗旨，或是以「致良知」為宗旨，各家宗旨雖有不同，總不外乎「悔過自新」。天子能夠悔過自新，則天下平；諸侯能夠悔過自新，則國治；大夫能夠悔過自新，則家齊；士庶人能夠悔過自新，則身修。沒有悔過自新，必不能立身行道，上自天子，下至庶人，不能悔過自新，則天下亂矣。

　　人為何會犯過？李顒認為天地之性人為貴，人得天地之理以為性，本是至善無惡，純粹無瑕。只是，一般人多被「氣質所蔽，情慾所牽，習俗所囿，時勢所移，知誘物化，旋失厥初。」（《二曲集・悔過自新說》）

　　所謂「氣質」，意指氣質之性，朱子以為氣質之性可善可惡，因人稟受清、濁之氣不同，而人得天地之性，或稱本然之性，至善無惡。個人常被氣質之偏所蒙蔽，又有情慾的牽引、地方習俗的約束、環境時勢的推移，不能抗拒引誘而向下沉淪，迷失本然之善性，遂有過惡矣。

　　如何改過呢？李顒主張：先自察身過，再自察心過，悔其前過，斷其後過。不斷自察，不斷反省，不斷改過，尤其是獨處獨知之過，眾人不見，潛藏不彰，最難自察自改，應以慎獨誠意，克治獨知之過，臻於無一念之不善而後已，這是古聖先賢進德修業之道，因此，李顒說：「悔過自新，乃千聖進修要訣。」（《二曲集・悔過自新說》）此說近似清初儒者孫奇逢所說：

　　　　我輩今日談學，不必極深研幾，拔新領異，但求知過而改，便是孔顏真血脈。（《孫奇逢集中冊》）

　　孫奇逢又說：「人生誰能無過？患不能改過，能改，便是超凡入聖之路。」（《孫奇逢集下冊》）

　　清儒錢大昕《十駕齋養新錄》也說：

　　　　聖賢之學，教人改過遷善而已矣。

　　可知，改過遷善是儒家真血脈，也是成聖成賢的成德之路，更是超凡入聖的大道。

　　值得注意的是，李顒認為吾人改過自新，當師法顏回，顏回知過、改過，《周易・繫辭下傳》第五章說：「顏氏之子，其殆庶幾乎？有不善未嘗不知，知之，未嘗復行也。」顏回知幾，知過

而改過，不貳過，是改過的典範。

改過的典範，除了顏回，尚有堯、舜、禹、湯、文、武、周公、孔子等，未嘗自以為無過，例如據《說苑・君道》的記載：夏禹外出看見罪犯，下車探問而哭，表示夏禹悔過之意；據《荀子・大略》及《呂氏春秋・順民》的記述：商湯自責為何長年久旱不雨？而有「改過不吝」（《尚書・仲虺之誥》）的罪己言行，誠如《左傳・莊公十一年》：「禹湯罪己，其興也悖焉；桀紂罪人，其亡也忽焉。」夏禹商湯認為自己施政有過，知過而改過不吝，所以他們的興盛很快。

還有張載橫渠先生、謝良佐上蔡先生、朱熹晦菴先生、吳澄草廬先生、薛瑄敬軒先生、羅汝芳近溪先生、王守仁陽明先生、南大吉瑞泉先生[17]、董澐蘿石先生[18]、楊庭顯先生等，是宋明儒者改過修德的典範。陳元不孝，改過行孝，終成佳士；徐庶少好任俠，曾殺人，之後改過勤學，終成一時名士；周處兇狠，鄉里惡之，之後改過除三害，勵志勤學，終成節義名臣，以身殉國。

此外，子張、顏濁聚，段干木、高何、縣子石、索盧參等六

---

17 據《明儒學案》卷 29：南大吉，字元善，號瑞泉，學於陽明先生。某日，言：「大吉從政多過失，先生何無指責？」陽明言：「何過？」大吉自舉從政之過。陽明言：「我已說之。」大吉言：「沒聽說。」陽明言：「我沒說你如何知之？」大吉言：「我的良知知道。」陽明言：「良知確知我言。」大吉會心感謝而去。數日後，又自舉己過，言：「與其知過悔改，不如夫子預先警告以防過為佳。」陽明言：「他人教導不如自己悔過而改。」大吉會心感謝而去。數日後，言：「身過可免，心過仍有。」陽明言：「從前，心鏡未開不明，蒙蔽良知，可藏諸過；今日，你的心鏡已明，良知已現，一點心過，自難躲藏，此正超凡入聖之機，勤勉之。」大吉拜謝，從此學問大進。

18 據《明儒學案》卷十四浙中王門學案四：董澐，字復宗，號蘿石。〈求心錄〉言：「千病萬痛，從妄想生。故善學者，常念此心在無物處。」又曰：「知過即是良知，改過即是致知。」蘿石認為妄想生過，良知知過，致良知即是改過，致良知常使此心無物慾之私意。

人，曾是死罪之人，改過德修，終成天下顯達之人。據《呂氏春秋・孟夏紀・尊師》：子張出身微賤粗俗，經孔子教導，成為子張之儒的創始人；顏濁（或作涿）聚，原是梁父地區的大盜，學於孔子，成為齊國的忠臣大夫；段干木，原是市集上從事買賣仲介的人，學於子夏，成為戰國初期魏文侯尊敬的賢士；高何、縣子石，曾是齊國的暴徒，遭受指責，學於墨子，鄉里敬重；索盧參，原是大騙子，學於禽渭黎（墨子弟子），他們都是罪刑之人，真誠改過，潛心學習，終為天下顯達之名士，也是改過的典範。

第四節　改過的典範

改過是一種經由自我學習與克己而改變不良習性（習染）的修德行為，內涵道德實踐（practice）的特質。改過的實踐意義，如惡惡臭，改之必快；改過而遷善，如好好色，遷之必力。改過若不能如惡惡臭，必是不知過或是苟且自以為無過；遷善若不能如好好色，必是不知悔過或是文過飾非。因此，改過具有道德實踐的意義，成就人格特質（traits of characters）典範。茲舉五則改過的典範為例，說明其義。

一、鄭莊公與母親和好如初

據《左傳・隱公元年》記載：鄭武公娶姜氏，生莊公與共叔段，姜氏偏愛共叔段，欲立共叔段為太子，武公不許，及莊公即位，封共叔段於京，人稱「京城大叔」。京城的城牆超高，不合先王的法度，鄭國大夫祭仲請求及早處置。莊公說：「京城大叔多行

不義，必自斃，姑且等待時機。」不久，大叔命西鄙、北鄙兩個鄭國邊邑，共同服屬於莊公及自己。

鄭國大夫公子呂請求及早消除大叔之亂。莊公說：「不必消除他，災禍將降臨大叔。」大叔步步進逼，準備偷襲鄭國都城，姜氏將幫他開啟城門。莊公命公子呂討伐大叔的京城，京城人民背叛大叔，大叔逃奔共國。莊公把母親姜氏安置在城潁，誓言：「不到黃泉，不再相見。」「黃泉」意指人死後所居住的陰間世界，黃泉又名九泉。

不久，莊公後悔了，潁考叔是典守潁谷的小官，求見莊公，莊公賜食，他捨不得吃肉，欲留賜肉孝敬母親。莊公後悔自己不能孝敬母親姜氏，潁考叔建請莊公挖掘地道，地道深及水，母子在地道中相見。莊公遂在地道中與母親相見，兩人和樂融融，恢復了從前母子關係的情感。人稱潁考叔是敦厚的孝子，把愛母親的孝心推恩到莊公。

值得注意的是，張子厚〈西銘〉有「育英才，潁封人之錫類。」的讚美。「潁封人」即是潁考叔，他是能夠推恩的孝子，感動了鄭莊公，莊公真誠改過，與母親和好如初，也使他成為孝子，免於淪為不孝之君。

二、曾子臨終易簀

曾子是春秋魯國武城人，曾點之子，名參，字子輿。孔子弟子，事親至孝，以其學傳子恩，後世尊為宗聖。

據《禮記‧檀弓上》記載：曾子生病了，病得很嚴重。他的弟子樂正子春坐在牀下，他的兒子曾元、曾申坐在腳旁，一位童子坐在房間角落，拿著燭。童子說：「好漂亮的席子，那是大夫用

的吧！」子春說：「不要說話！」曾子聽到了，突然驚醒，嘆了一口氣，童子又說：「好華麗的席子，那是大夫用的嗎？」曾子說：「是的，那是魯國大夫送我的，我沒有力氣換掉它。曾元，你把席子換掉。」曾元說：「您的病情危急，現在不要移動，明天早上再換掉。」

曾子說：「你愛我的心比不上這位童子，一個有德的君子，要成全他人的美德，小人愛人姑息苟且。我現在無所求，只希望死得合乎禮。」於是，他們抬起曾子，換掉席子，再放回新的席子上，還來不及放得安穩，曾子就往生了。

曾子臨終易簀，是非常感人的真情流露，他認為魯國大夫季孫送的華麗席子，不適合他現在的身分，他睡在華麗的席子上不合禮，這是他的過錯，病重臨終仍要改過，這是曾子平日反省改過的結果，《論語·學而》曾子說：「吾日三省吾身：為人謀，而不忠乎？與朋友交，而不信乎？傳，不習乎？」

曾子每天多次自我反省，弘大剛毅，以弘揚孔子仁道為己任[19]，任重道遠，死而後已。臨終易簀，正是彰顯曾子死而後已的反省改過。《論語·泰伯》記載：曾子病重，召集門弟子到牀前，說：「你們看看我的身體，看看我的手腳，《詩經》上說『戰戰兢兢，如臨深淵，如履薄冰。』從今以後，我知道我可以保全身體，因為身體髮膚，受之父母，不敢毀傷，我應該可以克盡孝道了。」這也是曾子平日戒懼謹慎，反省改過，死而後已的真情流露。

---

19 《論語·泰伯》曾子曰：「士不可以不弘毅，任重而道遠，仁以為己任，不亦重乎！死而後已，不亦遠乎！」

三、蘧伯玉年五十，而有四十九年非

《淮南子・原道》認為蘧伯玉活到五十歲時，反躬內省而深切體悟自己四十九年來的各種過失，這種反省的工失，並非一般人可以做到，因為常人往往不知己過，不知自省，自以為無過，這是「夫子欲寡其過而未能也。」的真誠改過。

據《論語・憲問》記載：蘧伯玉（衛國賢大夫，姓蘧，名瑗，字伯玉。孔子到衛國時，曾住過他家。）派人拜訪孔子，孔子問使者：「蘧先生近來做什麼？」使者說：「蘧先生想要減少自己的過失，可惜未能達到寡過的目標[20]。」孔子甚表讚許使者的回答，同理，孔子甚表讚許蘧伯玉的美德。

《論語・衛靈公》孔子稱讚蘧伯玉是有德的君子，在國家政治清明時為官；在政治黑暗時引退。同時，孔子也稱讚衛國賢大夫史魚（名鰌，字子魚。）是一位正直的人，無論在國家政治清明或黑暗時，他都忠言直諫，更以不能推薦蘧伯玉，斥退彌子瑕，死而以尸諫。此事見於《韓詩外傳》卷七、《大戴禮記・保傳》及《新書・胎教》。衛靈公覺悟，即刻任用蘧伯玉為相，斥退彌子瑕，衛國因此得到治理。

因此，趙簡子（春秋末年晉卿）準備伐衛，派史黯（即史墨，春秋晉國太史）觀察衛國情勢。回國報告說：「蘧伯玉賢能，擔任衛相，我們不能出兵攻打。」此事見於《淮南子・主術訓》：蘧伯玉擔任衛相，子貢前往拜訪，問：「先生如何治國？」蘧伯玉說：「順應自然的法則和社會的規律，無為而治。」這應是蘧伯玉的

---

20 依顏習齋先生的觀點，寡過已是聖人之心。

謙沖之辭。

　　王充《論語・自紀》自述他為官時，嚮往史魚的忠正直諫；沒有為官時，仰慕蘧伯玉的節操。政治清明時出仕，政治混亂時退隱。可知，蘧伯玉的操守美德，得到世人的讚許，這是他不斷知過、不斷改過、不斷修德的結果。

四、越王句踐

　　句踐（又作勾踐）（西元前 496～464 年）是春秋後期越國之君，即位不久，即打敗吳國。三年後，吳王夫差攻破越都，句踐求和，夫差準備接受，伍子胥勸阻，因為吳越兩國勢均力敵，世代敵對。越人遊說太宰伯嚭，送給他八個美女與財寶，伯嚭建請和談，夫差同意句踐求和。句踐屈膝投降，自己充當夫差的馬前卒，臣事夫差。三年後，被赦歸返越國。

　　句踐真誠改過，向國人認錯請罪，不忘會稽之恥，臥薪嚐膽，十年生聚，十年教訓，十年之內沒有徵稅，只吃自己親手耕種的糧食，只穿夫人親自縫製的衣服。重用五位大夫，舌庸建請明定獎賞的標準；苦成建請明定懲罰的原則；文種建請明定戰旗的顏色；范蠡建請明定備戰計劃；皋如建請明定進退的鐘鼓。勾踐勤政愛民，越國日益強大。對於越國的復興，夫差毫無警覺，只顧享樂，勞民傷財，拒絕忠諫，許多過失，背離民心。

　　西元前 482 年，夫差率領精銳部隊，會晉定公於黃池（今河南封丘路南），爭奪中原霸主大位，僅命太子和老弱殘兵守國，勾踐乘虛而入，大敗吳軍，殺吳太子。西元前 473 年，越軍再大破吳國，夫差被困姑蘇山上，求降不得而自殺，夫差臨死前，祭告伍子胥說：

使死者無知，則已矣；若其有知，吾何面目以見員也。(《國語》卷19)

如果死者無知，就算了；如果死者有知，我有什麼臉去見子胥啊！吳亡於越。這是夫差不知過，不悔過，不改過的後果。反之，勾踐復國，勾踐知過、悔過、改過，臥薪嚐膽（臥薪表示不敢苟安；嚐膽表示不求美味，刻苦自勵。）勤政愛民的結果。

勾踐復國是歷代帝王改過的典範之一，其他還有不少下詔罪己、改過遷善的故事，例如《論語‧堯曰》：商湯伐桀的誓辭說：「朕躬有罪，無以萬方；萬方有罪，罪在朕躬。」周武王也說：「百姓有過，在予一人。」另據《孟子‧萬章上》記述：商王太甲（成湯之孫）即位後，破壞成湯的典章制度，縱欲為惡，伊尹（湯之賢相，名摯。）將太甲放逐於桐（湯墓所在），太甲悔過遷善，行仁義，聽從伊尹教悔。三年後，伊尹迎歸亳都（湯都，今在河南商邱。）諸侯咸歸，百姓安寧，在位三十三年。

其他尚有著名的漢武帝輪臺罪己詔，唐太宗下詔責己三罪過，唐太宗的改過名言是：「以銅為鏡，可以正衣冠；以古為鏡，可以知興替；以人為鏡，可以明得失。」(《舊唐書‧魏徵列傳》)，明崇禎罪己自縊等。[21]

---

21 請參閱拙作《先秦兩漢改過思想之研究》附錄三：簡論古代帝王自省改過下詔罪己。值得注意的是帝王的罪己詔，近似孔子的內自訟。只是孔子的內自訟，是修德的自律工夫；帝王的罪己詔有政治目的，並非完全是自律的修德工夫。

五、孔子五十以學易，可以無大過

（一）孔子是改過的最佳典範

　　李二曲〈改過自新說〉說：「吾儕欲悔過自新，當以顏氏（顏回）為法。」顏回好學，不遷怒，不貳過，有過未嘗不知，知過而改，不再犯相同之過，確是常人改過的典範。不過，筆者認為改過的最佳典範是孔子。

　　孔子知過，「丘也幸，苟有過，人必知之。」（《論語・述而》）並且強調「過則勿憚改」（《論語・學而》、「改之為貴」（《論語・子罕》）。孔子說「三人行，必有我師焉，擇其善者而從之，其不善者而改之。」（《論語・述而》孔子隨時隨地在改過，學習別人或古人的美善，人人都是我效法的對象，有過則改之，無過則自勉。

　　人為何有過？孔子認為「人之過，各於其黨。」（《論語・里仁》）「黨」有偏袒一方之私的意思。因此，孔子教人「君子不黨」（〈述而〉）、「君子群而不黨」（〈衛靈公〉），「不黨」即不偏私，「君子群而不黨」即「君子周而不比」（〈為政〉），亦即「君子和而不同」（〈子路〉）；反之，小人則黨而不群，同而不和，有所偏私，必然有過。

（二）內自訟

　　孔子有所感慨地說：「吾未見能見其過而內自訟者。」（〈公冶長〉），內自訟即內自省（〈里仁〉）能夠責己之過。孔子的「內自訟」開啟儒家聖賢內省之路，顏回的「好學不貳過」、曾子的「吾

日三省吾身」、孟子的「反求諸己，君子必自反」、《中庸》的「慎獨」、《大學》的「格致誠正、毋自欺」，劉宗周的《人譜》，都是內省改過修德的踐履工夫。

「內自訟」即「修慝」（〈顏淵〉），修慝即「攻其惡，無攻人之惡。」（〈顏淵〉），反省自己的過失，知過、責己、改過，不惡意指責別人的過失，可以消除自己內心隱藏的惡念。因此，孔子強調「躬自厚而薄責於人」（〈衛靈公〉）薄責於人就是「無求備於一人」（〈子張〉）

（三）修慝改過

值得注意的是，「攻其惡，無攻人之惡。」的修慝改過思想，影響後世儒者非常深遠，例如明儒王棟（字隆吉，號一菴）說：

> 自責自修，學之至要。今人詳於責人，只為見其有不是處，不知為子而見父母不是，子職必不共；為臣而見君上不是，臣職必不盡……苟徒見其不是，則自治已疏……幾何不同歸於不是哉！有志於為己者，一切不見人之不是，然後能成就一個自家是。（《明儒學案‧泰州學案‧王一菴先生語錄》）

「自責自修」就是修慝，若只見別人之過，自己會不見己過。因此，自己要自責、自修、自治，免於不知己過而為惡。這就是孔子「躬自厚而薄責於人」的克己之道。又如明儒吳與弼（字子傅，號康齋）說：

> 日夜痛自點檢且不暇，豈有工夫點檢他人邪！責人密，自治疏矣，可不戒哉！…平日責人，謬妄多矣。信哉躬自厚而薄責於人，則遠怨。以責人之心責己，則盡道也。（《明儒學案‧崇仁學案一》）

忙於責人，當然疏於責己，必有許多過錯謬誤，因為每一個

人的主，客觀條件皆不相同，如何以自以為是的主觀意識責人？
因此，《尚書‧伊訓》說：「與人不求備，檢身若不及。」不要苛
責別人，即使對自己的親人（子女父母配偶）也不要責備求全；
反之，必須時時責己，不可苟且，所謂嚴以律己，寬以待人。誠
如明末殉國的黃淳耀說：

> 日日查己過，刻刻查己過，每夕查一日過失。（《黃陶菴先生
> 全集》冊六）

（四）君子與小人

《論語》一書有十五則孔子對比君子與小人的道德差異：

君子喻於義，小人喻於利。（〈里仁〉）

君子求諸己，小人求諸人。（〈衛靈公〉）

君子和而不同，小人同而不和。（〈子路〉）

君子泰而不驕，小人驕而不泰。（〈子路〉）

君子周而不比，小人比而不周。（〈為政〉）

君子懷德，小人懷土；君子懷刑，小人懷惠。（〈里仁〉）

君子坦蕩蕩，小人長戚戚。（〈泰伯〉）

君子成人之美，不成人之惡；小人反是。（〈顏淵〉）

君子而不仁者有矣夫，未有小人而仁者也。（〈憲問〉）

君子上達，小人下達。（〈憲問〉）

君子有三畏：畏天命，畏大人，畏聖人之言；小人不知天命
而不畏也，狎大人，侮聖人之言。（〈季氏〉）[22]

---

22 其他尚有「君子不可小知而可大受也，小人不可大受而可小知也。」（〈衛
　靈公〉）、「君子學道則愛人、小人學道則易使也。」（〈陽貨〉）、「君
　子易事而難說也……小人難事而易說也。」（〈子路〉）、「君子固窮，小
　人窮斯濫矣！」（〈衛靈公〉）。

這種君子與小人的反差對比，是源自於孔子強烈的道德意識，孔子深切體悟「不是君子，就是小人。」，不上達就會下達，不求諸己就會求諸人，不喻於義就會喻於利，不克己復禮就會追求私利的滿足，使人性沉淪與陷溺。這種道德意識，又稱為「憂患意識」，孔子憂慮地說：「德之不修，學之不講，聞義不能徙，不善不能改，是吾憂也。」（《論語・述而》）

（五）幽暗意識

孔子以不能成德為憂，憂慮小人黨而不群、偏私自利，憂道不憂貧（《論語・衛靈公》），這種成德的憂患意識，又稱為「幽暗意識」。何謂幽暗意識？張灝說：

所謂幽暗意識是發自對人性中或宇宙中與始俱來的種種黑暗勢力的正視和省悟：因為這些黑暗勢力根深柢固，這個世界才有缺陷，才不能圓滿，而人的生命才有種種的醜惡，種種的遺憾。[23]

儒家的幽暗意識，源自於孔子對比君子與小人的人格差異。君子代表道德人格的典範；小人代表道德人格的過失，小人是個人內在人格的昏闇。其實，君子與小人是「性相近、習相遠。」（《論語・陽貨》），君子與小人的本性是相近的，由於個人的學習、環境、習染不同，習於善則善，習於惡則惡。

因此，孔子憂慮一般人不修德、不學習、不改過、不遷善。孔子這種幽暗意識影響後代儒者甚深，孟子有大人與小人之分，「從其大體為大人，從其小體為小人。」（《孟子・告子上》）「大體」是心思仁義禮樂，「小體」是耳目感官縱恣情慾。他認為君子異於人，君子以仁存心，以禮存心。（〈離婁下〉）

---

23 參閱張灝著《幽暗意識與民主傳統》第 4 頁。張灝認為在儒家傳統中，幽暗意識可以說是與成德意識，同時存在，相為表裡的。

　　君子即從其大體的大人，小人不以仁存心，不以禮存心；不能愛人，不能敬人，易於犯過且多過。孟子更強調「人之異於禽獸者幾希！」（〈離婁下〉），事實上，禽獸不如的人是有的，他們犯下大過大惡，國法不容。所以，曾國藩有所謂「不為聖賢，便為禽獸。」的警人之語，真是苦口婆心。

　　孟子以性善論，反駁告子「生之謂性」，荀子以性惡論，反對孟子的性善論。其實，孟子和荀子對「性」的界說不同，孟子言「性」，實指人和其他動物不同的特質，這種人性的特質具有「道德的自覺」[24]，這是人心所獨具的特質。荀子的「性」，實指本能的情感欲望，近似告子「生之謂性」、「食色性也」的觀點。換言之，孟子「以心論性」，荀子「以欲為性」。荀子性惡論是對人性黑暗面的警覺，正是一種幽暗意識，他認為人有各種的欲望，如果順從這些耳目欲望，必生淫亂之大過。

　　李翱〈復性書〉所謂「情者，妄也，邪也。」含有濃厚的幽暗意識。宋明儒者的「存天理，去人欲」及變化氣質的復性工夫，更具有深切的幽暗意識，誠如朱熹說：

> 以理言，則正之勝邪，天理之勝人欲，甚易；而邪之勝正，人欲之勝天理，若甚難。以事言，則正之勝邪，天理之勝人欲，甚難；而邪之勝正，人欲之勝天理，卻甚易。（《朱子語類》卷五十九）

　　這是朱子在現實生活中深刻體會的幽暗意識。最能彰顯儒家幽暗意識的儒者是劉宗周，他的晚年定論《人譜》強調「通身都

24　勞思光著《中國哲學史》第一卷第 278 頁說：「孟子言性，實指人之『Essence』而言，（注意，此處所說之『Essence』乃依亞里斯多德之用法）。孟子以為，人與其他存在有一不同的條件，此條件稱之為人性，而此條件非他，即『有價值自覺』是……換言之，價值自覺為人之 Essence。」

是罪過」,《人譜》的改過之學,吾人應當精思力踐之。

　　基於憂患與幽暗意識,孔子終其一生,一方面知過、改過,一方面修德與快樂學習,他自述其歷程是:十五志於學,三十而立,四十不惑,五十知天命,六十耳順,七十從心所欲不踰矩。(〈為政〉)孔子謙稱他到了七十歲,能夠隨心所欲,不會有違背禮法的言行,臻於無過的精神境界。因此,孟子讚美孔子是「聖之時者也,孔子之謂集大成。」(《孟子・萬章下》)[25]

　　以上簡述五則改過的典範,當然,尚有許多真誠改過者,尤其帝王的改過,影響更為深遠,例如:大舜、夏禹、商湯[26]、太甲、周武王[27]、鄭莊公、齊頃公、句踐、秦穆公、漢武帝[28]、唐太宗[29]等等,能夠改過自新,造福人民。

---

[25] 歷代儒者時常爭論聖人有過或無過,例如朱熹認為聖人無過,王陽明以為聖人有過。以孔子的自述而言,七十歲以前有過,七十歲以後無過。因此,孔子說:「五十以學易,可以無大過。」(《論語・述而》)換言之,孔子自認為五十歲以前仍有大過。

[26] 《尚書・仲虺之誥》:「改過不吝」商湯能夠廣納忠諫,不斷改過。《論語・堯曰》:「朕躬有罪,無以萬方。」

[27] 《論語・堯曰》:「百姓有過,在予一人。」

[28] 漢武帝深切追悔「巫蠱之禍」所造成太子劉據自盡,兩位皇孫被殺及數萬官兵傷亡的慘劇,否定桑弘羊等人的建言:增派部隊到輪臺(今新疆輪臺東南)一帶屯田,招募百姓前往耕種,沿途興建亭障。武帝頒下悔過詔書,史稱「輪臺詔」,或稱「輪臺罪己詔」,痛改前非,造福百姓。

[29] 唐太宗流傳千古的改過名言是:「以銅為鏡,可以正衣冠;以古為鏡,可以知興替;以人為鏡,可以明得失。」(《舊唐書・魏徵列傳》)

參考書目

方豪著《中國天主教史人物傳》：北京，宗教文物出版社，2007年8月。

王夫之著《讀通鑑論》：新北市，漢京文化，民國93年。

王充撰《論衡》：台北，世界書局，民國61年10月。

王明編《太平經合校》：北京，中華書局，1997年10月。

王守仁著《王陽明全書》：台北，正中書局，民國42年初版。

王守仁著《王陽明全書》：台南，和裕書局，民國92年。

王艮著《王心齋全集》：明崇禎四年，國家圖書館善本。

老子撰《道德經》：台北，世界書局，民國61年10月。

朱熹、呂祖謙編著《近思錄》：台北市，柏室科技藝術，民國95年。

朱熹撰《四書集注》：台北市，中華書局，民國78年。

朱國禎著《湧幢小品》：台北，新文豐出版公司，民國85年。

牟宗三譯註《康德的道德哲學》：台北，學生書局，民國71年9月，初版。

呂坤著《呻吟語》：新北市，志一，民國85年。

呂涇野著《涇野子內篇》：台北，台灣商務，民國72年。

呂涇野著《涇野先生文集》：柳營，莊嚴文化，民國86年。

呂坤著《去偽齋文集》：柳營，莊嚴文化，民國86年。

李之藻輯《天學初函》：台北市，台灣書局，民國54年。

李漁著《李漁全集》：杭州市，浙江古籍出版社，1992年。

李顒著《二曲集》：台北市，台灣商務，民國62年。

何俊著《西學與晚明思想的裂變》：上海，上海人民出版社，1998年8月。

胡元玲著《劉宗周慎獨之學闡微》：台北，學生書局，民國98年。

周敦頤著《周子全書》：台北，武陵書局，民國79年。

吳震著《明末清初勸善運動思想研究》：台北市，台灣大學出版中心，民國98年9月。

林中澤著《晚明中西性倫理的相遇：以利瑪竇天主實義和龐迪我七克為中心》： 廣東教育出版社，2003年。

洪應明著《菜根譚》：新北市，香光淨宗學會，民國93年。

郁永河著《裨海記遊》：南投市，台灣省文獻委員會，民國85年。

高攀龍著《高子遺書》：台北，台灣商務，民國72年。

徐光啟著《徐光啟全集》：上海市，上海古籍出版社，2010年12月。

徐昌治編著《明朝破邪集》：北京市，北京出版社，2000年。

徐宗澤著《明清間耶穌會士譯著提要》：上海，上海書店出版社，2006年9月。

教會公用《聖經》：聯合聖經公會版權所有，香港聖經公會版權代理。

陳確著《陳確集》：北京，中華書局，1979年。

馮友蘭著《中國哲學史新編》：台北，藍燈文化有限公司，民國80年2月。

淡痴抄撰《玉歷至寶鈔》：新竹市，仁化出版社，民國93年2月，6版第4刷。

程顥、程頤著《二程集》：台北，里仁，民國71年。

程顥、程頤著《二程全書》：台北，中華書局，民國54年。

張載著《張載集》：新北市，漢京文化，民國 93 年。

張載著《張載集》：新北市，漢京文化，民國 93 年。

張鎧著《龐迪我與中國：耶穌會適應策略研究》：北京，北京圖書館出版社，1997 年 9 月。

黃敏浩著《劉宗周及其慎獨哲學》：台北，學生書局，民國 90 年。

黃宗羲編著《明儒學案》：台北，世界書局，民國 81 年 5 月 5 版。

黃宗羲編著《宋元學案》：台北，世界書局，民國 98 年 7 月 6 刷。

張爾岐著《蒿菴集》：柳營，莊嚴文化，民國 86 年。

張履祥著《楊園先生全集》：柳營，莊嚴文化，民國 84 年。

惠能著《六祖壇經》：瀋陽市，遼寧出版社，2005 年。

黃國彬譯著《但丁神曲》全三冊：台北市，九歌出版社，2003 年 9 月。

勞思光著《中國哲學史》：台北，三民書局，民 70 年 1 月，初版。

雲棲袾宏著《蓮池大師全集》：台北，中華佛教文化館，民國 72 年 12 月再版。

蔡仁厚著《孔孟荀哲學》：台北，學生書局，民國 83 年 9 月，第 4 刷。

聖多瑪斯‧阿奎那著，劉俊餘等翻譯《神學大全》：中華道明會、碧岳學社聯合發行，民國 97 年 8 月。

葛洪著《新編抱朴子》：台北，國立編譯館出版，民國 91 年。

僧祐撰《弘明集》：台北，新文豐出版公司，《大正藏》卷五十二。

鳩摩羅什譯《金剛經》：台中市，光慧文化出版社，民國 95 年。

劉宗周著，戴璉璋、吳光主編《劉宗周全集》：台北市，中國文哲研究所，民國 86 年。

錢泳撰《履園叢話》：台北，大立出版社，民國 71 年。

錢穆著《朱子新學案》（全五冊）：台北，三民書局，民國 71 年 4

月再版。

謝應芳著《辨惑編》：新北市，板橋，藝文，民國 59 年。

鍾銑輯《顏習齋先生言行錄》：新北市，板橋，藝文，民國 56 年。

賴瑞鼎註釋《了凡四訓》：台北市，法務部編印，民國 93 年 4 月。

顏瑞芳編著：《清代伊索寓言漢譯三種》，台北市，五南，民國 100
　　年，三月。

龐迪我撰《七克》：台北市，國家圖書館善本書，明崇禎間刊本。

龐迪我撰《七克七卷》：柳營，莊嚴文化，民國 84 年（1995），據
　　北京大學，圖書館明刻《天學初函》本影印。

龐迪我編著《七克真訓》：台北市，光啟出版社，民國 51 年 2 月
　　（1962 年）。